Gerd Lüdemann
Die Auferweckung Jesu von den Toten

zu Klampen!

Gerd Lüdemann

Die Auferweckung Jesu von den Toten

Ursprung und Geschichte einer Selbsttäuschung

zu Klampen!

Erste Auflage 2002

© zu Klampen Verlag · Postfach 1963 · 21309 Lüneburg
Tel. 04131 - 733030 · Fax 04131 - 733033
e-mail: zu-Klampen-Verlag@t-online.de
www.zuklampen.de

Umschlag: Groothuis, Lohfert, Consorten (Hamburg)

Die Deutsche Bibliothek - CIP-Einheitsaufnahme

Lüdemann, Gerd:

Die Auferweckung Jesu von den Toten :
Ursprung und Geschichte einer Selbsttäuschung / Gerd Lüdemann. -
Lüneburg : zu Klampen, 2002
ISBN 3-934920-20-9

Inhalt

Exkurse:

Beigaben:

Vorwort

Die Krisen räumen auf; zunächst mit einer Menge von Lebensformen, aus welchen das Leben längst entwichen war, und welche sonst mit ihrem historischen Recht nicht aus der Welt wären wegzubringen gewesen. Die Krisen beseitigen auch die ganz unverhältnismäßig angewachsene Scheu vor »Störung« und bringen frische und mächtige Individuen empor.

Jacob Burckhardt

Mein Buch »Die Auferstehung Jesu. Historie, Erfahrung, Theologie« aus dem Jahre 1994 hat nicht nur in der Öffentlichkeit eine große Resonanz gefunden, sondern auch in Fachkreisen.[1] Sein Ziel war es, in gut protestantischer Manier rücksichtslos und ehrlich die historische Wahrheit zu erforschen und aus dem Faktum der körperlichen Nicht-Auferstehung Jesu Konsequenzen für die künftige Gestalt des christlichen Glaubens zu ziehen. Damit sollte zugleich eine Diskussion über die Frage eingeleitet werden, was überhaupt unter »Auferstehung« zu verstehen sei, um so mehr, als die Auferstehung Jesu weithin zu einer theologischen Leerformel geworden ist.

Inzwischen haben mich kritische Stellungnahmen von kollegialer Seite[2] und weiteres Nachdenken davon überzeugt, dass das von mir – im Verein mit zahlreichen akademischen Theologen der Vergangenheit und Gegenwart – erreichte Ergebnis der historischen Nicht-Auferstehung Jesu im Falle seiner Richtigkeit niemandem mehr erlaubt, sich guten Gewissens Christ zu nennen. Um hier Klarheit zu schaffen und gleichzeitig die Ergebnisse meines nicht mehr im Buchhandel erhältlichen Auferstehungsbuches weiter verfügbar zu halten, lege ich hiermit einen neuen, vielfach verbesserten Beitrag zur Sache vor.[3]

Im Vorgriff auf das Gesamtergebnis meiner Arbeit sei im Anschluss an David Friedrich Strauß (1808-1874) bereits hier zweierlei zur »Auferstehung« Jesu gesagt:

9

»Selten ist ein unglaubliches Factum schlechter bezeugt, niemals ein schlecht bezeugtes an sich unglaublicher gewesen.«[4]

»Historisch genommen, d.h. die ungeheuren Wirkungen dieses Glaubens mit seiner völligen Grundlosigkeit zusammengehalten, läßt sich die Geschichte von der Auferstehung Jesu nur als ein welthistorischer Humbug bezeichnen.«[5]

Strauß ist wegen dieser Worte und der sie begleitenden Analysen, deren historische Wahrheit im folgenden zu begründen sein wird, oft der Vorwurf gemacht worden, nur zu zerstören, ohne wiederaufzubauen. Diesen Vorwurf kann ich nicht gelten lassen, denn zur »Zerstörung« sind *positive* Argumente vonnöten. Zudem ist der Glaube an die Auferstehung Jesu allenthalben innerhalb und außerhalb der Kirchen erschüttert. Ich will plausibel machen, wie Selbsttäuschung diesen Glauben überhaupt hat entstehen lassen.

Die Exkurse 1-4 dienen als Stütze bei der Beweisführung der vorliegenden Schrift. Die Beigaben 1-4 empfehle ich als Einstiegslektüre. Beigabe 1 gibt Beispiele dafür, warum ich von der evangelischen Kirche der Gegenwart keine kritischen und religiösen Impulse mehr erwarte. Die Beigaben 2-3 entfalten ansatzweise meine eigene Sicht einer säkularen Spiritualität, die im humanen Leben gründet. Beigabe 4 verdeutlicht in Auseinandersetzung mit zwei systematisch-theologischen Entwürfen zur Auferstehung Jesu, warum bis heute ein grundsätzlicher Gegensatz zwischen dogmatischer und historischer Methode klafft[6] und warum ein Kritiker dogmatisch-theologischen Denkens trotzdem einen »Glauben« zu formulieren vermag, der mit dem derzeitigen Wissen vereinbar ist. Zugleich entlastet diese Beigabe die Darstellung von weiteren Überlegungen zur erkenntnistheoretischen Berechtigung meines Vorgehens.[7]

Die im Buch gegebenen Übersetzungen stammen, falls nicht anders angegeben, von mir. Die Abkürzungen richten sich nach der 4. Aufl. der »Religion in Geschichte und Gegenwart« oder verstehen sich von selbst. Darüber hinaus steht »Jesus 2000« für mein Buch »Jesus nach 2000 Jahren. Was er wirklich sagte und tat«, Lüneburg 2000, und »BdH« für Gerd Lüdemann und Martina Janßen: Bibel der Häretiker. Die gnostischen Schriften aus Nag Hammadi, Stuttgart 1997.

Silke Röthke und Frank Schleritt waren bei den umfangreichen Vorarbeiten behilflich. Pastor Dr. Winfried Stoellger (Hannover) und Studiendirektor i.R. Wolfgang Quittnat (Burgdorf) haben das Manuskript gelesen und mir zahlreiche Verbesserungsvorschläge mitgeteilt. Frank Schleritt hat dem Ganzen in gewohnter Sorgfalt den letzten Schliff gegeben und die Drucklegung überwacht. Allen danke ich von Herzen.

Nashville, den 23. Juni 2002
Gerd Lüdemann

1 Zur Notwendigkeit einer Arbeit über die Historizität der Auferstehung Jesu

Die geschichtliche Forschung sei frei, oder sie ist besser nicht. Dieser Tatbestand darf nicht verdunkelt werden. Wenn die geschichtliche Untersuchung nur halb frei ist, wenn immer die Frage dazwischen tritt, was dabei herauskommt, dann entsteht jenes haltlose Markten mit den Tatsachen, jenes schwächliche, seiner selbst nicht gewisse Rettenwollen, das nach jedem Strohhalm greift, und nicht mehr von dem Bestreben geleitet wird, den Tatsachen, die vorliegen, sich zu beugen, sondern die Tatsachen sich selber zurechtzumachen nach den eigenen Wünschen.

William Wrede

Eine Untersuchung über die Historizität der Auferstehung oder Auferweckung Jesu[8] ist deswegen nötig, weil es sich nach frühchristlichem Zeugnis hierbei um ein Geschehen in Raum und Zeit handelt. Das wahrscheinlich älteste Osterbekenntnis lautet: »Gott erweckte Jesus von den Toten«[9]. Dies schließt – auch abgesehen vom betrachtenden Subjekt – ein Handeln Gottes am toten Jesus auf der geschichtlichen Ebene ein. Deswegen ist »dieses Geschehen in Form von historisierenden Berichten auf uns gekommen«[10]. Der Evangelist Lukas[11] betont in Einklang mit den ältesten christlichen Zeugen einschließlich Paulus[12]: der Auferstandene war kein Geist, sondern Jesus Christus selbst[13], und die Vertreter der kirchlichen Tradition des 2. Jh.s haben das durch die Einführung der Lehre von der Fleischlichkeit des Auferstehungsleibes Christi noch zugespitzt.[14] Hans Graß zufolge bleibt die historische Frage »nach dem Grund und Recht dieses Zeugnisses ... die entscheidende. Ohne diesen Grund ist jede Theologie der Auferstehung, auch die neutestamentliche, eine bodenlose Spekulation.«[15] An anderer Stelle bejaht Graß nachdrücklich die »historische Fragestellung gegenüber den Osterberichten wie den Osterereignissen, die heute vielfach zu rasch oder gar grundsätzlich beiseite geschoben wird.«[16]

Kein anderer systematischer Theologe der Gegenwart hat das so klar erkannt wie Wolfhart Pannenberg. Er versteht die Auferstehung Jesu konsequent als historisches Ereignis und führt das wie folgt aus:

> »Es gibt keinen Rechtsgrund, die Auferweckung Jesu als ein wirklich geschehenes Ereignis zu behaupten, wenn sie nicht historisch als solches zu behaupten ist. Ob vor zweitausend Jahren ein bestimmtes Ereignis stattgefunden hat oder nicht, darüber verschafft nicht etwa der Glaube uns Gewißheit, sondern allein die historische Forschung, soweit überhaupt Gewißheit über derartige Fragen zu gewinnen ist.«[17]

> »(D)as Recht historischer Befragung der christlichen Osterüberlieferung ergibt sich auch aus der Logik von Behauptungen über vergangenes Geschehen. Die Behauptung, daß ein Ereignis zu bestimmter Zeit, an einem bestimmten Ort stattgefunden habe, fordert nun einmal die Rückfrage heraus, ob es sich tatsächlich so oder anders verhält, und für die Urteilsbildung über derartige Behauptungen ist generell die historisch-kritische Wissenschaft zuständig.«[18]

Unabhängig davon, wie man Pannenbergs Ergebnisse beurteilt, ist in jedem Falle zu begrüßen, dass er an einer entscheidenden Stelle des christlichen Glaubens die historische Rückfrage erneut begründet und damit christlicher Theologie die Verständigung mit anderen Wissenschaften erst wieder ermöglicht hat. Pannenberg hat Recht mit seiner Bemerkung, dass mit

> »dem wolkigen Gerede vom ›Osterglauben‹ ... sich ... so mancher Autor schamhaft dem Interesse seiner Leser daran (sc. entzieht), was er denn nun von der Zuverlässigkeit der für den christlichen Glauben grundlegend gewordenen Osterüberlieferung hält.«[19]

Indes wird nicht selten die Bedeutung geschichtlicher Forschung im Umkreis der Auferstehung Jesu aus theologischen Gründen heruntergespielt.

Man vgl. z.B. die Feststellungen von Rudolf Bultmann:

»Der christliche Osterglaube ist an der historischen Frage nicht interessiert; für ihn bedeutet das historische Ereignis der Entstehung des Osterglaubens wie für die ersten Jünger die Selbstbekundung des Auferstandenen, die Tat Gottes, in der sich das Heilsgeschehen vollendet.«[20]

»Wie der Osterglaube bei den einzelnen ›Jüngern‹ entstand, ist in der Überlieferung durch die Legende verdunkelt worden und ist sachlich von keiner Bedeutung«.[21]

Ferner sei hingewiesen auf das Votum von Willi Marxsen:

»Für meinen Glauben an Jesus ist doch völlig unerheblich, wie Petrus nach Karfreitag zu seinem Glauben an Jesus kam. Das ist für mich ebenso unerheblich, wie es unerheblich ist, wie der zu seinem Glauben kam, der mir dann seinen Glauben vermittelte ... Entscheidend ist doch, daß man jeweils in denselben Glauben gestellt wird ... Unser Glaube ist nur dann christlicher Glaube, wenn er ein Mitglauben mit dem Glauben der ersten Zeugen, mit dem Glauben des Petrus ist«.[22]

Jedoch bleibt zweierlei zu berücksichtigen: a) der Glaube der ersten Zeugen ist bezogen auf die Auferweckung Jesu durch Gott und darauf, dass der Auferstandene sich wirklich selbst bekundet; b) die Entgegensetzung von Verkündigung und Historie wird dem Glauben der frühen Christen nicht gerecht. Die Geschichte gehört notwendig in das Zeugnis mit hinein, und dieses würde ohne sie seinen Sinn verlieren. Mit anderen Worten: die christliche Verkündigung hat von Anfang an einen Fixpunkt in der Geschichte, konkret darin, dass Gott Jesus von den Toten erweckt hat. Dabei schließt dieser Satz »unbedingt den Gedanken ... ein ..., daß der ganze Jesus, also auch sein Leib wieder zum Leben gekommen ist.«[23]
    Noch theologisch-grundsätzlicher als Mitglieder der Bultmann-Schule lehnen auch bestimmte systematische Theologen die historisch-kritische Nachfrage ab.
    So schreibt beispielsweise Jürgen Moltmann:

»Eine exklusiv historisch gestellte Frage nach der Auferstehung verfremdet ... die Texte der Osterberichte. Diese aber verfremden ... dem Historiker seinen Kontext von

Welterfahrung, in welchem er die Texte zu lesen sich bemüht. Alles wirkliche Verstehen beginnt mit solchen Verfremdungen.«[24]

Karl Barth führt zur Auferstehung Jesu aus:

»Es könnte Ereignisse geben, die viel sicherer wirklich in der Zeit geschehen sind als alles, was die ›Historiker‹ als solches feststellen können. Wir haben Gründe, anzunehmen, daß zu diesen Ereignissen vor allem die Geschichte von der Auferstehung Jesu gehört.«[25]

Darauf hat Rudolf Bultmann, der bedeutendste Neutestamentler des 20. Jh.s, mit durchschlagenden Argumenten geantwortet. Er schreibt:

Barth »gibt mir zu ..., daß die Auferstehung Jesu kein historisches Faktum sei, das mit den Mitteln der historischen Wissenschaft festgestellt werden könne. Daraus – meint er – folge nicht, daß sie nicht geschehen sei ... Ich frage: Was versteht Barth hier unter ›geschehen‹ und ›Geschichte‹? Was für Ereignisse sind das, von denen gesagt werden kann, daß sie ›viel sicherer wirklich in der Zeit geschehen sind als alles, was die Historiker als solches feststellen können‹?«[26]

Sosehr Bultmanns Widerspruch an dieser Stelle nachhaltige Unterstützung verdient, ist zugleich die bereits oben angedeutete Kritik an ihm selbst näher auszuführen: Bultmann unterlässt ohne einen wissenschaftlich triftigen Grund[27] die Rückfrage hinter die Osterbotschaft und erklärt hinsichtlich der Auferweckung Jesu, die er für nicht historisch hält, Jesus sei in die Verkündigung auferstanden.[28] Aus den oben angeführten Gründen kann man das urchristliche Bekenntnis »Gott erweckte Jesus von den Toten« schwerlich im Sinne Bultmanns interpretieren, denn es bezeugt ein Handeln Gottes in der Geschichte an einer bestimmten Person.

Ein weiterer grundsätzlicher Einwand gegen die Notwendigkeit und Möglichkeit der Frage nach der Faktizität der Auferstehung Jesu stammt von dem katholischen Neutestamentler Paul Hoffmann. Er schreibt:

»Die Osterfrage verweist ... auf die Gottesfrage und läßt sich nur von dort her theologisch-systematisch lösen.«[29]

Obwohl ersteres zutrifft und Gott kein Gegenstand historischer Arbeit sein kann, muss Ostern Objekt auch der historischen Forschung bleiben. Die frühen Christen haben die Auferstehung Jesu als das »Osterereignis« nämlich nicht nur in Auseinandersetzung mit jüdischen Zeitgenossen[30], sondern später auch beim Disput mit heidnischen Kritikern wie Kelsos[31] und Porphyrius[32] als historischen Tatbestand aufgefasst und dies von Anfang an ebenfalls gegenüber Abweichlern in den eigenen Reihen zur Geltung gebracht.[33]

Hoffmann geht sogar noch weiter und schreibt:

> »Die alten Fragen nach der Historizität des leeren Grabes oder der Qualität der Ostererscheinungen werden in zahllosen Veröffentlichungen mit den längst bekannten Argumenten traktiert, ohne zu einem Erkenntnisfortschritt zu führen ... Das gilt auch für die primär apologetisch-systematische Frage nach der Faktizität der Auferstehung. Gegenstand historischer Untersuchung kann nur der urchristliche Glaube an die Auferstehung Jesu sein, nicht diese selbst.«[34]

Warum betont der Vf. letzteres so sehr? Etwa aus apologetischen Gründen, um im Falle einer negativen Antwort nicht nackt dazustehen? Und was erfasst man historisch vom Osterglauben, wenn man seinem geschichtlichen Ausgangspunkt, so wie die ersten Christen ihn auffassten, nicht nachgeht? Schließlich berichteten die ersten Christen nicht nur von einem leeren Grab, sondern auch von der Unverweslichkeit Jesu[35] und meinten dies mit Sicherheit auch historisch-faktisch.

Die Ausweichmanöver gegenüber diesem Befund sind in der heutigen Literatur Legion. Hier nur ein Beispiel. Ulrich Luz schreibt im Editorial zu einem Heft der Zeitschrift »Evangelische Theologie« über das Thema »Auferstehung«:

> »Die Diskussion um die Auferstehung Jesu ist heute immer noch durch das Buch von Gerd Lüdemann (aus dem Jahr 1994) bestimmt. Das ist eigentlich schade. In Lüdemanns Buch wird die Frage nach der Wirklichkeit der Auferstehung

auf die Frage reduziert, was damals geschehen sei. Es gilt die Gleichung ›historisch = wirklich‹. Mit einer solchen Engführung als Prämisse läßt sich die Frage nach der Auferstehung Jesu zwar auch, aber nicht zureichend diskutieren. Um Engführungen zu verhindern, haben wir in diesem Heft das Thema ›Auferstehung Jesu‹ nicht einfach den Neutestamentlern überlassen, sondern VertreterInnen fast aller theologischer Disziplinen zur Mitarbeit aufgefordert. Sie werden gebeten, über die Auferstehung Jesu aus der Sicht ihrer Disziplin oder ihrer theologischen Position zu schreiben. Damit haben wir die Hoffnung verbunden, daß durch die verschiedenen Perspektiven etwas von den vielfältigen Dimensionen der Auferstehungswirklichkeit sichtbar werden könnte.«[36]

Diesen Ausführungen muss ich widersprechen: Will man den frühchristlichen Ostertexten gerecht werden, ist es sinnlos, etwas über die »Auferstehungswirklichkeit« zu schreiben, falls man sicher sagen kann, dass Jesus historisch gar nicht auferweckt worden ist. Denn dann wäre das über die »Auferstehungswirklichkeit« Gesagte doch reine Fiktion und könnte sich nicht auf die Aussagen der frühesten Zeugen berufen. Insofern kommt zunächst der historischen Rekonstruktion ausschlaggebende Bedeutung zu, und dies hat nichts mit Engführungen zu tun. (Beispielsweise hätte ein evtl. Beweis der Nicht-Existenz Jesu auch negative Folgen für jegliche theologische Frage nach Jesus.)

Es ist nicht verwunderlich, dass man meiner Arbeit historischen Positivismus[37] oder eine allzu enge Fixierung auf das Thema des leeren Grabes[38] oder das Fehlen einer metakritischen Reflexion[39] vorgeworfen hat.

Darauf sei mit einem längeren Zitat von Hans von Campenhausen geantwortet. Er hat sich in aller Deutlichkeit zum Programm einer geschichtlichen Befragung der Osterereignisse ausgesprochen und schreibt:

»Das Interesse an den Ostergeschichten droht die Ostergeschichte zu verdecken. Aber die philologische Arbeit, die bei der Beurteilung der Quellen selbstverständlich das erste Wort hat und behalten muß, darf nicht dazu führen, daß die eigentlich historische Frage nach dem Gewesenen, nach dem wirklichen Ablauf und nach dem inneren Zusammenhang des Geschehens zweitrangig erscheint und womöglich gar als banausisch an den Rand geschoben wird. Berechtigte kritische Bedenken gegen einen naiven Psychologismus und Historismus haben uns in der direkten Ausbeutung und Ausdeutung der alten Texte zurückhaltend gemacht; aber sie dispensieren noch nicht von der Aufgabe, aufgrund einer besseren und vorsichtiger gehandhabten Methode die alte, unausweichliche Frage des Historikers von neuem zu stellen und auch zu beantworten, d.h. auszumachen, wieweit und mit welchem Grade von Wahrscheinlichkeit die tatsächlichen Geschehnisse und ihr Ablauf noch zu ermitteln sind.«[40]

Von Campenhausen äußert zugleich den Verdacht, dass die meisten Neutestamentler die Ostergeschichte für historisch wertlos hielten, und spricht in diesem Zusammenhang von dem

»einigermaßen peinliche(n) Ausweg, in dem Bekenntnis zum Auferstandenen den alten Christen, in dem aber, was dies Bekenntnis hervorgerufen hat, vielmehr den Juden zu folgen.«[41]

Bei dieser Polemik war für von Campenhausen offenbar ein Leichendiebstahl durch Jünger, den Juden damals behaupteten, sachlich gleichbedeutend mit der stillschweigenden Annahme der historischen Nicht-Auferstehung Jesu durch viele Neutestamentler. Denn diese widersprechen damit trotz aller gegenteiligen Beteuerungen ebenso wie Juden zur Zeit des Mt dem Kern der urchristlichen Auferstehungsbotschaft. Zugleich sah von Campenhausen selbst in der Annahme der leiblichen Auferstehung nicht nur keine Schwierigkeit, sondern geradezu eine theologische Natürlichkeit, da »es sich hierbei in der Tat um ein in jedem Sinne einzigartiges Ereignis handeln soll, mit dem der neue ›Äon‹ beginnt und an dem die alte Welt mit ihren Gesetzen darum wirklich endet«.[42]

Wenn die Auferstehung Jesu nicht stattfand, Jesus demgemäß nicht wiederbelebt und verwandelt wurde, helfen uns weder die Wiederbelebung von Mythen noch die Einführung eines neuen Begriffs von Geschichte noch der Gebrauch von Predigtsprache[43] darüber hinweg. Der christliche Glaube ist dann genauso tot wie Jesus und kann nur durch Selbsttäuschung am Leben gehalten werden. Deswegen hat eine Untersuchung über die Historizität der Auferstehung auch eine große Relevanz für die kirchliche Arbeit.[44]

Tagtäglich trösten Geistliche unter Hinweis auf die Auferstehung Jesu von den Toten Trauernde; und die Kirche leitet ihr Existenzrecht lt. eigenem Bekunden von »dem Einen Herrn der einen heiligen allgemeinen und apostolischen Kirche«[45], von dem auferweckten Jesus Christus, her, denn erst dieser – nicht der historische Jesus – hat ihr die Vollmacht zur Sündenvergebung verliehen und sie in die Welt gesandt. Die Auferstehung Jesu ist zudem das Faustpfand dafür, dass die Christen selbst auferstehen werden. Zwar bröckelt die Glaubenssubstanz innerhalb des Kirchenvolks an dieser Stelle. Doch ist die gesellschaftliche und die politische Rolle der Kirche in Deutschland gerade wegen dieser letzten Bastion ihres Glaubens immer noch bedeutend.

Nun ist die Absicht einer historischen Arbeit über die Auferstehung Jesu im obigen Sinne nicht neu, auch sind die Einwände gegen eine solche Untersuchung bekannt. Ich greife die wichtigsten, die sich teilweise überschneiden, heraus und erörtere sie jeweils im unmittelbaren Anschluss daran:

1. *Wir besitzen keine Augenzeugenberichte über die Auferstehung Jesu.*

Gegenargument: Immerhin haben wir das Eigenzeugnis des Paulus, dem nach eigenem Bekunden der Auferstandene erschienen ist. Obwohl dies auch kein Bericht über den Vorgang der Auferstehung ist, wirft das Zeugnis des Paulus Licht auf das, was anderen Augenzeugen widerfahren ist, denn Paulus parallelisiert in 1Kor 15,8 seine eigene Begegnung mit dem Auferweckten mit den Erscheinungen des Auferstandenen vor den ersten Augenzeugen. Im übrigen ist auch im Falle der Berechtigung des obigen Einwandes die Frage nach der Art und Weise der Auferstehung insofern legitim, als christliche Theologie einen wissenschaftlichen Anspruch hat und sich der Aufklärung verpflichtet weiß.

2. *Die Auferstehungstraditionen sind unentwirrbar und die historischen Quellen unzulänglich.*

Gegenargument: Hans von Campenhausen hat zu Recht bemerkt, diese Auskunft sei zu einfach. Der Hinweis auf die Unentwirrbarkeit der Quellen diene dem vermeintlich besonders radikalen Glauben nur dazu, »ihn der eigentlichen Anfechtung durch die Geschichte und durch die geschichtliche Vernunft überhaupt zu entziehen«.[46] Anders gesagt: Die Behauptung der Unerklärbarkeit dessen, was zu

Ostern wirklich passiert ist, scheint sich förmlich zu einem unentbehrlichen Requisit der Theologie zu verselbständigen!

3. *Die Auferstehung Jesu ist ein Wunder, das sich jedem Zugriff entzieht – was soll da eine historische Arbeit noch leisten?*

Gegenargument: In der Tat kann der Wunder- bzw. Offenbarungscharakter Jesu kein Gegenstand wissenschaftlicher historischer Arbeit sein. Solange aber Theologie mit historischem Denken »gepaart« ist – und dies ist sie *zum einen* aufgrund des Charakters und der Aussagen ihrer zentralen Quellen[47], *zum anderen* in Bezug auf das neuzeitliche Wahrheitsbewusstsein[48] –, muss sie selbst nach einer natürlichen Erklärung des Wunders suchen oder zugeben, dass eine übernatürliche Erklärung auch historisch wahrscheinlicher ist.

4. *Außerhalb der Glaubenserfahrung und außerhalb des Zeugenseins kann nicht sinnvoll von der Auferstehung Jesu gesprochen werden.*[49]

Gegenargument: Hier läuft alles auf das »Ich glaube, um zu verstehen« hinaus, auf eine Absperrung des Glaubens gegen die Vernunft. Solange nicht Absurdität zum Wahrheitskriterium theologischer Aussagen werden soll, wird wissenschaftliche Theologie um Verständlichkeit ihrer Aussagen bemüht sein. Sie hat die Aufgabe, vergangene und gegenwärtige christliche Glaubenszeugnisse zu interpretieren, aber auch zu kritisieren, falls deren Aussagen über historische Sachverhalte zu dem heutigen Wissen in Widerspruch stehen.

5. *Ereignis und Deutung sind immer verschränkt, so dass ein Zugang zum Ereignis der Auferstehung ohne die Deutung unmöglich ist. Für viele Texte sind deswegen historische Fragen untauglich.*

Gegenargument: Der Hinweis auf die Verschränkung von Ereignis und Deutung trifft auf alle Texte zu, mit denen die Geschichtswissenschaft umgeht, ist also keineswegs eine Besonderheit religiöser oder christlicher Quellentexte. Diese normale Tatsache leitet dazu an, jede Quelle als menschliche Lebensäußerung wahrzunehmen und zu respektieren. Das kann also niemanden davon abhalten, die Texte unter Berücksichtigung ihrer Eigenart nach geschichtlich verwertbarem Material zu befragen. Vielleicht kann man die von der

Geschichtsforschung an dieser Stelle zu leistende Arbeit mit der Psychoanalyse vergleichen, wo ebenfalls im Rahmen einer »Hermeneutik des Verdachts« Mitteilungen des Patienten gegen den Strich gelesen werden, d.h. entgegen seinen ausdrücklichen Deutungen. Kein Analytiker wird auf solche Methode verzichten, nur weil sie in Spannung zu den vorhandenen Äußerungen steht.

Es ist fast überflüssig zu erklären, dass sich die nachfolgenden Darlegungen im Bereich des Wahrscheinlichen bewegen. Die als mögliche Widerlegung denkbaren Prädikate wie »rein hypothetisch« oder »Hypothesengewinde« beruhen auf einem Missverständnis historischer Arbeit. Historische Rekonstruktion kommt – wie jede Form der Interpretation – ohne Wahrscheinlichkeitsurteile nicht aus. Ja, die eigentliche Aufgabe historischer Arbeit ist es, Wahrscheinlichkeiten klar abzuwägen. Der Wert einer Rekonstruktion entscheidet sich daran, ob sie die meisten und die wichtigsten offenen Fragen beantwortet bzw. vorhandene Probleme löst und die wenigsten oder nur schwache Gegenargumente provoziert.[50]

Zum Aufbau der Arbeit:

Kapitel 2 gibt eine Übersicht und Klassifikation der frühchristlichen Quellen zur Auferstehung Jesu. Die Einzeltexte werden dabei nicht nur bezüglich ihres Inhalts verglichen, sondern auch schon nach Merkmalen der Form geordnet, um Anhaltspunkte für die Geschichte der Auferstehungstraditionen zu gewinnen. Das ist für die vorliegende Arbeit um so wichtiger, als es ihr einerseits um die Frage der Historizität der Auferstehung Jesu geht und andererseits um die Rekonstruktion der Entstehung der Auferstehungstraditionen. Mit anderen Worten, sollte sich in diesem Abschnitt z.B. ein mangelnder geschichtlicher Wert bestimmter Auferstehungstexte ergeben, so entfiele natürlich die Notwendigkeit ihrer ausführlichen historischen Prüfung.

Die Aufgabe von *Kapitel 3* besteht darin, die wichtigsten frühchristlichen Texte aus dem Umkreis der Auferstehung Jesu neu zu übersetzen und auf ihren historischen Wert zu überprüfen. Ich untersuche die in Frage kommenden Auferstehungstexte jeweils in drei Schritten – Erzählabsicht, verarbeitete Überlieferung, historischer Wert –, wobei zuweilen zwei Schritte in einem zusammenfallen. Man hat an diesem von mir auch in anderen exegetischen Werken angewandten Vorgehen bemängelt, zu mechanisch zu sein.

21

Indes hat es sich mir bei der Arbeit mit diesen und ähnlichen Texten als sinnvoll erwiesen, weil so der Tatsache Rechnung getragen wird, dass keiner der Autoren bei den von ihm beschriebenen Ereignissen anwesend war. Bei der Erzählung musste der jeweilige Vf. notwendig mit eigener Imagination und/oder mit Traditionen arbeiten.

Die Bestandteile der Redaktion und die jeweilige Überlieferung kann man aufgrund sprachlicher und inhaltlicher Analysen ermitteln. Bei der Übersetzung habe ich die wahrscheinlichen redaktionellen Elemente kursiv gesetzt, um eine vorläufige Orientierung zu ermöglichen. Erst nach Klärung der redaktionellen und traditionellen Textanteile ist es sinnvoll, den historischen Wert des Textes für den von ihm beschriebenen Hergang zu bestimmen.

Nun herrscht nahezu ein Konsens darüber, dass am Anfang der zunächst mündlichen Überlieferung des »Ostergeschehens« Glaubensformeln standen, die erst in einem zweiten Schritt durch Erzählungen aufgefüllt wurden.[51] (Indes darf man nicht von vornherein ausschließen, dass einiges in ihnen genauso alt ist wie die genannten Bekenntnisse.) Die Analyse beginnt mit den alten kerygmatischen Formulierungen und wendet sich hernach den Texten der neutestamentlichen Evangelien sowie bestimmten nichtkanonischen Schriften aus der Frühzeit des Christentums zu. Das Ziel von Kapitel 3 ist, unter Ausgang von 1Kor 15,3-8 die Tatsachenfragen von Jesu Tod, Begräbnis, Auferweckung am dritten Tag und den Erscheinungen vor den verschiedenen Zeugen zu beantworten. Dies alles ist die Vorbereitung für *Kapitel 4*: Hier begründe ich, dass und warum die beiden Hauptzeugen der Auferstehung Jesu, sowohl Petrus als auch Paulus, einer Selbsttäuschung erlegen sind, und stelle den urchristlichen Glauben an die Auferweckung Jesu als Geschichte einer Selbsttäuschung dar. Daran schließt sich in *Kapitel 5* die Frage an, ob man sich trotz der historischen Nicht-Auferstehung Jesu redlicherweise noch Christ nennen darf.

2 Die Auferstehungstexte im frühen Christentum: Übersicht und Klassifikation

Jeder, der die Wissenschaft kennt, weiß, daß sie ihren Zweck lediglich in sich hat, darum ihre Methode sich selbst sucht, und von keiner Macht im Himmel und auf Erden Vorschriften, Gesetze, Zielpunkte annimmt. Sie will wissen, nichts als wissen, und zwar nur um zu wissen. Sie weiß, daß sie nichts weiß, wo sie nicht bewiesen hat. Es ist jedem Manne in der Wissenschaft vollständig gleichgültig, was bei seinen Untersuchungen herauskommt, das heißt, wenn nur neue Wahrheiten entdeckt werden. Die Wissenschaft gestattet Jedem, die von ihr gefundenen Ergebnisse aufs neue zu prüfen, und wirft rückhaltlos fort, was eine solche Prüfung nicht besteht. Sie fordert von Jedem, der die zum Urtheilen nöthigen Vorkenntnisse hat, daß er das von ihm bewiesene annehme und anerkenne, oder auf den Namen eines ehrlichen Mannes verzichte.

Paul de Lagarde

Nach ihrer jeweiligen Form können die Auferstehungsaussagen in sechs Klassen eingeteilt werden.[52] Sie kommen vor:
a) als Wendung: »Gott erweckte Jesus von den Toten«;
b) als katechetische Sätze über die Auferstehung Jesu sowie über seine Erscheinung: »er (Jesus) erschien XYZ«, die bereits zu Reihen fortgebildet wurden;
c) in ausgeführten Erscheinungserzählungen;
d) vielleicht in Grabesgeschichten;
e) in Auferstehungserzählungen, die in das Leben Jesu vordatiert wurden und
f) in Verschiedenem.

Ich stelle die sechs Klassen von Auferstehungstexten der Reihe nach vor:

Zu a: »*Gott erweckte Jesus von den Toten*«

Der älteste Beleg dieses Typs erscheint 1Thess 1,10[53]:

> Die Thessalonicher warten auf Gottes »Sohn vom Himmel, den er auferweckte von den Toten, Jesus, der uns vor dem zukünftigen Zorn rettet.«

Man vgl. weiter 2Kor 4,14:

> »Wir wissen, dass der, der den Herrn Jesus erweckte, auch uns mit Jesus erwecken wird.«

An vielen anderen Stellen der Paulusbriefe[54] finden sich parallele Formulierungen, die durchweg formelhaft geprägt sind. Daraus folgt: Sie sind älter als das jeweilige Schreiben und reichen teilweise noch in die Zeit vor dem ältesten erhaltenen Paulusbrief, dem 1Thess, zurück. Sie stammen also – je nach Datierung dieses Briefes – zumindest aus den vierziger oder gar dreißiger Jahren des 1. Jh.s.[55]

An dieser Stelle mag – der Einzelauslegung vorgreifend – bereits auf die enge Parallele dieser Formulierungen zu anderen vorpaulinischen formelhaften Passagen hingewiesen werden:

> *2Kor 1,9:* »Gott, der die Toten auferweckt.«

> *Röm 4,17:* »Gott ..., der die Toten lebendig macht und das, was nicht ist, ins Dasein ruft.«

Diese beiden Aussagen haben eine Entsprechung im zweiten Segensspruch des jüdischen Achtzehngebets, der aus dem ersten vorchristlichen Jh. stammen dürfte:

> »Du bist mächtig in Ewigkeit, Herr.
> Du belebst die Toten,
> du bist reich an Hilfe.
> Du erhältst alles Lebende in Liebe,
> belebst die Toten mit großer Barmherzigkeit.
> Du stützt die Fallenden,
> heilst die Kranken
> und befreist die Gefesselten.
> Du bewährst deine Treue
> denen, die im Staube schlummern.

Wer ist wie du,
der Allmacht Herr?
Wer ist dir gleich,
ein König, der tötet und belebt
und das Heil erblühen läßt?
Getreu bist du, die Toten wieder zu beleben.
Gelobt seiest du, Herr,
der die Toten belebt.«[56]

Zu b: *Die katechetischen Sätze*
Sie lassen sich aufteilen erstens in Aussagen über Tod und Auferstehung Jesu sowie zweitens in solche über seine Erscheinung:

1) 1Thess 4,14; 1Kor 15,3b-4; Röm 4,25 und Röm 14,9.

> *1Thess 4,14:* »Jesus starb und stand auf.«
> *1Kor 15,3b-4:* »Christus starb für unsere Sünden nach den Schriften; er wurde begraben; er ist auferweckt worden am dritten Tag nach den Schriften.«
> *Röm 4,25:* Jesus »wurde um unserer Sünden willen dahingegeben und um unserer Rechtfertigung willen auferweckt.«
> *Röm 14,9:* »Dazu starb Christus und wurde wieder lebendig, dass er über Tote und Lebendige Herr sei.«

2) 1Kor 15,5-8; Lk 24,34; Mk 16,9-20.

> *1Kor 15,5-8:*
> (5) Christus erschien Kephas, dann den Zwölfen,
> (6) er erschien mehr als 500 Brüdern auf einmal,
> (7) er erschien Jakobus, dann allen Aposteln,
> (8) er erschien Paulus.

Die in V. 5-7 angeführten Erscheinungen Christi haben zweifellos ein hohes Alter und stammen aus der Zeit vor der Christusvision des Paulus. Dabei ist allerdings erläuterungsbedürftig, wie viele der genannten Erscheinungen Paulus den Korinthern bereits bei der Gründungspredigt mitgeteilt hat. Liest man 1Kor 15,1-11 in einem Zug, wird nicht klar, welche Verse lediglich das während der Gründungspredigt Mitgeteilte wiederholen und welche Information Paulus *ad hoc* hinzufügt.[57] In jedem Fall ist eindeutig, dass der

Apostel den Korinthern die Erscheinung vor Kephas bereits während der Erstmission kurze Zeit nach der Gründung der thessalonischen Gemeinde erzählt hat. Das bedeutet: Da die Nachricht von der Christophanie vor Kephas dem Paulus nach seiner eigenen Aussage in 1Kor 15,1f bereits überliefert wurde, bevor er nach Europa kam, ist sie chronologisch mindestens genauso alt wie die unter a) angeführte Wendung »Gott erweckte Jesus von den Toten«, die ja auch in die Zeit vor der Abfassung des 1Thess zurückreicht (vgl. 1Thess 1,10). So möchte ich schon hier die Vermutung äußern, dass beide Aussagengruppen a) und b) nicht nur chronologisch, sondern auch genetisch eng zusammengehören. Man wird als Arbeitshypothese geradezu formulieren dürfen, dass aus der Erscheinung vor Kephas die Folgerung gezogen wurde: Gott erweckte Jesus von den Toten.

Lk 24,34:
»Der Herr wurde wirklich auferweckt und erschien dem Simon.«

Es handelt sich um einen formelhaften »Osterjubelruf«[58]: In ihm geht die Nennung der Auferweckung Jesu an erster Stelle bereits auf die theologische Reflexion zurück, dass die Auferweckung Jesu die Voraussetzung und der Grund für die Erscheinung vor Simon Petrus ist.

Mk 16,9-20:
Der lange Mk-Schluss[59], der im 2. Jh. entstand, erinnert in seiner Aufzählung der Reihenfolge der Erscheinungen[60] an 1Kor 15,3-8.

Zu c: *Die ausgeführten Erscheinungserzählungen*
Die ausgeführten Erscheinungserzählungen können wir im Anschluss an C.H. Dodd in zwei Gruppen aufteilen.[61]
Die *erste* findet sich in Mt 28,9-10.16-20 und Joh 20,19-21. Sie besteht aus fünf Elementen: 1. Exposition: Die Anhänger Christi sind ihres Herrn beraubt; 2. Erscheinung des Herrn (Mt 28,9.17; Joh 20,19); 3. Gruß (Mt 28,9; Joh 20,19); 4. Erkennen (Mt 28,9.17; Joh 20,20); 5. Auftragswort (Mt 28,10.19; Joh 20,21f). Dodd rechnet damit, dass diese Gruppe »die ›geformte‹ Tradition verkörpert, die durch eine relativ lange Überlieferung in der Gemeinde stereotyp wurde.«[62]

Die *zweite* Gruppe von Erzählungen umfasst Lk 24,13-35 und Joh 21,1-14.[63] Sie unterscheiden sich von der ersten Gruppe von Auferstehungsgeschichten dadurch, dass der Auferstandene – obgleich sichtbar und hörbar – nicht sofort als solcher erkannt wird. Damit verraten sie eine höhere Reflexionsstufe, und ihr historischer Wert bezüglich des wirklich Geschehenen sinkt entsprechend.[64]

Mischtypen von Auferstehungserzählungen sind Mk 16,14-15 (»Die Erscheinung vor den Elf«); Lk 24,36-49: (»Die Erscheinung vor den Elf und vor denen, die dabei waren«); Joh 20,11-17 (»Maria Magdalena am Grab«) und Joh 20,26-29 (»Der zweifelnde Thomas«).

Zu d: *Die Grabesgeschichten*

Eine besondere Stellung nimmt die Erzählung Mk 16,1-8 ein. Sie berichtet nicht von einer Erscheinung des Auferstandenen, wohl aber von der Verkündigung der Auferweckung Jesu durch einen Jüngling (V. 6). Insofern handelt es sich vielleicht doch um eine Auferstehungsgeschichte in einer weiter entwickelten Form.

Zur Frage des angemessenen Verständnisses von Mk 16,1-8 tritt die nach der Einordnung der anderen neutestamentlichen Grabesgeschichten. Zwar ist allgemein vorauszusetzen, dass Mk für Mt und Lk zugrunde liegt und Joh 20 literar- bzw. traditionsgeschichtlich jünger ist. Aber das schließt nicht von vornherein ein höheres Alter einzelner Traditionen in den jüngeren Texten aus, denn hinter der durch sie »bezeugten traditionsgeschichtlichen Bewegung steht eine mündlich-schriftliche Überlieferung.«[65]

Auch deshalb will ich in diesem Abschnitt zwei nichtkanonische Schriften, das »Petrusevangelium« (= PetrEv) und den »Brief der Apostel« (= EpAp), mitbehandeln und deren Erzählungen von der Auffindung des leeren Grabes untersuchen.

Zu e: *Die in das Leben Jesu zurückdatierten Auferstehungsgeschichten*

Ein weiterer Gegenstand der Analyse sind diejenigen im Neuen Testament enthaltenen Stücke aus dem Leben Jesu, die man vielleicht als in das Leben Jesu zurückdatierte Auferstehungsgeschichten bezeichnen kann. Zwar ist es immer schwer, an diesem Punkt zu halbwegs gesicherten Aussagen zu gelangen, doch sollte man die Möglichkeit einer Rückdatierung von Ostergeschichten in das Leben Jesu nicht generell bestreiten.[66] Auch die Worte des irdischen Jesus waren der Gemeinde ja nur deswegen erzählenswert, weil man sie für Worte des (nun) Erhöhten hielt. Folgende beiden Perikopen stehen zur Analyse an: Mt 16,17-19 und Lk 5,1-11.[67]

Zu f: *Verschiedenes*
Schließlich sei auf Geschichten aus den sogenannten apokryphen Evangelien hingewiesen, welche Jesu Auferstehung bzw. seine Erscheinung zum Inhalt haben. Das Hebräerevangelium beschreibt die Epiphanie Jesu vor Jakobus. Das PetrEv zeichnet den Vorgang der Auferstehung Jesu sowie im Anschluss daran wahrscheinlich die Erscheinung vor Petrus und den Jüngern.

Aus dem vorangehenden Abschnitt zur Klassifikation der Auferstehungstexte ergeben sich folgende Zwischenergebnisse und Konsequenzen:
1. Ein Großteil der vorliegenden Erzählungen stammt nicht von Augenzeugen, sondern ist durch die Reflexion der Gemeinde oder/und einer theologischen Persönlichkeit gegangen. Nur bei der paulinischen Primärquelle handelt es sich um einen Augenzeugenbericht – freilich nicht des Auferstehungsvorgangs selbst, sondern der Erscheinungen des Auferstandenen. Da Paulus in 1Kor 15,8 ausdrücklich seine eigene Schau Jesu in Parallele zu der anderer Zeugen setzt, ist vor allem von hier aus ein Verständnis von der Art und Weise der Erscheinung des Auferstandenen auch bei den übrigen Augenzeugen zu erwarten, um so mehr, »als daran das paulinische Bewußtsein von der Gleichrangigkeit seines Apostolats mit dem der Jerusalemer Urapostel hängt.«[68]
Der Analyse der paulinischen Texte kommt daher eine Schlüsselstellung zu.
Nun ist in 1Kor 15 die Wendung »er erschien« (*ophthe*) Sammelbegriff für verschiedene Erscheinungen. Z.B. wird sie für Einzel-, aber auch für Gruppenerscheinungen gebraucht und ist durch die Sprache der griechischen Bibel geprägt.[69] Deswegen wird zuweilen angenommen, es gehe hier um verschiedene Dinge, so dass meine Voraussetzung der Gleichartigkeit der Erscheinung vor Paulus zu der vor den früheren Zeugen unwahrscheinlich sei. Da jedoch Paulus die Jerusalemer mit Kephas persönlich kannte[70] und wissen musste, wovon er sprach, dürfte die genannte Voraussetzung gut begründet sein.[71]
2. Der zweite persönliche Augenzeuge neben Paulus ist, den

Texten zufolge, Petrus. Doch fehlt uns ein Eigenbericht. Indes bleibt die formelhafte Tradition einer Erscheinung vor Petrus höchst wertvoll. Zudem ist die Verleugnung Jesu durch Petrus[72] als vorösterliche Petrusüberlieferung herauszuschälen und mag in einer genetischen Beziehung zur Erscheinung vor Petrus stehen. Deshalb kommt der Petrustradition ebenfalls eine wichtige Rolle zu.

3. Schon jetzt können wir den historischen Wert der einzelnen Erzählungen als durchaus unterschiedlich einstufen. Wegen des Alters haben die Nachrichten des Paulus 1Kor 15,3-8 und die mit ihnen übereinstimmenden Angaben in den Evangelien sowie in der Apg eine herausragende Bedeutung. Innerhalb der Erzählungen der Evangelien ist für diejenigen Berichte, welche die »Fleischlichkeit« des Auferstandenen betonen, ein jüngeres Stadium anzusetzen. Denn die Hervorhebung der sinnlichen Wirklichkeit des Auferstehungsleibes Jesu zeigt Züge späteren apologetischen Bemühens um die Realität der Auferstehung. Anders gesagt: Während Jesus in den ältesten Schichten der Tradition vom Himmel erscheint, befindet er sich in den jüngeren Überlieferungen noch auf dieser Erde. Er begegnet den Jüngern dementsprechend als sinnlich fassbare Person und wird erst später seinen himmlischen Stand einnehmen.

4. Die Grabesgeschichten stellen ein Problem für sich dar. Eng damit verknüpft harrt die Frage einer Beantwortung, ob die Tradition der Erscheinung vor den Frauen bzw. vor Maria Magdalena historisch wertvoll ist. Mk 16,1-8 und Joh 20,1-18 sind daher ausführlich zu bearbeiten. Weiter ist zu fragen, ob sich nicht die Tradition einer Erscheinung vor Frauen in nicht-kanonischen Texten erhalten haben könnte. Denn eine Ersterscheinung vor ihnen wäre nicht unbedingt mit dem Bericht des Paulus in 1Kor 15,1-11 unvereinbar, da der Apostel eine Protophanie vor Frauen möglicherweise mit Absicht ausgelassen hat.

5. Bezüglich des Ortes der Auferstehungserscheinungen ist zu prüfen, wie sich die galiläische Tradition zu der jerusalemischen Überlieferung chronologisch verhält. Da bei der Annahme des zeitlichen Vorrangs der jerusalemischen Erscheinungen die in Galiläa kaum erklärt werden können, drängt sich schon jetzt die Vermutung auf, dass die ersten Erscheinungen in Galiläa stattfanden und die in Jerusalem erst zu einem späteren Zeitpunkt. In diesem Falle wäre freilich die neuerdings oft betonte Ersterscheinung vor Maria Magdalena zu bestreiten, da diese – auch wegen ihrer mutmaßlichen Nähe zur Grabestradition – nur in Jerusalem denkbar ist. Zur

Priorität der Galiläatradition würde passen, dass die Jünger Mk 14,50 zufolge vor Jesu Kreuzigung bzw. nach seinem Tod geflohen sind, und hier kommt als Ziel ihre Heimat Galiläa am ehesten in Frage.

6. Der Zeitpunkt der Auferstehung bzw. der Erscheinung des Auferstandenen ist auch danach zu bestimmen, wie die Galiläa-Jerusalem-Kontroverse zu beantworten ist. Soviel kann schon hier gesagt worden: Eine Erscheinung am dritten Tage lässt sich nicht mit der Priorität der Galiläatradition vereinbaren. Die Jünger hätten nämlich schwerlich von Freitag bis Sonntag den Weg von Jerusalem nach Galiläa zurücklegen können. Dazwischen lag überdies der Sabbat, an dem sie kaum gereist sein dürften. Doch ist gleichzeitig zu beachten, dass im ältesten Kerygma 1Kor 15,4 nicht die Erscheinung, sondern die Auferweckung auf den dritten Tag datiert wird.

3 Übersetzung und Analyse aller frühchristlichen Texte zur Auferstehung Jesu

Der moderne Historiker ist mit Recht davon überzeugt, daß er gewisse Dinge besser weiß. Auch die Tatsache, daß für die Neuzeit alles Metaphysische und Metahistorische in die Dimension des Problematischen gerückt ist, kann der moderne Historiker nicht einfach ausschalten bei der Lektüre der Quellen, die die Selbstverständlichkeit des Metaphysischen und Metahistorischen voraussetzen. Er kann z.B. nicht Aussagen als selbstverständlich gültig übernehmen, die metaphysische Wesen im Sinne des vorneuzeitlichen Weltbildes als innerweltliche oder innergeschichtliche Faktoren einführen, wie er ja auch die Grenzen der wissenschaftlichen Methode überschreitet, wenn er von sich aus historisch Problematisches durch metaphysische Aussagen zu erklären, d.h. selbstverständlich zu machen versucht.

Gerhard Ebeling

3.1 1Kor 15,1-11: Erzählabsicht und verarbeitete Überlieferungen

Übersetzung

(1) Ich erinnere euch aber, Brüder, an das Evangelium, das ich euch verkündigt habe, das ihr auch angenommen habt, in dem ihr auch fest steht, (2) durch das ihr auch gerettet werdet, wenn ihr es festhaltet in der Gestalt, in der ich es euch verkündigt habe; es sei denn, ihr wäret vergeblich zum Glauben gekommen. (3a) Denn als erstes habe ich euch weitergegeben, (3b) was ich auch empfangen habe,

(3c) **dass Christus starb für unsere Sünden *nach den Schriften*** (4) **und dass er begraben wurde** und dass er auf-

erweckt worden ist am dritten Tage *nach den Schriften* (5) und dass er Kephas erschien, dann den Zwölfen.

(6) Danach **erschien** er mehr als fünfhundert Brüdern auf einmal, von denen die meisten am Leben sind bis jetzt, einige aber sind entschlafen. (7) Danach **erschien** er Jakobus, dann allen Aposteln.

(8) Zuletzt aber von allen, gleichsam der Fehlgeburt, **erschien** er auch mir. (9) Denn ich bin der geringste der Apostel, der ich nicht würdig bin, ein Apostel genannt zu werden, weil ich die Gemeinde Gottes verfolgt habe. (10) Aber durch Gottes Gnade bin ich, was ich bin; und seine Gnade mir gegenüber ist nicht vergeblich gewesen, sondern ich habe mehr gearbeitet als sie alle zusammen; nicht aber ich, sondern die Gnade Gottes mit mir. (11) Ob nun ich oder jene: so predigen wir, und so seid ihr zum Glauben gekommen.

Erzählabsicht

Paulus erinnert die Adressaten zunächst daran, was er ihnen bei der Gründung der Gemeinde überliefert hat (V. 1.3a), und betont, dies selbst empfangen zu haben (V. 3b). Er führt die Reihe der Auferstehungszeugen bis zu sich hin fort und will damit zweierlei erreichen. *Erstens* betont er die Tatsache der oftmaligen Bezeugung des auferstandenen Jesus. Indem er die Erscheinung vor den »mehr als 500« anführt und sagt, die meisten von ihnen seien noch am Leben, fordert Paulus die Korinther indirekt auf, sie zu befragen.

Zweitens stellt Paulus heraus, dass die ihm zuteil gewordene Erscheinung Christi von derselben Art gewesen sei wie die vor den anderen Zeugen und dass sie ihm daher dieselbe Autorität zur Verkündigung verleihe wie den anderen auch. Der Apostel verteidigt sich an dieser Stelle wohl gegen Zweifel an der Legitimität seines Apostelamtes.

Besonders V. 8-11 sind apologetisch geprägt, denn hier macht Paulus ausführliche Angaben über sich und seine Arbeit, welche die aller anderen vorher Genannten übertroffen habe. Es bleibt zu beachten, dass V. 7 eigentlich eine weitere Erscheinung Christi vor einem anderen Apostel ausschließt, da Christus bereits *allen* Aposteln erschienen ist. Mit anderen Worten, zumindest der in V. 7 angesprochene, in Jerusalem anzusiedelnde Kreis um Jakobus hätte vermutlich schwere Bedenken dagegen, dass ihm ein weiterer Apostel hinzugefügt würde. Paulus selbst scheint das vorauszusehen und bezeichnet sich als »die Fehlgeburt« (V. 8). Jedenfalls gesteht er damit zu, dass es sich bei seiner Berufung zum Apostel um eine Ausnahme handelte.

Die von Paulus verarbeiteten Überlieferungen

Die von Paulus in 1Kor 15,3c-5 wiedergegebene Tradition hat eine andere Struktur als die in V. 6-7, denn dort beginnt eine andere Syntax. Daher müssen beide für sich untersucht werden.

a) 1Kor 15,3c-5

Es ist ein großer Glücksfall für die historische Rekonstruktion, dass der Apostel in V. 3c-5 eine sehr alte Überlieferung noch einmal zitiert, die er den Korinthern bereits bei der Gründung der Gemeinde weitergegeben hatte.

> Dass Christus starb <u>für unsere Sünden</u> **nach den Schriften** und *dass er begraben wurde*
>
> und dass er auferweckt worden ist <u>am dritten Tag</u> **nach den Schriften** und *dass er dem Kephas erschien, dann den Zwölf.*

In dieser Tradition, die aus einem parallel gebauten Zweizeiler besteht, geht es um einen je doppelten »Beweis«: einerseits aus den Schriften, auf die jedoch nur allgemein verwiesen wird (Fettdruck), und andererseits aus einer bestätigenden Tatsache (jeweils Kursivdruck). Zusätzlich stehen »für unsere Sünden« und »am dritten Tag« – jeweils unterstrichen – parallel zueinander. Sie interpretieren den Tod bzw. die Auferweckung. (Deswegen darf bereits an dieser Stelle ein wörtliches Verständnis von »am dritten Tag« bezweifelt werden; s. unten, S. 57-58.)

Der Hinweis auf das Begräbnis Jesu bekräftigt die Tatsache seines

33

Todes[73], und die Aussage über die Erscheinungen vor Kephas und den Zwölfen die Tatsache der Auferweckung.

Die Herkunft des rekonstruierten Traditionsstückes wird verschieden bestimmt. Eine Gruppe von Exegeten leitet es aus der griechischsprachigen Gemeinde von Antiochien ab.[74] Dafür spricht auch die Beobachtung, dass »Christus« in der Formel bereits ohne Artikel und somit als Eigenname gebraucht wird. Eine andere Gruppe von Gelehrten lokalisiert den Ursprung der Formel in Jerusalem. In diesem Fall würde es sich in 1Kor 15,3c-5 bereits um eine Übersetzung handeln. Doch scheint die Alternative Jerusalem oder Antiochien überzogen. Selbst wenn die Tradition aus Antiochien stammt, so ist sie dorthin in jedem Fall aus Jerusalem gelangt.

Innerhalb des Stückes 1Kor 15,3c-5 lässt sich die Tradition einer Erscheinung vor Kephas und den Zwölf als unabhängiges Element herauslösen. Diese Annahme kann sich auf Lk 24,34 (»der Herr wurde wirklich auferweckt und erschien dem Simon«) sowie Mk 16,7 (»sagt es seinen Jüngern und Petrus«) berufen.

b) 1Kor 15,6-7:

V. 6 enthält die Nachricht von einer Christuserscheinung vor mehr als 500 Brüdern auf einmal und V. 7 die Tradition einer Christuserscheinung vor Jakobus und allen Aposteln. Diese ist genauso formuliert wie die Christuserscheinung vor Kephas und den Zwölf. Man vgl.

>»er (Christus) erschien Jakobus, dann allen Aposteln« (V. 7) mit
>»er (Christus) erschien Kephas, dann den Zwölfen« (V. 5).

Die Parallele kann auf zweierlei Weise erklärt werden: Entweder formulierte Paulus in V. 7 auf der Grundlage von V. 5, oder in V. 5 und in V. 7 liegen zwei voneinander unabhängige Traditionen vor.

Historische Elemente hinter den Überlieferungen

Im folgenden geht es um die Frage: Was geschah wirklich, wenn gesagt wird, Christus sei verschiedenen Personen, Paulus eingeschlossen, erschienen?

Die Verbform »er erschien« ist die Übersetzung von griechisch *ophthe*, der dritten Person Aorist Passiv von *horan* (= sehen). D.h., der griechische Satz *ophthe Kepha* kann auf zweierlei Weise übersetzt werden: »er erschien Kephas« oder: »er wurde von Kephas gesehen«. Entsprechendes gilt für die anderen Personengruppen.

Der Ausdruck *ophthe* + Dativ hat eine alttestamentliche Vorgeschichte:

Die Niphal-Bildung von r'h, die der neutestamentlichen Formulierung entspricht, wird im Alten Testament ca. 45mal gebraucht. Sie berichtet vom Erscheinen Jahwes bzw. seines Engels vor Abraham (Gen 12,7; 17,1; 8,1), Isaak (Gen 26,2.24), Jakob (Gen 31,13; Gen 35,1.9), Moses (Ex 3,2). Die griechische Übersetzung des Alten Testaments, die Septuaginta (= LXX), gibt die Wendung in der Regel mit *ophthe* + Dativ bzw. + Präposition (*pros/en*) wieder.[75]

Angesichts des dargestellten Befundes, dass in der LXX für die Erscheinung bevorzugt *ophthe* + Dativ gebraucht wird, hat man förmlich von einer »Gotteserscheinungsformel« als Hintergrund der Zeugenaussagen in 1Kor 15,3-8 gesprochen. Die Konsequenz wäre, dass die sprachliche Formulierung das hinter ihr liegende Geschehen nicht mehr erkennen lasse.[76]

Demgegenüber ist jedoch darauf zu verweisen, dass in der LXX *ophthe* auch andere Subjekte als Gott haben kann: 2Kön 14,11 (Joasch und Amazja), 1Makk 4,6 (Judas), 1Makk 4,19 (Judas' Feinde), 1Makk 9,27 (ein Prophet), 2Makk 3,25 (ein Pferd). Man mag hier von einem abgeschliffenen oder unspezifischen Gebrauch von *ophthe* sprechen.

Nun beschreibt Paulus in 1Kor 15,3-7 mit dem Ausdruck *ophthe* recht verschiedenartige Phänomene wie Einzelerscheinungen und Gruppenmanifestationen. Aber auch die Voraussetzungen der Erscheinungen sind verschieden. Kephas empfing die erste Erscheinung Christi. Es handelt sich um eine »Primärerfahrung«. Er erzählte davon den anderen Jüngern. Sie »sahen« daraufhin Jesus ebenfalls. Ihre Erfahrung basierte also auf der des Kephas. Anders wiederum Paulus, dessen Christusschau im Gegensatz zu der der übrigen Osterzeugen (ohne Kephas) als Primärerfahrung einzustufen ist. Doch besteht eine Differenz zwischen der Erscheinung vor Kephas und der vor Paulus darin, dass Kephas Jesus *wieder* sah, während Paulus Jesus zum *ersten Mal* sah. Mit anderen Worten, die Erscheinung Jesu vor Kephas und den Zwölf sowie vor Jakobus und allen Aposteln ist wenigstens zum Teil bezogen auf ihren persönlichen Umgang mit ihm, Paulus dagegen hatte den Menschen Jesus nie kennen gelernt.[77]

Andererseits gebraucht Paulus den Ausdruck »er erschien« in V. 8 auch in Bezug auf sich selbst und stellt so eine Parallele der Erscheinung Christi vor sich zu den vorher genannten Erscheinungen vor anderen Personen her. Da er an anderen Stellen über das gleiche Ereignis in zum Teil verschiedener Ausdrucksweise spricht, dürften diese Stellen das Phänomen der Erscheinungen Christi in 1Kor 15,5-8 weiter erhellen.

Andere Selbstzeugnisse des Paulus über die Erscheinung Christi

1Kor 9,1

Übersetzung

Bin ich nicht frei? Bin ich nicht ein Apostel? Habe ich nicht Jesus unseren Herrn gesehen? Seid ihr nicht mein Werk im Herrn?

In der Form einer rhetorischen Frage betont Paulus, den Herrn gesehen zu haben. Er verwendet die 1. Person Perfekt des Verbs »sehen«, wohlgemerkt als eine Form des Aktivs, und drückt hier also denselben Sachverhalt wie in 1Kor 15,8 als eigene aktive sinnliche Wahrnehmung aus. Der Apostel behauptet eine visuelle Seite der 1Kor 15,8 erwähnten Erscheinung. 1Kor 9,1 ist also von einer aktiven Wahrnehmung Jesu die Rede, deren andere Seite die in 1Kor 15,8 genannte Erscheinung ist. Offensichtlich denkt Paulus hier an ein Sehen Jesu in dessen verwandelter Auferstehungsleiblichkeit, auf die er später 1Kor 15,35-49 zu sprechen kommt.

Da Paulus in 1Kor 15,8 für sich dasselbe Verb gebraucht wie für alle Personen, denen Jesus erschienen war, ist es eine gut begründete Annahme, dass die anderen in 1Kor 15 genannten Personen ähnlich wie Paulus im Rahmen ihres eigenen Weltbildes[78] Jesus »gesehen« haben. Diese Schau lässt sich mit Blick auf Erläuterungen des Paulus in anderen Briefen noch präzisieren.

Gal 1,15-16

Übersetzung

(15) Als es aber dem, der mich von meiner Mutter Leibe an ausgewählt und durch seine Gnade berufen hat, gefiel, (16) mir seinen Sohn zu offenbaren, damit ich ihn unter den Heiden verkündigte, zog ich nicht Fleisch und Blut zu Rate.

An dieser Stelle beschreibt der Apostel denselben Vorgang damit, dass Gott ihm seinen Sohn geoffenbart habe. Da der Vers im Rahmen einer Erzählung über seine vor- und frühchristliche Zeit steht, dürfte er sich auf ein bestimmtes Ereignis beziehen. Dabei stellt V. 12 in Verbindung mit V. 16 klar, dass der Inhalt des Geschehens eine Offenbarung war, die Christus zum Gegenstand (objektiver Genitiv) oder zum Urheber (subjektiver Genitiv) hatte. Jedenfalls passt das Motiv der Offenbarung zum Sehen in 1Kor 9,1 und zu seiner Voraussetzung, der Erscheinung in 1Kor 15,8.

Phil 3,7-8

Übersetzung

(7) Aber was mir Gewinn war, das habe ich um Christi willen für *Schaden* gehalten. (8) Ja, ich halte in der Tat dafür, dass alles *Schaden* ist um des überragenden Wertes der Erkenntnis Jesu, meines Herrn, willen. Um seinetwillen habe ich alles eingebüßt und halte es für Dreck, damit ich Christus gewinne.

Der Apostel spricht hier von der Erkenntnis (*gnosis*) Christi, die ihn dazu geführt habe, sein bisheriges Leben für »Dreck« zu halten. Der Abschnitt (V. 2-11) ist stark polemisch geprägt. Paulus betont hier, veranlasst durch Gegner, ähnlich wie schon in Gal 1,13f seinen untadeligen Wandel im Judentum (V. 4-6) und unterscheidet davon die ihm durch die Erkenntnis Christi eröffnete Gerechtigkeit aus dem Glauben (V. 9).

In diesem Abschnitt liegt wiederum eine Ausdeutung des Damaskusgeschehens vor und nur eine spärliche Beschreibung dessen, was damals wirklich geschah. Es geht also an der Sache historisch vorbei, wenn verschiedentlich behauptet wird, das visionäre Element fehle in Phil 3. Die im historischen Rahmen zu stellende Frage ist doch, ob das an anderen Stellen bezeugte visionäre Element der Offenbarungserfahrung hier ausgeschlossen wird. Davon kann gar keine Rede sein: 1Kor 9,1, die Aussage vom Sehen Jesu durch Paulus, liefert den Schlüssel, um die polemischen Aussagen von Phil 3 historisch zu verstehen.

2Kor 4,6

Übersetzung

Denn Gott, der sprach: »Licht soll aus der Finsternis hervorleuchten«, der hat einen hellen Schein in unsere Herzen gegeben, dass durch uns entstünde die Erleuchtung zur Erkenntnis der Herrlichkeit Gottes in dem Angesicht Jesu Christi.

Sollte sich die Stelle auf die Bekehrung beziehen, wäre wahrscheinlich, dass Paulus dabei Christus in einer Lichtgestalt gesehen hat, was zu den Ausführungen über den himmlischen Menschen (1Kor 15,49) passt. Aber nicht nur dies: Paulus würde seine Schau Christi mit der Lichtwerdung am Schöpfungsmorgen parallelisieren, um auszudrücken, was ihm vor Damaskus widerfuhr.

Ergebnis

»Jesus erschien Paulus« heißt konkret: Paulus hat den auferstandenen Jesus in seiner Herrlichkeit gesehen. Analoges gilt für die anderen Zeugen in 1Kor 15,5-7. Diese Schau wurde als außerordentliches Geschehen und als Offenbarung empfunden. In ihr erhielten die Seher geheimnisvolle Einblicke in eine überweltliche Sphäre. Das ganze Geschehen trug jeweils Lichtcharakter und ereignete sich wie die Vision des Sehers Johannes (Offb 1,10) im Geist, d.h. in Ekstase. In ihm schlossen sich »sehen« und »hören« wohl nicht aus. – Soweit die vorläufige Beschreibung des Damaskusereignisses und damit zugleich der früheren Erscheinungen Christi, auf die alle die Merkmale einer Vision zutreffen dürften.

Was ist eine Vision?

Visionen sind Vorgänge im menschlichen Geist und Produkte der eigenen Vorstellungskraft, obwohl es Visionäre regelmäßig anders erzählen: Sie empfangen von außen Bilder und vernehmen von außen Laute. So hat auch Paulus mit Sicherheit niemals daran gezweifelt, dass er Jesus damals und auch später wirklich gesehen habe[79], und die Vision wirkte auf ihn mit der vollen Kraft einer objektiven Tatsache.[80] Doch kann die Objekthaftigkeit der Ausdrucksweise nicht dagegen ausgespielt werden, dass es sich dabei um den religiösen Ausdruck des Subjekts handelt. Die Vision ist eine religiöse Erfahrung, welche die Raum-Zeit-Beschränkung aufhebt und sich in einem nicht-rationalen Bereich vollzieht. Sie entstammt einem Denken in urtümlichen Bildern und Symbolen, das über den Verstand hinaus- ja, diesem bereits vorangeht und allen Menschen mehr oder weniger eigen ist.[81]

Zusammenfassung der Traditionsanalyse

1Kor 15,3c-8 enthält in V. 3c-5 eine zu Unterrichtszwecken gebildete zweizeilige Formel über Tod und Auferweckung Christi. Sie umfasst bereits mehrere Deutungen. So soll Christi Tod »für unsere Sünden«, seine Auferweckung »am dritten Tag« und beides »gemäß den Schriften« geschehen sein. Ferner bekräftigt ein Hinweis auf das Begräbnis die Tatsächlichkeit des Todes Christi und die Aussage über die Erscheinung vor Kephas und den Zwölf die gute Bezeugung der Auferweckung.

In V. 6-8 schließen sich weitere Zeugenaussagen an:

1) 1Kor 15,6a: Christus erschien mehr als 500 Brüdern auf einmal.

2) 1Kor 15,7: Er erschien Jakobus, dann allen Aposteln.

3) 1Kor 15,8-10: Er erschien Paulus.

Man wird annehmen können, dass sämtliche Traditionselemente in die früheste Zeit der Urgemeinde zu datieren sind. Für 1Kor 15,3c-5 ist die These ohnehin wahrscheinlich. Doch ergibt sich dies auch für 1Kor 15,6a.7-8 zwingend daraus, dass die Bekehrung des Paulus am chronologischen Ende der aufgeführten Erscheinungen liegt und wohl nicht später als drei Jahre nach dem Tode Jesu anzusetzen ist.[82]

Die Frage, ob Paulus in 1Kor 15,3-8 alle ihm bekannten Erscheinungen aufgeführt hat, möchte ich vorläufig mit Hans von Campenhausen beantworten:

»Es ist auch bei größter Skepsis, die ein ›rein historisches‹ Interesse der Beteiligten mit Recht außer Betracht läßt, nahezu undenkbar, daß die grundlegenden Geschehnisse, die die maßgebenden Persönlichkeiten selbst erfahren hatten und auf die sie sich in ihrer Predigt bezogen, dennoch zwischen ihnen niemals zur Sprache gekommen sein sollten. Paulus war also über das, was er weitergibt, zugleich auch unmittelbar aus erster Hand orientiert. Dazu kommt, daß Paulus, der kein Wirrkopf war, auf die Zuverlässigkeit dieser Nachrichten erklärtermaßen Gewicht legt ... Es handelt sich schließlich auch nicht etwa um irgendwelche komplizierten Dinge, ... sondern um ganz einfache, wichtige, bestimmte und bekannte Fakten.«[83]

Ertrag: Die Ausbildung der in 1Kor 15,3-8 genannten Erscheinungstraditionen fällt in die Zeit zwischen 30-33 nChr, weil nämlich die Erscheinung vor Paulus die letzte darstellt und nicht später als 33 nChr zu datieren ist.

3.2 Historische Fakten in 1Kor 15,3-8

3.2.1. Der Tod Jesu (1Kor 15,3)

Die Tatsache des Todes Jesu als Folge der Kreuzigung ist unbestreitbar.[84]

3.2.2. Das Begräbnis Jesu (1Kor 15,4a)[85]

Berichte über die Grablegung Jesu finden sich in folgenden Quellen: Mt 27,57-61; Mk 15,42-47; Lk 23,50-56; Joh 19,38-42; PetrEv 2,3-5 und 6,21-24; Apg 13,27-29.

Hinsichtlich der ersten drei Texte besteht Konsens darüber, dass Mt und Lk den Mk-Bericht selbst (oder eine mit ihm eng verwandte Version) benutzen. Daraus folgt für das weitere Vorgehen, dass mit Mk zu beginnen und anschließend die beiden anderen Zeugen Mt und Lk daraufhin zu befragen sind, mit welcher Absicht sie den Mk-Text (oder die mit ihm verwandte Fassung) verarbeiten.

Da die anderen drei Quellen zur Grablegung, Joh 19,38-42; PetrEv 2,3-5; 6,21-24 sowie Apg 13,27-29, unterschiedlich eingeordnet und als teilweise unabhängig vom Mk-Bericht eingestuft werden, empfiehlt sich eine separate Untersuchung.[86]

Im Anschluss daran will ich eine Traditionsgeschichte des Begräbnisses Jesu entwerfen und die Frage zu beantworten versuchen, wie Jesus wirklich beerdigt wurde.

3.2.2.1. Mk 15,42-47

Übersetzung

(42) *Und als es schon Abend wurde und weil Rüsttag war, das ist der Tag vor dem Sabbat,* (43) kam Joseph von Arimathäa, *ein angesehener* Ratsherr, *der auch auf das Reich Gottes wartete, wagte (es) und* ging hinein zu Pilatus und bat um den Leib Jesu. (44) *Pilatus aber wunderte sich, dass er schon tot sei, und rief den Hauptmann und fragte ihn, ob er bereits gestorben sei.* (45) *Und als er es erkundet hatte von dem Hauptmann, gab er Joseph den Leichnam.* (46) Und der *kaufte* ein Leinentuch, nahm ihn ab und wickelte ihn in das Leinentuch. Und er legte ihn in ein Grab, das aus einem Fels gehauen war, und wälzte einen Stein vor die Tür des Grabes.

(47) Aber Maria, die Magdalenerin, und Maria, die Mutter des Joses, sahen, wo er hingelegt wurde.

Kontext

Der vorliegende Text verknüpft die Erzählung von der Kreuzigung Mk 15,20b-41 mit der vom leeren Grab Mk 16,1-8. Mit der Zeitbestimmung »als es schon Abend wurde« in V. 42 werden »die dritte Stunde« in 15,25, zu der Jesus gekreuzigt wurde, und die »sechste ... bis neunte Stunde« von 15,33 aufgenommen, zu welcher Zeit eine Finsternis hereinbrach. D.h., Jesus starb um drei Uhr am Nachmittag, zur 9. Stunde, und bei der Grablegung ist es nun schon Abend geworden. Das Erstaunen des Pilatus über den rasch erfolgten Tod

Jesu ist im Zusammenhang der mk Passionsgeschichte sinnvoll, denn ihr zufolge ist gegen die Regel die Leidenszeit Jesu ungewöhnlich kurz. Auch durch die Nachfrage bei dem verantwortlichen Hauptmann in V. 44b wird die Szene mit dem Vorangehenden verbunden, denn lt. V. 39 steht ein Hauptmann unter dem Kreuz. Weitere Verknüpfungen mit dem Kontext bestehen darin, dass 15,46 Ende und 16,3b fast wörtlich übereinstimmen und dass die Frauen aus V. 47 dieselben sind, die in 15,40 zusammen mit Salome die Kreuzigung beobachtet haben und später in 16,1 zum Grab gehen werden.

Erzählabsicht und verarbeitete Traditionen

V. 42: Die Zeitangabe »als es schon Abend wurde« ist ebenso wie 4,35 redaktionell. Wahrscheinlich liegt der Nennung des Rüsttages Tradition zugrunde. Mk erläutert ihn für seine Leser als Tag vor dem Sabbat.[87]

V. 43: Die Begriffe »angesehen« und »Ratsherr« kommen bei Mk nur hier vor. Doch kann man daraus nicht ohne weiteres auf die traditionelle Herkunft der Kennzeichnung Josephs schließen. Vielmehr hat die Annahme manches für sich, dass zwar die Aussage der Zugehörigkeit Josephs zum Hohen Rat traditionell, seine Charakterisierung als »angesehen« und die Notiz, dass er auf das Reich Gottes wartete, jedoch redaktionell sind. Das bedeutet dann: Joseph wird bei Mk zwar als Mitglied des Synhedriums bezeichnet, das Jesus zum Tode verurteilte[88], doch gleichzeitig schwächt Mk diesen Makel durch seine Hinzufügungen ab. Dass Joseph »*auch* das Reich Gottes erwartete« zeigt, dass neben ihm andere dasselbe taten. Dazu gehört neben den Jüngern[89] ja auch jener Schriftgelehrte, dem Jesus bescheinigt, »nicht fern vom Reich Gottes«[90] zu sein. D.h., Mk zeichnet Joseph zwar nicht als Christen, doch entnimmt er ihn durch die genannte Charakterisierung und die durchweg positive Bedeutung, die »Reich Gottes« im MkEv hat[91], der feindlichen Einstellung des Hohen Rates gegen Jesus.[92]

Die Bezeichnung des Tuns des Joseph als Wagnis lassen Mt und Lk aus. Doch gerade damit macht Mk den Joseph, der viel riskiert, der Leserschaft sympathisch und mildert seine Zugehörigkeit zu dem Jesus feindlich gesinnten Hohen Rat weiter ab.

V. 44-45: Diese Verse sind sicher redaktionell und verklammern die Szene mit dem Kontext. Sie beglaubigen den Tod amtlich und heben in apologetischer Nebenabsicht die Realität des Sterbens Jesu hervor.

V. 46: Die Aussage der Bestattung Jesu durch Joseph ist traditionell. Die Angabe über das Felsengrab mit einem Rollstein bereitet 16,3-4 vor. Es fällt auf, dass Joseph Leinen *kauft*, was einschließt, dass das Tuch neu ist. Diese Aussage mag auf Mk zurückgehen, der sich daran interessiert zeigt, vom Begräbnis Jesu Unehre fernzuhalten. Das Umhüllen mit (gebrauchtem) Leinen dürfte traditionell sein. Es ist bei allen Begräbnisformen im Judentum üblich. Andererseits ist nicht zu übersehen, dass Jesu Bestattung sich von einer normalen Beerdigung unterscheidet. So muss man sich vor Augen halten, dass Jesus nicht in dem Grab seiner Familie in Nazareth bestattet wurde, was zu einem ehrenvollen Begräbnis unbedingt dazugehört hätte. Des weiteren hatte Mk in 14,3-9 von der Salbung Jesu vor seinem Tod berichtet und sie als Salbung zum Tode verstanden. Doch kommt es nicht zu einer Salbung des *Leichnams* Jesu, wie sie als jüdisches Begräbnisritual bekannt ist. Dies ist vielleicht ein Anhaltspunkt für den Verdacht, dass Mk die Kunde eines unehrenhaften Begräbnisses uminterpretieren wollte.

Ertrag: Die Mk 15,42-47 zugrunde liegende Tradition berichtet von einem Begräbnis Jesu durch das Mitglied des Hohen Rates Joseph aus Arimathäa.

3.2.2.2. Mt 27,57-61

Übersetzung

(57) Als es aber Abend wurde, kam ein *reicher* Mann aus Arimathäa mit Namen Joseph, *der auch selbst ein Jünger Jesu geworden war.* (58) Dieser ging zu Pilatus und bat um den Leib Jesu. Da *befahl* Pilatus, (ihn) herauszugeben. (59) Und Joseph nahm den Leib und wickelte ihn in ein *reines* Leinentuch (60) und legte ihn *in sein eigenes neues* Grab, das er in einen Felsen hatte hauen lassen, und wälzte einen *großen* Stein vor die Tür des Grabes und ging davon.
(61) Es waren aber dort Maria die Magdalenerin und die andere Maria; *sie saßen dem Grab gegenüber.*

Mt verarbeitet Mk 15,42-47. Zum Fehlen von Mk 15,44-45a bei Mt und Lk vgl. sofort zu Lk 23,52.

V. 57: Mt macht aus Joseph einen Jünger Jesu und lässt die mk Notiz aus, dass dieser Mann ein Ratsherr war und als solcher zum Hohen Rat gehörte, der Jesus zum Tode verurteilt hatte.

V. 59: Statt »Leinentuch« schreibt Mt »reines Leinentuch« und übergeht die Notiz, dass Joseph dieses gekauft hat. Damit ist sichergestellt, dass das Leinentuch nicht nur neu, sondern auch »rein« war, wie es sich für den besonderen Leib Jesu geziemte: ein reines Tuch für einen reinen Leib. Mt wusste natürlich, dass nach jüdischem Glauben ein normaler Toter unrein ist.[93] Mit Jesus war es anders, denn er wird auferweckt werden und *ist* als Christus bereits der Herr der Welt.

V. 60: Mit Jesu Grab hat es eine besondere Bewandtnis. Es ist Josephs Grab, und es ist neu und daher noch nicht von einem anderen Leichnam verunreinigt worden. Damit verstärkt Mt den Gedanken aus V. 59.

3.2.2.3. Lk 23,50-56

Übersetzung

(50) *Und siehe*, da war ein Mann *mit Namen* Joseph, ein Ratsherr, *der war ein guter, frommer Mann* (51) *und hatte ihren Rat und ihr Tun nicht gebilligt.* Er war aus Arimathäa, *einer Stadt der Juden*, und wartete auf das Reich Gottes. (52) Dieser ging zu Pilatus und erbat sich den Leib Jesu (53) und nahm ihn ab, wickelte ihn in ein Leinentuch und legte ihn in ein Felsengrab, *in dem noch nie jemand gelegen hatte*. (54) Und es war Rüsttag, und der Sabbat brach an. (55) *Es folgten aber die Frauen nach, die mit ihm gekommen waren aus Galiläa, und beschauten das Grab und wie sein Leib hineingelegt wurde*. (56) *Sie kehrten wieder um und bereiteten wohlriechende Öle und Salben. Und den Sabbat über ruhten sie nach dem Gebot.*

V. 50-51: Lk zeichnet die Gestalt des Joseph noch positiver als Mk 15,43, obwohl er ihn nicht wie Mt zu einem Jünger macht.

V. 52: Mk 15,44-45a findet sich weder bei Lk noch bei Mt. Entweder haben sie dieses Stück in ihrem Mk-Exemplar noch nicht gelesen, oder sie lassen es als überflüssige Angabe aus.

V. 53: Das Begräbnis Jesu wird ebenfalls positiver ausgemalt als in Mk 15,46: Das Grab sei sogar neu gewesen.

V. 54: Im Anschluss an Mk 15,42 trägt Lk hier eine Terminangabe nach.

V. 55-56: Lk verbessert Mk 15,47 sowie 16,1 und lässt die Frauen bereits rechtzeitig die Öle zubereiten. Das Ruhen am Sabbat entspricht der Treue, welche die lk Hauptakteure dem jüdischen Gesetz gegenüber zeigen.[94]

3.2.2.4. Joh 19,38-42[95]

Übersetzung

(38a) *Danach aber* bat den Pilatus Joseph von Arimathäa, der ein Jünger Jesu war, *aber ein heimlicher aus Furcht vor den Juden*, dass er den Leib Jesu abnehmen dürfe. (38b) Und Pilatus erlaubte es. (38c) Er kam nun und nahm seinen Leib ab. (39a) *Es kam aber auch Nikodemus, der das erste Mal nachts zu ihm gekommen war*, (39b) und brachte eine Mischung aus Myrrhe und Aloe, etwa einhundert Pfund. (40) Sie nahmen nun den Leib Jesu und umwickelten ihn mit Leinentüchern zusammen mit den Kräuterölen, *wie es Sitte ist bei den Juden beizusetzen*. (41a) Es war aber bei dem Ort, wo er gekreuzigt worden war, ein Garten (41b) und in dem Garten ein neues Grab, in dem noch nie jemand bestattet worden war. (42) Dort nun – *wegen des Rüsttags der Juden, denn das Grab war in der Nähe* – bestatteten sie Jesus.

Erzählabsicht

Der Abschnitt setzt alle drei synoptischen Berichte von der Grablegung Jesu voraus (Mk 15,42-47; Mt 27,57-61; Lk 23,50-56). Wörtliche und fast wörtliche Übereinstimmungen mit Mk sind durch einfache Unterstreichungen, ggf. zusätzliche Übereinstimmungen mit Mt und Lk durch Punktierungen und redaktionelle Hinzufügungen durch Kursivsetzung markiert.

V. 38a: Vgl. Mk 15,43; Mt 27,57-58a; Lk 23,50-52. Aus dem angesehenen Ratsherrn Joseph von Arimathäa, »der auch selbst auf das Reich Gottes wartete« (so Mk; vgl. Lk) ist im Anschluss an Mt ein Jünger Jesu geworden. Der Evangelist fügt hinzu, dass Joseph sein Jüngersein aus Furcht vor den Juden[96] verborgen hält.

V. 38b: Vgl. Mk 15,45; Mt 27,58b.

V. 38c: Die Herabnahme des Leichnams (vom Kreuz) wird hier eigens erwähnt.[97]

V. 39a: Unter ausdrücklichem Hinweis auf die nächtliche Szene Joh 3,1-21 stellt der Evangelist dem Joseph einen Begleiter zur Seite.

V. 39b: Die Bestattung Jesu wird durch das Heranschaffen einer gewaltigen Menge Myrrhe und Aloe zu einer wahrhaft königlichen Beisetzung: 100 (römische) Pfund sind fast 33 kg mit einem Gegenwert von 30.000 Denaren.

> Man vgl. dazu die Erzählung vom Begräbnis Adams im *Leben Adams* 48: »Und nochmals sprach der Herr zu Michael und Uriel, den Engeln: Bringt mir drei Byssuslinnen (= kostbares, zartes Seidengewebe, G.L.) her und breitet diese über Adam aus und andere Linnen über Abel, seinen Sohn ...«. Wie Adam hier entsprechend seiner religiösen Bedeutung mit einem enorm großen Aufwand begraben wird, so nach dem joh Bericht auch Jesus.

V. 40: Vgl. Mt 27,59; Lk 23,53a (Mk 15,46a); »Kräuteröle« wie in Lk 23,56.

V. 41a: Durch Verlegung des Begräbnisses in den Garten[98] verwandelt dieses sich geradezu in eine Idylle.[99]

V. 41b: Vgl. Mt 27,60 (»sein neues Grab«); Lk 23,53 (»wo noch nie jemand gelegen hatte«).

V. 42: Vgl. Mk 15,46; Mt 27,60; Lk 23,53.

Ergebnis

Der joh Bericht lässt sich als Weiterführung der Berichte der synoptischen Evangelien von der Grablegung Jesu verstehen.

3.2.2.5. PetrEv 2,3-5 und 6,23-24

An dieser Stelle mögen einleitend einige Informationen zum PetrEv gegeben werden, da es als Apokryphon wenig bekannt ist. Ein längeres Fragment[100] wurde 1886/87 im Grab eines christlichen Mönches in Oberägypten entdeckt. Vorher kannte man über dieses Evangelium nur den Bericht des Kirchenvaters Euseb (Kirchengeschichte VI,12). Er schreibt, Bischof Serapion von Antiochien (ca. 200 nChr) habe die Erlaubnis der kirchlichen Lesung des PetrEv in Rhossos zurückgenommen, und zwar mit der Begründung, »dass zwar das meiste (in dem Evangelium) mit der wahren Lehre des Erlösers übereinstimmt, einiges aber hinzugefügt ist« (VI,12,6).

Das Fragment (das Ganze ist im Ich-Stil geschrieben, Petrus ist der Sprecher [7,26; 14,60]) beginnt mit der (erschlossenen) Szene des Händewaschens des Pilatus. Es folgen die Bitte des Joseph von Arimathäa um den Leichnam Jesu (2,3-5), die Verspottung (3,6-9), Kreuzigung (4,10), Kreuzesinschrift (4,11), Kleiderverlosung (4,12), Fürsprache des mitgekreuzigten Verbrechers für den Herrn (4,13-14), Finsternis (5,15), Tränkung mit Galle und Essig (5,16), letzter Aufschrei und Aufnahme des Herrn (5,19), Zerreißen des Tempelvorhangs (5,20), Abnahme vom Kreuz (6,21), Erdbeben (6,21), Ende der Finsternis (6,22), Begräbnis (6,23-24), Reue der Juden (7,25), Verhalten des Petrus und der Jünger (7,26-27), Aufstellen der Grabeswache (8,28-33), Massenbesuch der Bewohner Jerusalems am Grab (9,34), Auferstehung (9,35-10,42), Bericht an Pilatus und Schweigebefehl an die Soldaten (11,43-49), die Frauen und das leere Grab (12,50-13,57), Rückkehr der Jünger in ihre Heimat (14,58-59), Petrus, Andreas und Levi gehen fischen (14,60). Hier bricht das Fragment ab. Aufgrund der Parallelen in den kanonischen Evangelien kann man mit gutem Recht vermuten, dass sich nun eine Erscheinung des »Herrn« am See Tiberias anschloss.

Übersetzung

2,3-5: (2,3) Es stand aber dort Joseph, der Freund des Pilatus und *des Herrn*, und als er sah, dass sie ihn kreuzigen würden, ging er zu Pilatus und bat um den Leib *des Herrn* zum Begräbnis. (2,4) Und Pilatus schickte zu Herodes und bat um seinen Leib. (2,5) Und Herodes sprach: »Bruder Pilatus, auch wenn niemand ihn erbeten hatte, wir würden ihn begraben, weil der Sabbat bevorsteht, denn es steht im Gesetz: ›Die Sonne darf nicht untergehen über einem Getöteten‹. Und er übergab ihn dem Volk am Tage vor den ungesäuerten Broten, ihrem Fest.

[3,6-6,22: s. die obige Inhaltsangabe]

6,23-24: (6,23) Die Juden aber freuten sich und gaben seinen Leib dem Joseph, dass er ihn bestatte, da er ja all das Gute, das Jesus getan, gesehen hatte. (6,24) Er aber nahm den *Herrn*, wusch ihn, wickelte ihn in ein Leinentuch und legte ihn in sein eigenes Grab, genannt Josephs Garten.

Erzählabsicht und verarbeitete Traditionen

Allgemein fällt auf, dass Jesus dreimal »Herr« (im Text kursiv gesetzt) genannt wird.

2,3: Vgl. Mk 15,43 par. In der Bezeichnung Josephs als »Freund des Herrn« wird ein jüngeres Traditionsstadium sichtbar, das die positive Zeichnung des Joseph durch die Synoptiker und Joh fortsetzt. Die große Entfernung von der ältesten Tradition zeigt sich deutlich in der Bezeichnung Josephs als »Freund des Pilatus«, worin dessen Entlastung von der Schuld am Tode Jesu eingeschlossen ist.[101]

2,4: Die Bitte um den Leib Jesu *vor* der Hinrichtung ist gegenüber Mk und den Seitenreferenten jüngeren Datums. Ihre betonte Platzierung an dieser Stelle lässt sich aus dem Interesse verstehen, die ehrenvolle Bestattung Jesu zu betonen.

2,5: Vgl. Lk 23,54; s. ferner Joh 19,31; Mk 15,15 par.; Mk 14,12 par. Der Hinweis des Herodes darauf, dass man Jesus vor dem Abend ohnehin in Übereinstimmung mit dem Gesetz begraben hätte (vgl. Dtn 21,23; Jos 8,29; 10,27), wirkt nachträglich hinzugefügt.

6,23: Die Juden werden wegen ihrer Freude über den Tod Jesu belastet und Joseph entlastet, da er all das Gute, das Jesus getan, gesehen hatte.

6,24: Der Bericht über das Waschen des Leichnams kommt in den kanonischen Evangelien nicht vor und geht auf den Erzähler zurück. Die Notiz, es handele sich um Josephs Grab, erklärt sich durch Kenntnis von Mt 27,60. (Die Lokalisierung des Grabes im Garten entspricht Joh 19,41 und ist ebenso wie jene Notiz jüngeren Datums.)

Ertrag: Die im PetrEv enthaltenen Informationen über das Begräbnis Jesu durch Joseph von Arimathäa sind von den Synoptikern bzw. Joh abhängig oder lassen sich aus der redaktionellen Absicht des Vf.s erklären. Sie sind allesamt jüngeren Datums und tragen zur Beantwortung der historischen Frage, wie Jesus wirklich begraben wurde, nichts bei.

3.2.2.6. Apg 13,(27-)29

Übersetzung

([27] Denn die Bewohner Jerusalems und ihre Oberen haben diesen [= Jesus] nicht erkannt und nicht die Stimmen der Propheten, die jeden Sabbat verlesen werden, und haben sie mit ihrem Urteil erfüllt. [28] Obwohl sie keine Todesschuld an ihm fanden, verlangten sie von Pilatus, dass er [Jesus] hingerichtet würde.) (29) Als sie alles über ihn Geschriebene vollbracht hatten, nahmen sie ihn vom Holz herab und legten ihn in ein Grab.

Erzählabsicht und verarbeitete Traditionen

Der obige Abschnitt ist Teil einer Predigt des Paulus in Antiochien in Pisidien.

Zwar wird vielfach behauptet, der Abschnitt sei eine Bildung des Lk, da er ausschließlich durch dessen Sprache und Theologie bestimmt sei.[102] Doch ist das fraglich. Zwar lastet Lk in den Missionsreden der Apg den Juden den Tod Jesu an.[103] Hier aber sorgen Juden für die Abnahme des Leichnams und für die Beerdigung, was sich nicht dem Motiv der Schuldzuweisung zurechnen lässt. Demnach liegt in Apg 13,29 eine eigenständige Überlieferung vor.[104]

3.2.2.7 Zwischenfazit: Zwei verschledene Überlieferungen zur Grablegung Jesu und ihr historischer Wert

Mit großer Wahrscheinlichkeit ist zu folgern: Die Tradition eines Begräbnisses Jesu liegt in zwei verschiedenen Erzählungen vor: a) Joseph von Arimathäa bittet Pilatus um den Leichnam Jesu und bestattet ihn; b) Juden nehmen Jesus vom Kreuz herab und bestatten ihn. Dabei ist klar, dass Tradition b) die ältere sein dürfte, denn in a) geht die positive Zeichnung von Josephs Charakter wahrscheinlich auf eine christliche Interpretation zurück.

Zur Entwicklung der Zeichnung Josephs

Zudem haben die Seitenreferenten Mt und Lk sowie Joh die Gestalt des Joseph verchristlicht bzw. noch positiver gezeichnet, als es Mk schon getan hat. Abweichend von der Mk-Vorlage war Joseph von Arimathäa lt. Mt 27,57 ein reicher Mann und ein Jünger Jesu. Lk 23,50-51 schildern ihn – redaktionell – als guten und gerechten Mann, der sich nicht am Richterspruch des Hohen Rates gegen Jesus beteiligt hatte, und lt. PetrEv 6,23 hatte Joseph »all das Gute gesehen, das er (= Jesus) getan«: er ist geradezu ein »Freund des Herrn«.[105]

Auch Joh 19,38 bezeichnet Joseph von Arimathäa als Jünger Jesu, der freilich sein Jüngersein aus Furcht vor den Juden verborgen hält.[106] Die Erzählung enthält die weitere Einzelheit, dass Nikodemus, »der das erste Mal nachts zu ihm (= Jesus) gekommen war«[107], hinzutritt und zusammen mit Joseph den Leichnam Jesu versorgt.[108]

Die *Tendenz* der frühchristlichen Erzähltradition über Joseph von Arimathäa ist deutlich. Aus dem Ratsherrn ist ein Jünger Jesu geworden – fast könnte man sagen: aus dem Feind ein Freund –, und schließlich beteiligt sich sogar ein Bekannter Jesu, Nikodemus, am Begräbnis.

Aber auch das Begräbnis wird zunehmend positiv ausgemalt. Sagt Mk lediglich, dass Jesu Grab ein Felsengrab war, so setzen die Seitenreferenten das nicht nur voraus, sondern wissen noch darum, dass es Josephs eigenes Grab war[109], und Joh 20,15 ebenso wie PetrEv 6,24 lokalisieren es sogar im Garten, was eine Auszeichnung bedeutet.[110] Schließlich beschreiben Mt 27,60, Lk 23,53 und Joh 19,41f das Grab als neu, womit eine Ehrenbezeugung für Jesus ausgedrückt und ferner ausgeschlossen wird, dass Jesus z.B. in einem Grab für Verbrecher beigesetzt wurde.

Ich sagte bereits: Allein Mk 15,42-47 bzw. die dort verarbeitete Überlieferung und Apg 13,29 sind Quellen für die sofort zu stellende Frage nach einem historischen Wert der Tradition. Gleichzeitig sei unter Hinweis auf die nachmarkinische Tendenz der *Verchristlichung* der Gestalt des Joseph schon hier die Vermutung geäußert, dass bereits der Mk-Bericht in seiner Zeichnung Josephs als eines Menschen, der das Reich Gottes erwartet, eine ähnliche Tendenz hat. Derselbe Verdacht ergibt sich gegenüber der Erzählung vom Begräbnis Jesu, die zunehmend zu einer Ehrenbezeugung ihm gegenüber wird.

3.2.2.8. Wie wurde Jesus wirklich begraben?

Die römische Rechtspraxis sah oftmals vor, am Kreuz Gestorbene dort verwesen bzw. von Geiern, Schakalen oder anderen Tieren auffressen zu lassen – dies als Mahnung für die Lebenden.[111]

Diese Möglichkeit scheidet für Jesus wohl aus, da die Traditionen übereinstimmend von einer Abnahme vom Kreuz berichten (auch 1Kor 15,4 setzt das voraus). Daher dürfte Jesu Bestattung zu jenen Fällen gehören, bei denen die römische Behörde den Leichnam freigab.

Man vgl. Philo, Flacc 83: »Ich habe von solchen gehört, die gekreuzigt wurden, die man aber, weil ... Feiertage bevorstanden, vom Kreuz abnahm und den Verwandten gab, damit sie ein Begräbnis in Würde und dem Brauch entsprechend erhielten. Denn auch die Toten sollten einen Vorteil vom Geburtstag des Alleinherrschers haben, und zugleich sollte die Heiligkeit des Festes gewahrt werden.«

Indes ist die Möglichkeit nicht auszuschließen, dass man sowohl im ältesten Mk-Bericht als auch in 1Kor 15,4 die Bestattung Jesu *postulierte* – in 1Kor 15,4, um den Tod Jesu zu bekräftigen, in Mk 15,42-47, um das Gerücht eines unehrenhaften Begräbnisses abzuwehren. Zusätzlich kommt eine Stelle aus dem Propheten Jesaja als mögliche Auslöserin der Traditionsbildung hinzu, vgl. Jes 53,9: »Und man gab ihm sein Grab bei Gottlosen und bei Übeltätern (oder: ›bei Reichen‹), als er gestorben war, wiewohl er niemand Unrecht getan hat und kein Betrug in seinem Munde gewesen ist.« In diesem Fall wäre Jesus gar nicht begraben worden.

Vermutlich haben Juden Jesus aber doch vom Kreuz abgenommen, weil ein verstorbener Gekreuzigter nicht über Nacht am Holz hängen sollte.[112] Außerdem war die Freigabe und Abnahme Jesu vom Kreuz auch im Sinne des Pilatus, weil so von vornherein einer Unruhe angesichts der großen Zahl von Festbesuchern vorgebeugt war.[113]

Die beiden unterschiedlichen Traditionen zum Begräbnis Jesu – Mk 15,42-47 einerseits und Apg 13,29 andererseits – widersprechen sich dann nicht, wenn angenommen wird, dass die jüdische Behörde (den Totengräber[?]) Joseph von Arimathäa mit der Bestattung Jesu beauftragt hat. Dass er ein Jünger oder ein Freund Jesu war, lässt sich ohnehin nicht wahrscheinlich machen. Der umgekehrte Schluss, er habe zu den Feinden Jesu gehört, wäre ebenso wenig statthaft, da – historisch gesehen – die Verurteilung Jesu durch den Hohen Rat starken Zweifeln unterliegt.[114] Wohin er (oder eine Gruppe uns unbekannter Juden) den Leichnam gelegt hat, wusste man damals bald nicht mehr, da Jesus ohne ordentliches Begräbnis bestattet worden war. »Eine Debatte um den Verbleib des Leichnams hat es in der alten Tradition nicht gegeben und konnte es gar nicht geben, weil der Leichnam als solcher nicht feststellbar war.«[115]

3.2.3. Die Auferweckung am dritten Tag (1Kor 15,4b)

3.2.3.1. Auferstehung im Judentum

Die Hoffnung auf die Auferstehung von den Toten ist ein Fremd-
körper im Alten Testament und erscheint nur an dessen jüngeren
Rändern.[116]

Hes 37,1-14, die Vision von der Wiederbelebung der Totengebei-
ne, ist Bild für die künftige Wiederherstellung Israels, das sich zur
Zeit der Abfassung dieses Kapitels (6. Jh. vChr) im babylonischen
Exil befindet. Selbst V. 12 (»Darum weissage und sprich zu Ihnen:
So spricht Gott, der Herr: Siehe, ich will eure Gräber auftun und
hole euch, mein Volk, aus euren Gräbern herauf und bringe euch in
das Land Israel«) hat noch nicht die leibliche Auferstehung des einzelnen Menschen im Blick.

Jes 24-27, die sog. Jesajaapokalypse, enthält in ihrer griechischen
Übersetzung (2. Jh. vChr) von Jes 26,19a einen eindeutigen Hinweis
auf die körperliche Auferstehung der Toten. Wir lesen hier: »Die
Toten werden auferstehen, die in den Gräbern werden auferweckt
werden, und die in der Erde werden sich freuen.«

Das *Danielbuch* verarbeitet manche Texte aus Jes, vor allem aber
Jes 26,19a. Es heißt in

Dan 12,2-3:

(2) Und viele von denen, die *im Staubland schlafen*, werden
erwachen,
die einen zum ewigen Leben,
die anderen zu Schande und ewiger Abscheu.
(3) Die Weisen werden glänzen wie der Glanz der
Himmelfeste, und die viele zur Gerechtigkeit
geführt haben, wie Sterne immer und ewig.

Das »Staubland« bezeichnet die Unterwelt, wobei unklar bleibt, ob
in ihr nur die Schatten der Toten oder – weniger wahrscheinlich –
auch deren Knochen ruhen.[117] »Schlafen« ist Euphemismus für »tot
sein«. Wenn gesagt wird, dass die vormals Schlafenden wie Sterne
glänzen werden, geht daraus nicht zwingend die Wiedervereinigung
mit ihren früheren Körpern hervor. Wahrscheinlicher ist die
Annahme, dass sie dadurch, dass sie himmlische Leiber erhalten,

Anteil an astraler Unsterblichkeit empfangen.[118]

Eine ähnliche Antwort auf die Frage nach dem Verhältnis des Auferweckungsleibes zum alten Leib ergibt sich aus dem Mitte des 2. Jh.s vChr entstandenen Jubiläenbuch. Die Schilderung der Heilszeit lautet so:

Jub 23,30-31

(30) Dann wird der Herr heilen seine Sklaven,
und sie werden sich erheben,
und sie werden einen großen Frieden schauen.
Und sie werden an ihren Feinden all deren Gericht sehen
und all ihre Verfluchung.
(31) *Und ihre Knochen werden in der Erde ruhen.*
Und ihr Geist wird viel Freude haben,
und sie werden erkennen, dass es der Herr ist,
der Gericht hält und der Güte wirkt an Hunderten und Tausenden und an allen, die ihn lieben.

Dieser Text (vgl. bes. den kursiv gesetzten Vers 31a) zeigt eindeutig, dass im palästinischen Judentum Verwesung eines Körpers und körperliche Auferstehung nebeneinander gedacht werden konnten.

Martin Hengel weist zugleich an einer Fülle anderer Zeugnisse auf, dass leibliche Auferstehung im Judentum den Einschluss des alten Leibes bedeutete und dass man erwartete, dieser werde zu dem neuen umgewandelt.[119] Darauf ist hier nicht im einzelnen einzugehen. Ich wollte an dieser Stelle nur zeigen, dass die Vorstellungen über Auferstehung im Judentum recht vielgestaltig waren und gelegentlich sogar die Verwesung des alten Leibes in Kauf genommen wurde.

3.2.3.2. Auferstehung im Neuen Testament

Der gleiche Befund ergibt sich mit Blick auf das Neues Testament, dessen Einzeldokumente ebenfalls als jüdische Quellen herangezogen werden dürfen. Wie wird in ihnen Auferstehung verstanden?

a) Wiederbelebung
In Geschichten von Totenerweckungen wie Joh 11,1-44 (»Die

Auferweckung des Lazarus«) bedeutet Auferstehung die Wiederbelebung des Leichnams mit der Konsequenz, dass der Tod nochmals eintreten wird. Ähnlich ist es dort, wo Herodes Jesus für den wiedererweckten Johannes den Täufer hält, den er doch vorher hatte töten lassen (Mk 6,16).

Wiederbelebung ist an anderen Stellen im Neuen Testament dem Konzept einer endgültigen Überwindung des Todes zugeordnet (und dem eines ewigen Gerichts):

1) In *Mt 27,52b-53* öffnen sich im Moment des Todes Jesu die Gräber in Jerusalem, »und viele Leiber der entschlafenen Heiligen wurden auferweckt und gingen aus den Gräbern nach seiner Auferweckung und gingen in die heilige Stadt hinein und erschienen vielen.« Offenbar liegt die Vorstellung zugrunde, dass Tod und Auferstehung Jesu der Beginn der allgemeinen Totenauferstehung ist.

2) In *Joh 5,28-29* belehrt der joh Jesus über die Stunde, »in der alle, die in den Gräbern sind, seine (d.h. Jesu) Stimme hören werden und die, die Gutes getan haben, zur Auferstehung des Lebens herauskommen werden, die aber Böses getan haben, zur Auferstehung des Gerichts.«

3) *1Thess 4,16-17* zufolge werden die vorzeitig gestorbenen Thessalonicher bei der Ankunft des Herrn Jesus vom Himmel durch Auferstehung den mehrheitlich überlebenden Gemeindegliedern zuerst wieder gleichgestellt und dann mit ihnen zusammen dem Herrn entgegen in die Luft entrückt. Paulus setzt voraus, dass die Verstorbenen ihren früheren Leib zurückbekommen und von den Überlebenden erkannt werden. Ihre Auferstehung macht sozusagen den Nachteil des vorzeitigen Todes wett. Sie werden nicht mehr sterben, sondern allezeit »mit dem Herrn« sein.

b) Verwandlung
Einen Kommentar zu 1Thess 4,16-17 liefert

1Kor 15,51-52:

(51) Alle werden wir nicht entschlafen, alle aber verwandelt werden. (52) Und das plötzlich, in einem Augenblick, zur Zeit der letzten Posaune. Denn es wird die Posaune erschallen, und die Toten werden auferstehen unverweslich, und wir werden verwandelt werden.

Hier werden zwei Gruppen verwandelt, zum einen die Gestorbenen und zum anderen die bis zur Parusie Überlebenden. Als Weiterführung von 1Thess 4,13-17 zeigt der Text, wie Paulus Wiederbelebung und Verwandlung nebeneinander verwenden und das eine durch das andere ersetzen konnte.

3.2.3.3. Paulus und das leere Grab

Dann aber stellt sich bereits hier die Frage, wie Paulus sich das Verhältnis des getöteten Leibes Jesu zu dem des Auferweckten vorgestellt hat. War etwa auch für ihn das Grab Jesu leer? Indes sind hier zwei Fragen zu unterscheiden: a) Kannte Paulus Zeugnisse vom leeren Grab? b) Hätte er sich auf Rückfrage das Grab Jesu als leer gedacht?

Zu a): Paulus *kennt* schwerlich Zeugnisse für das leere Grab, denn die Aussage über das Begräbnis Jesu in 1Kor 15,4a bekräftigt dessen Tod und nicht seine Auferweckung. Man wird demnach sagen müssen, dass die von Paulus weitergegebene Tradition 1Kor 15,3c-5 ohne ein leeres Grab auskommt.

Zu b): Paulus stellt sich die Auferstehung Jesu körperlich vor. Dies verlangt aber nur dann das Hervorgehen des Leibes Jesu aus dem leeren Grab, wenn der Apostel sich an jene jüdische Tradition anschließt, die von einer Identität von Leichnam und auferwecktem Leib ausgeht. Immerhin gebraucht er diese Vorstellung in 1Thess 4,13-17 für die Verstorbenen. Da er zudem in 1Kor 15,5-8 so vehement die gute Bezeugung der Auferweckung Christi betont und anschließend in 1Kor 15,16-19 mit kaum zu überbietender Vehemenz die Glaubensnotwendigkeit der in der körperlichen Auferstehung Christi begründeten künftigen körperlichen Auferweckung der Christen einschärft, hat man Grund zu meinen: Paulus stellte sich das Grab Jesu als Folge von dessen Auferweckung als leer vor.

Diese Vermutung wird noch plausibler, wenn man folgende Gegenthese prüft: *Paulus zufolge war das Grab Jesu voll und dessen Leichnam verweste darin. Doch ging Paulus zugleich von einer körperlichen Auferweckung Jesu aus. Ebenso nahm er eine Verwesung der (meisten) Christen an und erwartete gleichwohl ihre körperliche Auferstehung.*

Eine solche Auffassung scheitert daran, dass Jesus nach der Überzeugung des Apostels sündlos (2Kor 5,21) ist und auch deswegen keinen Anteil an Fleisch und Blut hat, welche das Gottesreich nicht erben werden (1Kor 15,50). Fleisch und Blut bezeichnen bei Paulus nämlich auch Christen sowohl in ihrer kreatürlichen Beschaffenheit als auch in ihrer in der Sündenverfallenheit begründeten Vergänglichkeit, nicht jedoch Jesus Christus. Insofern ist der Schluss von der Verwesung des Leibes der Christen auf die des Leibes Christi dem Denkhorizont des Paulus nicht gemäß. Weil Christi Leib der Sünde nicht unterworfen war, durfte er Paulus zufolge auch nicht der Vergänglichkeit unterworfen sein. Nach der Logik des Apostels geurteilt: Den Tod bezahlte Christus für die Sünden der Menschen, nicht aber sah sein Leib die Verwesung. Er wurde gewissermaßen nach getaner Arbeit sofort auferweckt und zu Gott erhöht.

Man beachte zugleich: Die Vorstellungen in dieser frühen Zeit blieben auch hinsichtlich der Auferstehung im Fluss. Paulus hat Widersprüche, falls er sie überhaupt als solche gesehen hat, nicht auszugleichen versucht. Dies wird beispielsweise auch daran deutlich, dass er ein leeres Grab wie selbstverständlich in eine Aussage hineingelesen haben dürfte, die einen solchen Inhalt explizit gar nicht enthielt.

3.2.3.4. »Am dritten Tag«

Eingangs sei in Erinnerung gerufen, dass die Angabe »am dritten Tag« in der 2. Zeile der Tradition in 1Kor 15,3c-5 parallel und analog zu »für unsere Sünden« steht und deswegen als Interpretation – nicht als historische Information – zu betrachten ist.

Eine Herleitung der Wendung »am dritten Tag« aus der Bibellektüre legt sich nahe, weil sie durch den Hinweis auf die Schriften weiter qualifiziert wird. Zumeist denkt man an Hos 6,2. Die Stelle lautet in der Übersetzung der LXX wie folgt:

> Jahwe »wird uns gesund machen nach zwei Tagen, am dritten Tag werden wir auferstehen und vor ihm leben.«

Im Judentum wurde offenbar diese Hoseastelle benutzt, um das Datum der eschatologischen Totenauferweckung zu erschließen.[120] Dann wäre die Auferstehung Jesu als Erfüllung einer alttestamentlichen Weissagung verstanden worden. Gegen eine Herleitung des dritten Tages aus Hos 6,2 spricht scheinbar, dass diese Stelle im Neuen Testament nirgends zitiert wird und dass sie in der rabbinischen Exegese erst relativ spät vorkommt. Doch muss der Zeitpunkt der Bezeugung nicht mit der Entstehung der betreffenden Exegese zusammenfallen. Vielmehr ist umgekehrt 1Kor 15,4 ein möglicher Beleg für eine jüdische eschatologische Deutung von Hos 6,2.[121]

Gegen ein solches Verständnis wendet sich Martin Hengel:

> »*Der dritte Tag* ... als der Tag der Auferweckung Christi aus dem Grabe ist auch sicherlich nicht, wie ständig behauptet wird, sekundär aus Hos 6,2 oder ähnlichen Texten ›herausgesponnen‹, dazu sind die Aussagen des Berichts zu elementar. Sie gehen alle auf die Anfänge der Urgemeinde zurück, *ja sie dokumentieren deren Gründung und gehören insgesamt zur ursprünglichen Auferstehungsbotschaft.* Diese Zeitangabe hängt mit der Auffindung des leeren Grabes zusammen.«[122]

Hengel verknüpft die Auferweckung Jesu am dritten Tage mit der Auffindung des Grabes am dritten Tage. Das eine ist jedoch von dem anderen zu unterscheiden, umso mehr, als die Erzählung von der Auffindung des leeren Grabes am dritten Tag, die Hengel als historische Tatsache versteht, eine Erscheinung vor den Jüngern und Petrus (Mk 16,7) anführt, die wegen ihrer Übereinstimmung mit 1Kor 15,5 älter als die Entdeckung des leeren Grabes durch die Frauen ist (s. weiter unten, S. 72-74).

3.2.4. Die Erscheinung vor Kephas und die Erscheinung vor den Zwölf (1Kor 15,5)

Die Erscheinung vor Petrus

Das Verhältnis der Erscheinung vor Petrus zu der vor den Zwölfen kann auf zweierlei Weise bestimmt werden:

1. Die These, beide Erscheinungen gingen auf eine zurück, setzt voraus, dass »dann« (*eita*) ein ursprüngliches »und« (*kai*) ersetzt habe. Paulus hätte demnach »Kephas und den Zwölfen« geändert

zu »Kephas, dann den Zwölfen«, und zwar im Hinblick auf die anderen Erscheinungen, die er der Reihenfolge nach anzuführen beabsichtigte. Doch ist eine solche Auffassung nicht wahrscheinlich zu machen (s. sofort).

2. Für die Annahme, dass die Erscheinung vor Petrus eine Einzelerscheinung (also ohne die Zwölf) war, sprechen der Wortlaut von 1Kor 15,5 und die folgenden historischen Gründe:

Petrus hatte in der ersten Zeit der Urgemeinde in Jerusalem die Leitung inne. Dies darf aus Gal 1,18 geschlossen werden, wonach Paulus sich drei Jahre nach der Bekehrung nach Jerusalem begab,um Kephas kennen zu lernen. Petrus dürfte als Folge einer Legitimierung durch »den Auferstandenen« zum Oberhaupt der Gemeinde geworden sein. 1Kor 15,5 ist davon ein Reflex und muss auf das historisch zu nennende Visionsgeschehen zurückgeführt werden.

Außerhalb von 1Kor 15,5 findet sich im Neuen Testament ein eindeutiger Hinweis auf dieses Ereignis der Erscheinung Christi vor Kephas in Lk 24,34. Aber auch hier fehlt eine nähere Beschreibung. (Zu den Umständen der Erscheinung vgl. unten, S. 131-143.)

Die Erscheinung vor den Zwölf

Von der Erscheinung vor den Zwölf existiert im Neuen Testament kein eigener ausdrücklicher Bericht, es sei denn, man setzte Mt 28,16-20; Lk 24,36-43 oder Joh 20,19-23 dazu in Beziehung.

Im Kerygma Petri[123], einer Schrift apologetischen Charakters aus dem Anfang des 2. Jh.s, von der nur Fragmente erhalten sind, findet sich folgende Erzählung:

Der Herr sagt in der »Predigt des Petrus« zu seinen Jüngern nach der Auferstehung: »Ich habe euch Zwölf auserwählt, weil ich euch für meiner würdige Jünger hielt ... Und ich sende die, von denen ich überzeugt war, dass sie treue Apostel sein werden, in die Welt, um den Menschen in der ganzen Welt die frohe Botschaft zu verkünden, dass sie erkennen, es sei (nur) ein Gott, und durch den Glauben ... an mich das Zukünftige zu offenbaren, auf dass, die hören und glauben, gerettet werden, die aber, die nicht glauben, bezeugen, es gehört zu haben, und nicht zu ihrer Entschuldigung sagen können: ›Wir haben nicht gehört‹.«[124]

Der Text hat sicher keine genetische Beziehung zur Erscheinung vor den Zwölf und ist ganz der Theologie des unbekannten Vf.s verpflichtet, die zentriert ist in der Verkündigung des einen Gottes und der Missionierung der ganzen Erde durch die zwölf Apostel zur Rettung der Menschen.[125]

3.2.5. Die Erscheinung vor den über 500 Brüdern auf einmal (1Kor 15,6)

Wir erinnern uns: Abgesehen vom kargen *ophthe* wird in 1Kor 15,5-8 nichts über Art, Umstand und Ort der Erscheinungen gesagt, und nur an wenigen Stellen scheint es möglich, andere Überlieferungen als Verstehenshilfe heranzuziehen. Bei der Erscheinung vor den »mehr als 500 auf einmal« ist es anders. Ich werde im folgenden begründen, dass die Erscheinung vor mehr als 500 Brüdern auf einmal auf das historisch hinter Apg 2 liegende Ereignis (= Pfingsten) zurückgeführt werden kann.[126]

Ein wichtiger vorläufiger Anhaltspunkt dafür ergibt sich aus folgender Überlegung: Es ist sehr unwahrscheinlich, dass sich von einem solchen Geschehen vor mehr als 500 Menschen sonst jede Spur verloren haben sollte. Zudem betont Paulus, dass die Betroffenen, von denen nur einige gestorben sind, noch befragt werden können. Er setzt also voraus, dass sie eine Zeugenfunktion haben, die der des Paulus entspricht und auch für die Christen in Korinth bedeutungsvoll ist.

Apostelgeschichte 2,1-13

Übersetzung

(1) *Und* als sich der Pfingsttag erfüllte, waren alle an demselben Ort zusammen. (2) *Und* plötzlich kam vom Himmel ein Tosen, wie von einer jagenden Windsbraut, *und* erfüllte das ganze Haus, wo sie saßen. (3) *Und* es erschienen ihnen sich teilende Zungen wie von Feuer, *und* es setzte sich auf einen jeden von ihnen. (4) *Und* erfüllt wurden alle von ihnen mit Heiligem Geist, *und* sie begannen, in anderen Zungen zu reden, wie der Geist sie sprechen ließ.

(5) Es wohnten aber in Jerusalem Juden, fromme Männer aus jedem Volk unter dem Himmel. (6) Als aber dieses Getöse entstand, strömte die Menge zusammen und wurde verwirrt; denn jeder hörte sie in seiner eigenen Sprache reden. (7) Sie gerieten aber außer sich vor Staunen und sagten: »Sind das nicht alles Galiläer, die hier reden? (8) Wieso kann sie jeder von uns in seiner Muttersprache hören: (9) Parther und Meder und Elamiter und die Bewohner von Mesopotamien, Judäa und Kappadozien, von Pontus und der Provinz Asien, (10) von Phrygien und Pamphylien, von Ägypten und dem Gebiet Libyens nach Zyrene hin, und die ansässigen Römer, (11) Juden und Proselyten, Kreter und Araber? Wir hören sie in unseren Sprachen die großen Taten Gottes verkünden.« (12) Sie gerieten aber alle außer sich und waren ratlos. Die einen sagten zueinander: »Was hat das zu bedeuten?« (13) Andere aber spotteten: »Sie sind voll süßen Weines.«

Erzählabsicht und verarbeitete Nachrichten

Der Abschnitt ist in zwei Teile zu gliedern: V. 1-4 beschreiben ein Reden in Zungen, V. 5-13 ein Sprachenwunder.

V. 1-4: Dieser Abschnitt enthält viele lk Sprachelemente. Die Ausdrucksweise von V. 2-3 ist den Erzählungen von den Erscheinungen Gottes auf dem Sinai angeglichen.[127] Zu V. 3-4 vgl. besonders Num 11,25.[128] Lk imitiert auch an anderen Stellen die LXX. Seine Hand dürfte sich ferner am siebenmaligen »und« (in der Übersetzung kursiv) zeigen, das im Dienst der Berichterstattung steht. Ferner spricht folgende Parallelisierung für lk Bearbeitung:

A: Und plötzlich kam vom Himmel ein Tosen (V. 2)
A*: Und es erschienen ihnen sich teilende Zungen (V. 3)

B: Wie von einer jagenden Windsbraut (V. 2)
B*: Wie von Feuer (V. 3)

C: Und erfüllte das ganze Haus, wo sie saßen (V. 2)
C*: Und es setzte sich auf einen jeden von ihnen (V. 3).

V. 5-13: Dieses Stück ist von lk Sprache geprägt, wobei das lk »und«

in V. 1-4 redaktionell von »aber« (in der Übersetzung unterstrichen) abgelöst wird.

In einem Zug auf der redaktionellen Ebene gelesen, berichtet der Text von einem Sprachenwunder am Pfingstfest nach Tod und Auferstehung und Himmelfahrt Jesu. Deutet schon die konkrete Angabe »Pfingsten«[129] auf Überlieferung hin, so lassen gleichfalls Spannungen im Text den Schluss auf Traditionselemente zu. Es wird zu fragen sein, ob Lk hier zwei Traditionen nur zusammengearbeitet hat oder ob die disparaten Elemente auf lk Eigenbildung zurückgehen, mit der er eine vorliegende Tradition ergänzt und umformt:

Das in V. 1-4 geschilderte Geschehen spielt sich, wie V. 2 zeigt, in einem Haus ab, das nachfolgende in V. 5-13 offenbar im Freien.

Innerhalb der V. 5-13 verzögert die Aufzählung V. 9-11 den Fortlauf des Gedankengangs und geht sicherlich wegen der vielen konkreten Einzelheiten und ihres Listencharakters auf eine Quelle zurück. Da diese Vorlage inhaltlich und sprachlich gut in V. 5-13 eingebunden ist, dürfte Lk den ganzen Abschnitt V. 5-13 gestaltet haben. Andere Indizien bestärken diesen Eindruck: V. 2-4 können selbständig sein, während V. 5ff in den Demonstrativpronomina V. 6a und V. 7b den Abschnitt V. 1-4 voraussetzen. Der Vorwurf volltrunkenen Geredes bzw. Lallens V. 13 passt so gar nicht zur wundersamen Begabung, in verständlichen Fremdsprachen zu reden, und ist wohl ursprünglich Abschluss von V. 1-4. Die Aussage V. 4, dass die Jünger in »anderen Zungen« redeten, ist nämlich doppeldeutig. Sieht man »anderen« als redaktionell an – das ist deswegen gut begründet, weil nur so dem Vf. der Apg die Verknüpfung des Sprachenwunders mit der Geschichte einer Glossolalie möglich war –, so erscheint hinter dem Sprachenwunder, wie es im vorliegenden Kontext der Apg beschrieben wird, ein Reden in Zungen entsprechend dem in 1Kor 14. In diesem Fall berichtet die V. 1-4 und V. 13 erhaltene Tradition, die offenbar mit der konkreten Zeitangabe »Pfingsten« zusammengehört, von einem ekstatischen Erlebnis der Jesusjünger (in einem Haus?), und erst Lk hat sie im Sinne eines Sprachenwunders interpretiert.

Vom Kontext her hat der vorliegende Abschnitt folgende Funktion: Der Bericht von dem Erfüllt-Werden der Jünger mit dem Heiligen Geist setzt Jesu Verheißung von Apg 1,8 in die Tat um. Nicht zufällig knüpft die anschließende Rede des Petrus (V. 14-40) bei der Ausgießung des Heiligen Geistes (V. 17-18) an. Dieser ist fortan kennzeichnend für das Christsein (vgl. Apg 8,14-24; 19,1-7).

Der historische Kern hinter Apg 2 als Erscheinung vor mehr als 500 Brüdern

Paulus selbst bezeugt das Phänomen glossolalischer Rede. Er behauptet von sich in 1Kor 14,18, mehr in Zungen zu reden als die Korinther, und scheint 1Thess 5,19 (»den Geist lösch nicht aus!«)[130] seine Gemeinde zu glossolalischer bzw. ekstatischer Rede förmlich zu ermuntern.

Es handelt sich bei der Glossolalie[131] im allgemeinen um unverständliches ekstatisches Reden – im Weltbild des Paulus: um die Sprache der Engel (1Kor 13,1)[132], wozu 1Kor 14 einen anschaulichen Kommentar liefert: Glossolalie ist unverständliches, ekstatisches Reden[133], das aber übersetzbar ist und dann einen erbauenden (V. 4f.26) und belehrenden (V. 19) Inhalt hat. Entweder übersetzt der Zungenredner selbst (V. 13) oder ein anderes Gemeindeglied (V. 27). Beispielsweise besitzt Paulus sowohl die Gabe der Zungenrede als auch die der Prophetie (V. 6.18f). Überhaupt dürften Glossolalie und Prophetie enger zusammengehören, als auf den ersten Blick deutlich wird. Sie werden als pneumatische Gaben angesehen (1Kor 14,1), beziehen sich auf göttliches Geheimwissen (1Kor 13,2; 14,2) und sind jeweils ekstatische Phänomene.[134] Die Glossolalie wird übersetzt, die Prophetie ausgelegt.[135] Ein ähnlicher Vorgang ist daher in Jerusalem gut denkbar[136] und die Glossolalie, von der die hinter Apg 2,1-4 (13) stehende Tradition berichtet, historisch durchaus plausibel.[137] Die Zahl »über 500 Brüder« ist im Sinne von »eine riesige Zahl« zu verstehen[138], also nicht wörtlich zu nehmen. (Wer hätte nachzählen können?) Da der Erscheinungsort »das ganze Haus« (Apg 2,2) ohnehin der lk Redaktion verdächtig ist, erwächst hieraus kein Widerspruch, so dass die Annahme traditionsgeschichtlicher Zwischenglieder, die die Spannung zwischen den »über 500« und dem Erscheinungsort »im Haus« erklären, überflüssig wird. Zwar hat Hans Conzelmann gegen die These eines genetischen Zusammenhangs zwischen den beiden Traditionen hinter 1Kor 15,6 und Apg 2,1-11 eingewandt:

»Die Entwicklung von einer Christophanie (sc. wie 1Kor 15,6) zu dieser Theophanie ist nicht wohl vorstellbar, zumal in der älteren Fassung der Osterchristophanien der Geist nicht erwähnt ist.«[139]

63

Doch sind die Züge der Theophanie, wie oben gezeigt, wahrscheinlich redaktionell in Apg 2 eingetragen worden (die Glossolalie darf als Traditionsgrundlage der Geschichte angesehen werden). Überhaupt krankt der obige Einwand methodisch daran, dass er aus der Nicht-Erwähnung des Geistes in den ältesten Osterberichten zu weitgehende Schlüsse zieht. Denn die entscheidende Frage ist doch nicht, ob der Geist jeweils explizit erwähnt ist, sondern ob der Geist der Sache nach von den Texten vorausgesetzt und mitgedacht wird. Daran kann aber aus historischen Gründen kein Zweifel bestehen.[140]

Die Aufspaltung in zwei strikt zu unterscheidende Traditionen – hier Christophanie (1Kor 15,6), dort Verleihung des Geistes (Apg 2,1-4) – entfällt, da Christus für Paulus von Anfang an mit dem Geist identisch ist. Im österlichen ekstatischen Geschehen wird die Gegenwart Jesu aktuell erfahren. Latent und vom Phänomen her ist damit die Gleichsetzung Christi mit dem Geist bereits gegeben. Paulus bringt dann später die Sache auf den Begriff. Der Apostel meint also mit 1Kor 15,6 zumindest vom sachlichen Gehalt her dasselbe wie Lk und die von ihm benutzte Überlieferung in Apg 2,1-4: Durch ein ekstatisches Erlebnis wurden Menschen fähig zum Zeugnis des Glaubens.

Die zumindest teilweise Identität von Geist und Christus bei Paulus ist seit langer Zeit allgemeiner Konsens. Sie sei an einem Paulus-Text erläutert:

In Röm 8,9 (»Ihr ... seid nicht fleischlich, sondern geistlich, da der Geist Gottes in euch wohnt, wer aber Christi Geist nicht hat, der ist nicht sein«) werden »Geist Gottes« und »Geist Christi« ganz gleichwertig dafür verwendet, was die Christen erfüllt. Im Zusammenhang von Röm 8,9f wohnt der Geist Gottes in den Christen (V. 9), ist Christus in den Christen (V. 10) und wohnt der Geist desjenigen, der Jesus von den Toten erweckt hat, in den Christen (V. 11). Indem Paulus den Geist so an Gott bindet – ebenso wie er in 2Kor 12 die Ekstase an Gott gebunden hat –, verhindert er eine Autonomie der Geistträger und versteht die Geistesgabe als Geschenk. Gleichwohl stehen Geist (Gottes) und Christus parallel nebeneinander und sind letztlich identisch. Man vgl. auch die außerhalb von Röm 8 im paulinischen Schrifttum erscheinenden Korrespondenzformeln »in Christus« und »(im) Geiste«.[141]

Die soeben aufgezeigte Identität von Geist und Christus bei Paulus bestätigt die obigen Ausführungen zu den Erscheinungen Christi als eines pneumatisches Himmelswesens. Zwar könnte man demgegenüber darauf verweisen, dass Paulus weder den ihm erschienenen Erhöhten ausdrücklich als Pneuma bezeichnet noch die Vision auf eine Wirkung des Pneuma zurückgeführt hat. Doch Paulus gibt in 1Kor 15,45 mit dem Hinweis auf den pneumatischen Leib des Erhöhten einen Hinweis auf die Gestalt des Auferstandenen, die er vor Damaskus schaute.[142]

Die eingangs ausgesprochene These, dass die Erscheinung vor über 500 Brüdern mit dem durch das Traditionssubstrat in Apg 2 bezeichneten Ereignis identisch ist, dürfte damit einigermaßen gesichert sein. Es handelt sich hierbei um ein enthusiastisches Erlebnis einer großen Menge von Menschen, die als Begegnung mit Christus aufgefasst wurde.

Wie soll man sich eine solche Erscheinung vor »über 500 Brüdern« konkret vorstellen? Verstehenshilfen aus dem historischen Kontext, wie sie bei Petrus und Paulus im Blick auf ihre Vergangenheit gegeben sind, liegen in diesem Fall nicht vor. Vielleicht hefen Anleihen bei der Forschung zur Massenpsychologie weiter.

Gustav Le Bon hat bereits vor 90 Jahren folgende Erkenntnis gewonnen:

Menschen unterscheiden sich voneinander *am meisten* bezüglich der Intelligenz, der Moralität, der Ideen und *am wenigsten* bezüglich der tierischen Instinkte und Emotionen. Daher ist die Macht der Masse umso größer, je mehr ihre Mitglieder sich einander ähneln, nachdem die Dinge, worin sie sich unterscheiden, einmal zur Seite gelegt worden sind. Sie besitzen dann eine Art Gemeinschaftsseele, in der sich die Verstandesfähigkeiten und Persönlichkeiten der einzelnen verwischen und die unbewussten Eigenschaften überwiegen.[143] Le Bon beobachtet weiter:

»Die Massen befinden sich ungefähr in der Lage eines Schläfers, dessen Denkvermögen im Augenblick aufgehoben ist, so daß in seinem Geist Bilder von äußerster Heftigkeit aufsteigen, die sich aber schnell verflüchtigen würden, wenn die Überlegung mitzureden hätte.«[144]

Alles, was die Phantasie der Massen errege, erscheine in der Form eines packenden, klaren Bildes, das frei sei von jeglichem Deutungszubehör.

Man kann von einem ansteckenden Einfluss der Glieder einer

Masse untereinander sprechen. Le Bon führt folgendes instruktives Beispiel dafür an:

> »Bevor der Heilige Georg allen Kreuzfahrern auf den Mauern von Jerusalem erschien, war er sicher zuerst nur von einem von ihnen wahrgenommen worden. Durch Beeinflussung und Übertragung wurde das gemeldete Wunder sofort von allen angenommen. So vollzieht sich der Vorgang von Kollektivhalluzinationen, die in der Geschichte so häufig sind und klassische Merkmale der Echtheit zu haben scheinen, da es sich hier um Erscheinungen handelt, die von Tausenden von Menschen festgestellt wurden.«[145]

Paul Wilhelm Schmiedel[146] verweist mit gutem Recht darauf, wie es nach der Ermordung von Thomas Becket[147] und der Hinrichtung Savonarolas[148] zu Massenvisionen beider kam, und hält diese für Analogien der Erscheinung vor den »mehr als 500« nach der Exekution Jesu.[149] Soviel dürfte klar sein: Es handelt sich bei all den genannten Phänomenen um psychische Tatsachen.

Ertrag: Die Erscheinung vor »mehr als 500 auf einmal« lässt sich historisch plausibel als Massenekstase verstehen, die in der Frühzeit der Gemeinde in Jerusalem stattfand. Aus psychologischen Erwägungen dürften ihr Anstöße durch einen Einzelnen vorausgegangen sein. Das fügt sich wiederum gut dem bisher Erarbeiteten zu, nach dem die erste Erscheinung vor Petrus den Anstoß für die folgenden Christuserscheinungen gegeben hat.

3.2.6. Die Erscheinung vor Jakobus und die Erscheinung vor allen Aposteln (1Kor 15,7)

Erscheinung vor Jakobus (1Kor 15,7)

Sie wird im Hebräerevangelium (= HebrEv)[150] bei Hieronymus (ca. 347-420), *de viris inlustribus*, der ersten christlichen »Literaturgeschichte«[151], wie folgt beschrieben:

»Als aber der Herr das Leinentuch dem Knecht des Priesters gegeben hatte, ging er zu Jakobus und erschien ihm. Jakobus hatte nämlich geschworen, er werde kein Brot mehr essen von jener Stunde an, in der er den Kelch des Herrn getrunken hatte, bis er ihn von den Entschlafenen auferstanden sehe. Und kurz darauf sagte der Herr: ›Bringt einen Tisch und Brot!‹ Und sogleich wird hinzugefügt: Er nahm das Brot, segnete es und brach es und gab es Jakobus dem Gerechten und sprach zu ihm: ›Mein Bruder, iß dein Brot, denn der Menschensohn ist von den Entschlafenen auferstanden‹.«[152]

Das HebrEv enthält folgende Besonderheiten hinsichtlich des Jakobus:

a) Jakobus ist erster Auferstehungszeuge. b) Er gehörte bereits vor Ostern zur Gemeinde. c) Der Text hat als Ziel die Lösung des Jakobus von einem Gelübde und nicht die Realität der Auferstehung Jesu bzw. eine Christophanie.[153] Vielleicht ist dabei das Gelübde dem Versprechen des Petrus, mit seinem Herrn in den Tod zu gehen[154], nachgebildet. Dadurch, dass Jakobus das Gelübde einhielt, während Petrus es durch seine Verleugnung gebrochen hat, wäre das Erstzeugnis betont dem Jakobus zugeschrieben. d) Von einer direkten Rivalität zu anderen Aposteln oder Petrus ist freilich (im Text) trotz c) wenig zu spüren, ja, weder Petrus noch andere Jünger werden überhaupt erwähnt.

Die Aussagen des HebrEv sind ein weites Stück von der historischen Wirklichkeit entfernt.

> »Jakobus braucht nicht mehr ... um seine Stellung zu kämpfen; sein Sieg ist vollständig. Er ist anerkanntermaßen der erste und vornehmste Zeuge des Auferstandenen, der wichtigste Träger der Tradition, auch und gerade gegenüber Petrus und den Zwölfen.«[155]

Jakobus (und nicht Jesus) steht im Mittelpunkt, und die Tatsache, dass er zu Lebzeiten Jesu nicht zum Jüngerkreis gehörte, ist vergessen.

Überdies ist der Bericht erst spät bezeugt. Ihm liegt eine neutestamentliche Abendmahlstradition zugrunde, die »in eine Personallegende zur Verherrlichung des Jakobus umgewandelt worden«[156] ist. Der Text enthält, abgesehen von der bloßen Tatsache der

Erscheinung Jesu vor Jakobus, keinerlei zuverlässige Information.

Über die historischen Hintergründe dieser Einzelvision, die eine Art Bekehrung des Jakobus darstellt, sind nur Vermutungen möglich. Wegen 1Kor 15,7 steht fest, dass Jakobus seinen Bruder »gesehen« hat. Das kann aber zunächst durchaus im Rahmen der Erscheinung vor den mehr als 500 Brüdern gewesen sein, worauf dann noch eine Einzelvision folgte. Zu beachten ist, dass Jakobus zu Lebzeiten Jesu keine religiöse Bindung an seinen Bruder hatte (vgl. Mk 3,21). Die Voraussetzungen für eine Vision waren daher anders als bei Petrus. (Deswegen wird diese Vision aber nicht gleich zu einer originalen Offenbarung, da die Vision des Petrus dem Jakobus bekannt und ihm vorgegeben war.) Dass Jakobus später Leiter der Urgemeinde wurde, hat mehr mit seiner Familienzugehörigkeit zu tun. In der Antike dachte man familienpolitisch. Man vgl. bes. auch die Bedeutung der Familie in der Dynastie der Hasmonäer (s. die Beispiele in 1 und 2Makk). M.R. hat man eine Art Kalifat auch im frühen Christentum ins Auge gefasst.[157]

Der Bericht des HebrEv ist auf der Grundlage der anderen bereits bestehenden Traditionen von Erscheinungen nachträglich erzählerisch ausgebildet worden und geht sicher nicht auf den Berichterstatter Jakobus oder auf seine unmittelbaren Anhänger zurück.

Die Erscheinung vor allen Aposteln

Demgegenüber entzieht sich die Schau »aller« Apostel ganz unserer Kenntnis und kann nur bei allgemeinen historischen Überlegungen eine Rolle spielen (s. unten, S. 150-155).

3.2.7. Die Erscheinung vor Paulus (1Kor 15,8)

Bereits oben, S. 36-39, habe ich 1Kor 15,8 als Schlüsseltext für die in 1Kor 15,5-7 angeführten Erscheinungen Christi behandelt. Da der Erscheinung vor Paulus neben der vor Kephas eine ausschlaggebende Rolle für Entstehung und Ausbreitung des Auferstehungsglaubens im 1. Jh. zukommt, wende ich mich ihr später noch einmal separat zu (s. unten, S. 144-149).

3.3. Die Ostererzählungen im Markusevangelium

3.3.1. Mk 16,1-8: Die Verkündigung des Auferweckten im leeren Grab

Übersetzung

(1) *Und als der Sabbat vergangen war, kauften Maria, die Magdalenerin, und Maria, die Mutter des Jakobus, und Salome wohlriechende Öle, um hinzugehen und ihn zu salben.* (2) *Und sehr früh am ersten Tag der Woche kamen sie zum Grab, als die Sonne aufging.* (3) *Und sie sagten zueinander:* »*Wer wälzt uns den Stein von der Tür des Grabes?*« (4) *Und als sie hinschauen, sehen sie, dass der Stein weggewälzt worden ist; denn er war sehr groß.* (5) *Und als sie in das Grab hineingingen, sahen sie einen Jüngling zur rechten Hand sitzen, bekleidet mit einem langen weißen Gewand, und sie entsetzten sich.* (6) *Er aber sagt ihnen:* »*Entsetzt euch nicht! Ihr sucht Jesus den Nazarener, den Gekreuzigten. Er wurde auferweckt, er ist nicht hier. Siehe da die Stätte, wo sie ihn hinlegten.* (7) *Geht aber hin und sagt seinen Jüngern und Petrus: Er zieht euch nach Galiläa voraus; dort werdet ihr ihn sehen, wie er euch gesagt hat.*« (8) *Und sie gingen hinaus und flohen von dem Grab; es hielten sie nämlich Zittern und Betäubung im Bann. Und sie sagten niemandem etwas; sie fürchteten sich nämlich.*

Erzählabsicht und verarbeitete Traditionen

Der vorliegende Abschnitt ist in mancherlei Hinsicht merkwürdig: Der *erste* Anstoß, den er bietet, betrifft seine Stellung am Ende des Evangeliums. Es stellt sich die Frage: Wie kann ein Evangelium mit dem Satz »sie fürchteten sich nämlich« (V. 8) geschlossen haben? Nun ist seit alters versucht worden, das ursprüngliche Ende des MkEv zu rekonstruieren. Da ihm im 2. Jh. verschiedene Schlüsse gegeben worden sind[158] und da die Seitenreferenten Mt und Lk die Mk-Vorlage, die bis 16,8 reichte, mit einer Ergänzung ausgestattet haben, wird dabei vorausgesetzt, dass der ursprüngliche Mk-Schluss schon früh weggebrochen sei (Blattverlust oder absichtliche Tilgung). Damit würde der hier besprochene Anstoß zweifellos beseitigt sein. Gegenüber allen Ergänzungen ist jedoch aus methodischen Gründen zunächst der Versuch zu unternehmen, das überlieferte MkEv in seiner vorliegenden Gestalt zu verstehen.

Der *zweite* Anstoß besteht in dem Inhalt des von Mk Berichteten. Wenn die Frauen dem Auftrag des Jünglings keine Folge leisteten, wie V. 8 sagt, wie soll dann die Auferstehungsbotschaft die Jünger und Petrus überhaupt erreicht haben? Auch wenn an dieser Stelle etwas nicht zu stimmen scheint, so mag trotzdem die Botschaft an die Leser des Evangeliums im Sinne des Vf.s eindeutig sein. Mit anderen Worten: Der implizite Widerspruch in V. 8 muss im Zusammenhang des ganzen Textes auf seine Absicht hin abgehört werden.

V. 1: Wie in 15,42 leitet eine Zeitangabe die Geschichte ein. Das vorausgesetzte Datum »dritter Tag« ist sicher traditionell. Dabei ist nicht auszuschließen, dass das Datum zur Rechtfertigung der kirchlichen Osterfeier dienen soll.[159] Die traditionellen Frauennamen beziehen sich auf die in 15,40 und 15,47 zurück. In allen drei Fällen erscheint Maria Magdalena an der Spitze. Mk war offensichtlich der Meinung, dass es sich um dieselbe Gruppe um Maria Magdalena handelte. Da von diesen Jüngerinnen Jesu im Evangelium bisher keine Rede war, trägt er in V. 41 nach, dass sie ihm bereits in Galiläa nachfolgten und ihm dienten (vgl. 1,31). Zusätzlich weist er darauf hin, dass auch weitere Frauen mit Jesus nach Jerusalem gezogen sind. Daraus ergibt sich eine Art Hoffnung für den Leser, dass ihre Treue zu Jesus stärker sein werde als die der Jünger. Hinter der darstellerisch motivierten redaktionellen Salbungsabsicht könnte traditionell die Vorstellung von einer Totenklage der Frauen stehen. Die beabsichtigte Salbung erinnert an 14,3-9, die Erzählung von der Salbung Jesu durch die (anonyme) Frau in Bethanien. Dort geschieht sie »zum Begräbnis« (14,8). Indem Mk das Salbungsmotiv aus 14,3-9 im Zusammenhang mit Frauen hier wiederum anführt, rahmt er den Passionsbericht durch Erzählungen mit ähnlichen Motiven.[160]

V. 2: Die Zeitangaben »sehr früh« und »als die Sonne aufging« stehen nicht in Spannung zueinander, wie manchmal gesagt wird.[161] Dass man am Morgen vor dem Sonnenaufgang keine Salben kaufen konnte, stört den Erzähler nicht. Alles kommt nur darauf an, die Frauen zum Grab zu bringen.

V. 3: »Stein« und »Tür des Grabes« nehmen dieselben Wörter aus 15,46 auf. Die Frage der Frauen, wer ihnen den Stein wegwälzen kann, wird beantwortet durch den folgenden Vers.

V. 4: Die Erläuterung, dass der Stein groß gewesen sei, steigert die Größe der Tat, deren Vollbringer im nächsten Vers vorgestellt wird. *V. 5*: Es ist ein Jüngling im weißen Gewand, der im Grabe sitzt. Er erinnert an den fliehenden Jüngling in 14,51-52 und dürfte dieselbe Person bezeichnen.

Mk 14,51-52: (51) Ein Jüngling aber *folgte* ihm (Jesus) *nach*, der war mit einem Leinengewand bekleidet auf der nackten (Haut); und sie greifen nach ihm. (52) Er aber ließ das Gewand fahren und floh nackt davon.

Diese Verse stehen in Spannung zum vorigen Vers, wo von der Flucht aller berichtet wurde. Der Jüngling ist viel umrätselt. Er folgt Jesus nach und begleitet ihn. In Mk 5,37 bezieht sich das oben kursiv gesetzte Verb, das wörtlich übersetzt »mitnachfolgen« bedeutet, auf den engsten Jüngerkreis. Jedenfalls harrt der Jüngling in 14,51f als Nachfolger Jesu länger als die geflohenen Jünger (vgl. 14,50b: »alle flohen«) bei Jesus aus.[162] (Allerdings folgt Mk 14,66-72 noch die Erzählung der Verleugnung Jesu durch Petrus, woraus folgt, dass dieser noch länger als der Jüngling in der Nähe Jesu geblieben ist.)

Ebenso wie die Jünglingsgestalt in Mk 14,51-52 erscheint die im Grabe von Jerusalem (Mk 16,5) völlig unvermittelt und anonym, so dass ihr Auftauchen als geheimnisvoll und rätselhaft empfunden wird. Sodann ist bei beiden Jünglingen die Art der Kleidung besonders hervorgehoben, wobei das auf der Flucht verloren gegangene Leinengewand in 16,5 durch ein weißes Gewand ersetzt worden ist. Mk will vielleicht sagen: Die Nacktheit ist überkleidet worden mit einem weißen Gewand, das die Taufe symbolisiert. Der Vf. des MkEv bringt sich womöglich an dieser Stelle als Prediger des Evangeliums von Kreuz und Auferstehung Jesu in die Geschichte ein. Seine Autorität gründet auch darauf, dass er länger als alle Jünger bei Jesus geblieben ist. (Sollte die Gleichsetzung des Jünglings mit dem Vf. des MkEv nicht zutreffen, bleibt die Analyse von Mk 16,1-8 samt den historischen Schlussfolgerungen davon unberührt.[163])

Zur Gestalt des Jünglings vgl. 2Makk 3,26.33 (zwei junge Männer in prächtigem Gewand, die dem Tempelräuber Heliodor entgegentraten) und PetrEv 9,36: Zwei junge Männer steigen in einem großen Lichtglanz von den Himmeln herab; zu »weiß« vgl. Mk 9,3; Offb 7,13f. Mt 28,2.5 identifiziert den Jüngling explizit als Engel.

Der Jüngling im weißen Gewand mag eine himmlische Gestalt bezeichnen. (So wird Tob 5,14 der Engel Raphael »Jüngling« genannt.) Die ganze Szene ist eine Art Erscheinung. Das »Sitzen zur Rechten« verleiht der Botschaft des Jünglings Nachdruck und bestätigt sie, da »rechts« die richtige, glückliche Seite anzeigt (vgl. Joh 21,6, u.ö.) und da »sitzen« offenbar die Autorität ausdrückt, mit der der Jüngling spricht (vgl. Dan 7,9; Offb 21,5).

Die Beschreibung der Reaktion der Frauen, das Entsetzen, trägt sprachlich mk Kolorit.[164]

V. 6: »entsetzt« nimmt dasselbe Wort aus V. 5 auf. Der Verweis auf »den Gekreuzigten« bezieht sich auf die Passionsgeschichte (14-15) und die Voraussagen der Passion (8,31; 9,31; 10,34) zurück. Indem Jesus ferner »der Nazarener« (vgl. 1,24; 10,47; 14,67) genannt wird, ist eine Kontinuität mit dem irdischen Jesus sichergestellt. Die Botschaft des Jünglings ist, dass Jesus auferweckt wurde. Sie entspricht Jesu eigener Voraussage: 8,31; 9,31; 10,34. Der Hinweis auf das leere Grab (»er ist nicht hier«) unterstreicht die Tatsächlichkeit von Jesu Auferweckung. Man vgl. in 15,44 die Betonung der Tatsächlichkeit seines Todes. Doch will das Textgefälle beachtet sein: Der Satz »Er wurde auferweckt« steht voran; erst dann schließt sich das leere Grab an. Es heißt also nicht: »Weil das Grab leer ist, deswegen wurde Jesus auferweckt«, sondern: »Jesus ist nicht hier, er wurde nämlich auferweckt, daher ist das Grab leer.«

V. 7: Dieser Vers enthält den Auftrag an die Frauen, den Jüngern und Petrus – die Wendung »den Jüngern und Petrus« erinnert an 1Kor 15,5 und darf als Ausläufer jener Urtradition einer Erscheinung vor Kephas und den Zwölf angesehen werden[165] – mitzuteilen, dass Jesus ihnen nach Galiläa vorausgehen werde. Der Jüngling fährt fort: »Dort werdet ihr ihn sehen, wie er euch gesagt hat.« Damit ist explizit auf 14,28 (»aber nach meiner Auferweckung werde ich euch vorausziehen nach Galiläa«) zurückverwiesen, woraus der redaktionelle Charakter beider Verse hervorgeht. In 14,28 ist von einem Sehen Jesu ausdrücklich zwar keine Rede, doch wird es vorausgesetzt, weil 16,7 (»vorausziehen« und »sehen«) sich ja betont als Entsprechung zu 14,28 (»vorausziehen«) versteht. Jesu Vorausgehen bezieht sich dabei ebenso wie in 10,32 auf den christlichen Weg, den es in der Nachfolge Jesu zu beschreiten gilt. Mk steht hier in der urchristlichen Tradition. In ihr ist »Weg«, wie Apg

9,2 zeigt, technischer Ausdruck für den christlichen Glauben geworden.

V. 8: Die Flucht der Frauen erinnert an die Flucht der Jünger in 14,50. Ihre Furcht wird im vorliegenden Vers gleich zweimal beschrieben (vgl. die entsprechende Verdoppelung 10,32). Sie führt dazu, dass sie niemandem etwas erzählen, was Ungehorsam gegenüber dem Befehl des Jünglings bedeutet. Dem entspricht das Versagen der Jünger im gesamten MkEv, so dass 16,1-8 der letzte Bericht von einem Versagen derjenigen ist, die mit Jesus zusammen waren – diesmal sind es die Frauen.

Ertrag: Mk hat am Ende seines Evangeliums eine Einheit komponiert, in der alle ihm wesentlichen Punkte versammelt sind: a) Jesu Tod und Auferweckung, b) das Missverstehen der Jüngerinnen und Jünger, c) die fortdauernde Predigt des Evangeliums, d) die wichtige Rolle von Galiläa als dem Ausgangspunkt des Evangeliums. Zusätzlich hat er noch seine eigene Autorität als Augenzeuge bekräftigt.

Man muss wohl bestreiten, dass eine Grabesgeschichte vor Mk existiert hat. Denn der Text ist von mk Redaktion geprägt. Sicher traditionell sind die Frauennamen, die Angabe des dritten Tags, die Gestalt des Petrus sowie der Jünger als solchen, denen der Auferstandene erscheinen wird (vgl. 1Kor 15,5: »Christus erschien dem Kephas, dann den Zwölf«). Indem Mk von einem Schweigen der Frauen berichtet, schafft er Raum, sich selbst als ersten Erzähler der Geschichte vom leeren Grab zu empfehlen.

Historische Grundlagen

Aus der Traditionsanalyse folgt, dass der geschichtliche Ertrag gleich Null ist: a) Wir treffen in der Geschichte lediglich auf den Anspruch, dass der gekreuzigte Jesus auferweckt wurde und dass daher das Grab leer gewesen sein soll. b) Der Gang von Maria Magdalena (mit den anderen beiden Frauen) am Tage nach dem Sabbat zum Grab Jesu ist schwerlich geschichtlich zu nennen. c) Indes findet die Tradition, dass die Jünger und Petrus den Auferstandenen sehen werden, historisch eine Stütze durch die Überlieferung in 1Kor 15,5. Am Anfang steht auch Mk 16,7 zufolge eine Erscheinung des Auferstandenen vor Petrus und den Jüngern bzw. den Zwölf.

3.3.2. Mk 16,9-20: Verschiedene Erscheinungen des Auferstandenen

Übersetzung

(9) Als aber Jesus auferstanden war früh am ersten Tag der Woche, erschien er **zuerst** Maria von Magdala, von der er sieben böse Geister ausgetrieben hatte. (10) Jene ging hin und verkündete es denen, die mit ihm gewesen waren und (jetzt) trauerten und weinten. (11) Und als jene hörten, dass er lebe und von ihr gesehen wurde, glaubten sie es nicht.

(12) **Danach** offenbarte er sich in anderer Gestalt zweien von ihnen unterwegs, als sie über Land gingen. (13) Und die gingen auch hin und verkündeten es den anderen. Aber auch denen glaubten sie nicht.

(14) **Zuletzt**, als die Elf zu Tisch saßen, offenbarte er sich ihnen und schalt ihren Unglauben und ihres Herzens Härte, dass sie nicht geglaubt hatten denen, die ihn gesehen hatten als Auferweckten. (15) Und er sagte ihnen: »Gehet hin in alle Welt und predigt das Evangelium aller Kreatur. (16) Wer da glaubt und getauft wird, der wird selig werden; wer aber nicht glaubt, der wird verdammt werden. (17) Die Zeichen aber, die folgen werden denen, die glauben, sind diese: In meinem Namen werden sie böse Geister austreiben, in neuen Zungen reden, (18) Schlangen hochheben, und wenn sie etwas Tödliches trinken, wird es ihnen nicht schaden; auf Kranke werden sie die Hände legen, und sie werden sich gut befinden.«

(19) **Nach** der Rede zu ihnen wurde der Herr Jesus aufgehoben gen Himmel und setzte sich zur Rechten Gottes. (20) Sie aber zogen aus und predigten an allen Orten. Und der Herr wirkte mit ihnen und bekräftigte das Wort durch die mitfolgenden Zeichen.

Erzählabsicht und verarbeitete Traditionen

V. 9-20 gehören nicht ursprünglich zum zweiten Evangelium. Sie wurden im 2. Jh. hinzugefügt, um dem MkEv einen den übrigen neutestamentlichen Evangelien entsprechenden Schluss zu geben.

Der Text besteht aus vier Abschnitten, die jeweils durch ein Zeit-adverb (im Text fettgedruckt) markiert werden. Als Besonderheit des Textes sticht die Ersterscheinung vor Maria Magdalena ins Auge. (Sie soll wohl die Ersterscheinung vor Kephas verdrängen).

Doch zugleich wird die Bedeutung der Erscheinung vor Maria Magdalena abgeschwächt: Sie steht zwar an der Spitze einer Zeu-genkette, alles Gewicht liegt aber auf der späteren Erscheinung vor elf Jüngern, denen ja auch die ausführlich erzählten Weisungen Jesu gelten (V. 15-18).

Das Motiv des Unglaubens durchzieht die ersten drei Abschnit-te.[166] Zugleich wird in V. 16 und 17a zum rechten Glauben aufgeru-fen (im Text punktiert). Der Text ist eine Verteidigung des Glaubens an die Auferstehung unter gleichzeitigem Hinweis auf die Wunder der Kirche (V. 17b-18).

Das Stück wurde mit Sicherheit nicht erst als Abschluss des MkEv verfasst, sondern existierte schon vorher zu Anfang des 2. Jh.s, und zwar wohl als eine Art »Osterkatechismus im Gemeinde-unterricht«[167]. Es handelt sich um eine Zusammenstellung der Osterberichte, die dem Vf. bekannt waren. Dabei ist allerdings eine Kenntnis von Mk- und MtEv nicht nachweisbar, wohl aber die des Lk- und des JohEv sowie der Apg.[168]

Historische Grundlagen

Der geschichtliche Ertrag ist gleich Null.

3.3.3. Der kurze Mk-Schluss

Übersetzung

Alles aber, was ihnen (= den Frauen) aufgetragen war, ver-kündeten sie in Kürze denen um Petrus. Danach aber ent-sandte auch Jesus selbst von Osten bis Westen durch sie die heilige und unvergängliche Predigt des ewigen Heils.

Der Text ist im 4. Jh. in Ägypten entstanden. Sein Vf. schafft mit ihm einen Abschluss des MkEv, welcher der Weisung des Jünglings an die Frauen (16,7) und der kirchlichen Osterlegende von der Missionierung der ganzen Welt durch die Jünger entspricht. Er wurde später mit dem langen Schluss kombiniert, doch hat sein Vf. diesen sicher nicht gekannt.

3.4. Die Ostererzählungen im Matthäusevangelium

Im letzten Abschnitt seines Werkes legt Mt den mk Bericht vom leeren Grab zugrunde, ergänzt diesen aber um zwei Berichte von Erscheinungen des Auferstandenen: in Mt 28,9f um den vor den Frauen am Grabe und in 28,16-20 um den vor den Elf in Galiläa, denn Mk 16,8, der Schluss des zweiten Evangeliums, war für ihn ebenso wie für Lk und die späteren Leser des MkEv unbefriedigend. Sodann steuert er eine Geschichte von den Grabwächtern (Mt 27,62-66 und 28,11-15) bei, welche die im Anschluss an Mk 16,1-8 wiedergegebene Erzählung vom Gang der Frauen zum leeren Grab rahmt.

3.4.1. Mt 27,62-66: Die Bewachung des Grabes

Übersetzung

(62) *Am nächsten Tag, der auf den Rüsttag folgt, versammelten sich die Hohenpriester mit den Pharisäern bei Pilatus* (63) und sagten:»Herr, wir haben uns daran erinnert, dass dieser Betrüger sagte, als er noch lebte: ›Nach drei Tagen werde ich auferweckt.‹ (64a) Darum befiehl, dass man das Grab sichert bis zum dritten Tag, damit nicht seine Jünger kommen und ihn stehlen und dem Volk sagen: ›Er wurde auferweckt von den Toten.‹ (64b) Und der letzte Betrug wird schlimmer sein als der erste.«

(65) Pilatus sagte ihnen:»(Da) habt ihr die Wache; geht

hin, <u>sichert</u> (es), wie ihr (es) versteht!« (66) Sie gingen hin und <u>sicherten</u> das Grab mit der Wache und versiegelten den Stein.

Erzählabsicht und verarbeitete Traditionen

V. 62: Der Vers leitet mit mt Vokabular[169] die Erzählung ein. Die Zeitangabe »am nächsten Tag« führt die aus V. 57 (Abend) weiter. Die »Pharisäer« erscheinen nur hier in der Passionsgeschichte. Sie sind die eigentlichen Gegner zur Zeit des Mt.[170] Auffälligerweise findet die Sitzung bei Pilatus am Sabbat statt. Dies ergibt sich nicht aus historischen Gründen, sondern aus der Erzählnotwendigkeit. Der Tod Jesu am Freitag und die Auferstehung bzw. die Entdeckung des leeren Grabes zwei Tage nach dem Tod, am Tage nach dem Sabbat, waren ja aus Mk 16,1 vorgegeben.

V. 63: Die Hohenpriester und Pharisäer »erinnern sich« in ihrer Rede vor Pilatus ausdrücklich an ein Wort Jesu: »Nach drei Tagen werde ich auferweckt.« Dies verweist auf Mt 12,40: »Wie Jona im Bauch des Seeungetüms drei Tage und drei Nächte war, so wird der Menschensohn im Schoß der Erde drei Tage und drei Nächte sein.« Dazu passt, dass ebenso wie in V. 62 auch in der Szene 12,38-40 Pharisäer anwesend sind. Die Formulierung »nach drei Tagen« will offenbar an diese Stelle erinnern.

V. 64a: Die jüdischen Oberen bitten Pilatus, das Grab Jesu bewachen zu lassen.

V. 64b: »Betrug« bezieht sich auf »Betrüger« in V. 63 zurück. Die Befürchtung der jüdischen Oberen: »Und der letzte Betrug wird schlimmer sein als der erste«, entspricht Mt 12,45c: »Und es wird am Ende mit diesem Menschen schlimmer als vorher.« Lässt man die Jünger mit ihrer Auferstehungspredigt gewähren, dann wird die Sache noch übler, als sie mit Jesus schon war.

V. 65-66: Diese Verse erzählen, wie Pilatus der Bitte der jüdischen Oberen nachkommt.

Es folgt Mt 28,1-10, die Perikope vom leeren Grab und der Erscheinung Jesu vor zwei Jüngerinnen. Hernach setzt Mt das vorliegende Stück mit dem Bericht über die Bestechung der Grabeswachen fort (28,11-15).

Vgl. die Ausführungen zum Abschnitt Mt 28,11-15 (unten, S. 83-86).

3.4.2. Mt 28,1-10: Das leere Grab und die Erscheinung Jesu vor zwei Jüngerinnen

Übersetzung

(1) Als aber der Sabbat vorüber war und der erste Tag der Woche anbrach, kamen Maria von Magdala und die andere Maria, das Grab zu besehen.

(2) *Und siehe*, es geschah ein großes Erdbeben. Ein Engel des Herrn stieg nämlich vom Himmel herab, trat hinzu und wälzte den Stein weg und setzte sich darauf. (3) Seine Gestalt war wie ein Blitz und sein Gewand weiß wie der Schnee. (4) Aus Furcht vor ihm erbebten die Wächter und wurden wie tot.

(5) Aber der Engel antwortete und sagte den Frauen: »Fürchtet euch nicht! Ich weiß, dass ihr Jesus, den Gekreuzigten, sucht. (6) Er ist nicht hier; er wurde nämlich auferweckt, *wie er gesagt hat*. Kommt, seht die Stätte, wo er gelegen hat. (7) Und geht schnell hin und sagt seinen Jüngern, *dass er auferweckt wurde von den Toten. Und siehe*, er wird vor euch hingehen nach Galiläa; dort werdet ihr ihn sehen. *Siehe, ich habe (es) euch gesagt.*« (8) Und sie gingen eilends weg vom Grab mit Furcht *und großer Freude und liefen, um (das) seinen Jüngern zu <u>verkünden</u>. (9) Und siehe, Jesus begegnete ihnen und sagte:* »Seid gegrüßt!« *Und sie traten zu ihm und umfassten seine Füße und fielen vor ihm nieder.* (10) *Da sagt ihnen Jesus:* »Fürchtet euch nicht! Geht hin und <u>verkündet</u> meinen Brüdern, dass sie nach Galiläa gehen. Dort werden sie mich sehen.«

Erzählabsicht und verarbeitete Traditionen

V. 1: Der Vers ist ganz auf der Grundlage der mk Vorlage zu erklären. Wenn bei Mt nur zwei Frauen zum Grabe kommen[171], während es bei Mk noch drei waren, so hat Mt hier wohl eine Spannung zwischen Mk 15,47 und 16,1 empfunden und entsprechend ausgeglichen. Die sehr auffällige, unnötige Absicht der Frauen im Mk-Bericht, die Leiche im Grabe zu salben, und zwar nach drei Tagen, entfällt bei Mt. Die Wendung »das Grab zu besehen« ist durch Nachwirken von Mk 15,47 zu erklären.[172]

V. 2-4: Zwischen V. 2-4 und V. 5-8 besteht eine Spannung, denn die gewaltigen Ereignisse von V. 2-4 stehen in keinem Verhältnis zur Ausrichtung der Botschaft in V. 5-8. Es bedurfte schwerlich solcher gewaltigen Geschehnisse, um die Wächter auszuschalten und die Frauen das leere Grab sehen zu lassen. V. 2-4 malen die Graböffnung durch einen Engel vom Himmel aus, angesichts dessen die Wächter in Ohnmacht fallen. In V. 5-8 wird die Auferstehungsbotschaft durch denselben Engel an die Frauen ausgerichtet, wobei das in V. 5-10 Erzählte sich während der Ohnmacht der Soldaten abgespielt haben muss. Die von Mt an dieser Stelle benutzte Überlieferung schilderte offenbar, wie der Engel das Grab öffnete, damit der auferweckte Jesus heraustreten konnte.

Frühchristliche Traditionen zum Heraustreten des auferweckten Jesus aus dem Grab. Der Hintergrund von Mt 24,2-4

Zur Auferstehung heißt es im PetrEv 9,35-11,44:

(9,35) In der Nacht aber, in welcher der Herrentag aufleuchtete, als die Soldaten, jede Ablösung zu zweit, Wache standen, erscholl eine laute Stimme im Himmel, (9,36) und sie sahen die Himmel geöffnet und zwei Männer in einem großen Lichtglanz von dort herniedersteigen und sich dem Grabe nähern. (9,37) Jener Stein, der vor den Eingang des Grabes gelegt war, geriet von selbst ins Rollen und wich zur Seite, und das Grab öffnete sich, und beide Jünglinge traten ein. (10,38) Als nun jene Soldaten dies sahen, weckten sie den Hauptmann und die Ältesten – auch diese waren nämlich bei der Wache zugegen. (10,39) Und während sie erzählten, was sie gesehen hatten, sehen sie wiederum drei Männer aus dem Grabe herauskommen und die zwei den einen stützen und ein Kreuz ihnen folgen (10,40) und das Haupt der zwei bis zum Himmel reichen, dasjenige des von ihnen an der Hand Geführten aber die Himmel überragen. (10,41) Und sie hörten eine Stimme aus den Himmeln rufen: »Hast du den Entschlafenen gepredigt?«, (10,42) und es wurde vom Kreuz her die Antwort laut: »Ja.« (11,43) Jene erwogen nun miteinander, hinzugehen und dies dem Pilatus zu melden. (11,44) Und während sie noch beratschlagen, sieht man wieder, wie die Himmel sich öffnen und ein Mensch heruntersteigt und ins Grab hineingeht.[173]

Quellenkritisch wird man 10,41-42 als sekundär beurteilen müssen. Dieses Stück trägt die Hadesfahrt Christi und die Totenpredigt (vgl. 1Petr 3,19f; 4,6)[174] in den Text ein. Auch 11,44 ist später hinzugewachsen. Der himmlische Mensch wird ja noch für die Entdeckung des leeren Grabes benötigt (11,50-13,57).

Hans Graß stellt zum Mt-Bericht die Frage: »Dachte sich Matthäus das Grab bereits leer, bevor der Engel oder das Erdbeben es öffneten, wie die spätere kirchliche Auslegung es z.T. annahm?«[175] Das ist kaum anzunehmen. Vielmehr hat in der von Mt benutzten Tradition der Engel offenbar das Grab geöffnet, damit der wieder belebte Jesus heraustreten konnte.

Eine ähnliche Überlieferung liegt auch der Himmelfahrt des Jesaja[176] (= AscIs) zugrunde. In einer summarischen Beschreibung des Schicksals Jesu heißt es:

III,13: dass er mit Übeltätern zusammen gekreuzigt werden sollte und dass er in einem Grabe begraben werden würde (14) und dass die Zwölf, die bei ihm waren, an ihm Anstoß nehmen würden, und die Bewachung durch die Wächter des Grabes; (15) und das Hinabsteigen des Engels der Kirche, die in den Himmeln ist, den er rufen wird in den letzten Tagen, (16) und dass der Engel des Heiligen Geistes und Michael, der Oberste der heiligen Engel, am dritten Tage sein Grab öffnen werden (17) und dass der Geliebte auf ihren Schultern sitzend hervortreten und seine zwölf Jünger aussenden wird (18) und dass sie alle Völker und alle Zungen die Auferstehung des Geliebten lehren werden und dass die, welche an sein Kreuz glauben, werden gerettet werden, und an seine Auffahrt in den siebenten Himmel, woher er gekommen ist.[177]

Hier wie im PetrEv und in der Mt 28,2 vorausgesetzten Tradition ist die Vorstellung ausgesprochen, dass Engel am dritten Tage das Grab Jesu öffnen und mit dem wieder belebten Jesus in den Himmel steigen werden. Es spricht viel dafür, dass die Überlieferung am reinsten in der AscIs aufbewahrt wurde[178] und dass PetrEv und MtEv enger zusammengehören. Denn nur bei ihnen spielt die Wache eine wichtige neue Rolle.[179] Im Vergleich zur Grabestradition bei Mk ist die in der AscIs vorliegende Überlieferung jedoch jünger, denn die Öffnung des Grabes durch einen Engel, das Heraustreten Jesu und die Auffahrt in den siebten Himmel schmelzen die Auferstehungsvorstellung mit der Legende vom leeren Grab förmlich zusammen (ebenso der Kodex Bobiensis, s. sofort).

An dieser Stelle sind noch zwei Hypothesen zur Tradition hinter Mt 28,2-4 zu berücksichtigen:

1) Im Rahmen seines Verständnisses des Osterereignisses als des Parusiegeschehens versucht Hans Werner Bartsch[180], eine Christophanie als Vorstufe der jetzigen Erscheinung eines Engels in Mt 28,2f zu rekonstruieren. Unter Hinweis auf Offb 1,13-17; 8,5 erkennt Bartsch in Mt 28,2-4 eine apokalyptische Färbung. »Löst man ... die Verbindung zur Legende vom leeren Grab vollends, so ist es nicht der Engel des Herrn, der vom Himmel herabsteigt, um das Grab zu öffnen, sondern es ist ein Bericht über eine Erscheinung des Menschensohn-Herrn.«[181] Er fährt später fort: »Setzen wir in das Bruchstück des Matthäus Petrus als den ersten Empfänger einer Erscheinung ein, so ergibt sich etwa folgender Erscheinungsbericht: ›Und siehe, es geschah ein großes Erdbeben; denn der Menschensohn/ Herr stieg herab vom Himmel, und sein Anblick war wie ein Blitz und sein Gewand wie Schnee. Aus Furcht vor ihm aber erbebte ich, Petrus, und fiel zu seinen Füßen wie ein Toter. Der Herr aber trat herzu und sagte: ›Fürchte dich nicht‹« (ebd.).

Kritik: Mt 28,2-4 sollte nicht als selbständige Osterüberlieferung betrachtet werden, da es traditionsgeschichtlich recht unwahrscheinlich ist, dass sich eine ursprüngliche Christophanie im Laufe der Überlieferung in eine Engelserscheinung zurückentwickelt hat.

2) Nikolaus Walter[182] meint, in Mt 27,62-66 und 28,2-4.11-15 sei der Rest einer Ostererzählung erhalten, die zusätzlich zu den Erzählungen von Ostererscheinungen und der Erzählung von der Auffindung des leeren Grabes einen dritten Typ belege, eben den einer

Erzählung vom Auferstehungsvorgang selbst. Zu diesem Typ gehören nach Walter neben der Erzählung des PetrEv noch der Bericht im Kodex Bobiensis (= altlateinische Übersetzung des Neuen Testaments aus dem 4./5. Jh.), der sich als Variante zu Mk 16,3f erhalten hat. Der Kodex fügt zwischen Mk 16,3 und 16,4 ebenfalls einen Bericht vom Vorgang der Auferstehung selbst ein, und zwar im Anschluss an die Frage der Frauen: »Wer wird uns den Stein von der Tür wälzen?« Es heißt.

> Plötzlich aber, gegen die dritte Stunde, geschah eine Tages-Finsternis (?) über den ganzen Erdkreis hin, und es stiegen vom Himmel Engel herab, und sie erweckten ihn in der Herrlichkeit des lebendigen Gottes[183] und stiegen zugleich mit ihm wieder empor, und sogleich wurde es (wieder) hell. Dann gelangten jene (Frauen) zum Grabe, und als sie hinsahen, bemerkten sie, daß der Stein abgewälzt war.[184]

Kritik: Mt 27,62-66; 28,11-15 ist so deutlich an der Widerlegung des jüdischen Vorwurfs des Leichendiebstahls orientiert, dass es schwer fällt, diese Texte mit Mt 28,2-4 zu verbinden. Mt 28,2-4, Himmelfahrt des Jesaja und der Zusatz im Kodex Bobiensis zu Mk 16,3 haben auf der Stufe der Tradition nichts mit den Wächtern zu tun, die ganz auf das Konto des Mt gehen dürften (sie wurden im Kodex Bobiensis ja auch nicht genannt).

In V. 5-8 folgt Mt wiederum mit einigen Abweichungen dem Mk-Bericht:

V. 5: Dieser Vers steht parallel zu Mk 16,6a.

V. 6: Der Inhalt der Aussage zur Auferweckung Jesu entspricht Mk 16,6b. Doch wird diese anders als bei Mk auf eine Voraussage Jesu zurückgeführt. Mk 16,7 verbindet vielmehr das zukünftige Sehen Jesu durch die Jünger mit einem Vorherwissen Jesu.

V. 7: Dies hat eine Parallele in Mk 16,7. Freilich soll die Botschaft nur an die Jünger insgesamt ausgerichtet werden; Petrus wird, wie noch bei Mk, nicht mehr eigens genannt. Der Inhalt der Botschaft ist bei Mt die Auferstehung Jesu, bei Mk dagegen, dass Jesus den Jüngern nach Galiläa vorauszieht und sie ihn dort sehen werden. Bei Mk wird das mit der Vorhersage Jesu in Verbindung gebracht, Mt macht daraus eine Rede des Engels: »Siehe, ich habe (es) euch gesagt!«

V. 8: Mt erzählt anders als Mk, der in 16,8 die Frauen aus Furcht schweigen lässt, dass die Frauen in Furcht[185] und großer Freude die

Botschaft des Engels den Jüngern ausrichten wollen. Das nimmt nicht wunder, denn vorher in V. 2-4 sind sie ja indirekt zu Zeuginnen des Auferstehungsvorgangs gemacht worden. Damit ist die nächste Episode in V. 9-10 gut vorbereitet, wo Jesus ihnen direkt erscheinen wird.

V. 9-10: Diese Verse haben keine Parallele bei Mk und dürften ganz auf Mt zurückgehen. Sie schildern eine Begegnung Jesu mit den beiden in V. 1 genannten Frauen, die seine Füße umfassen und vor ihm niederfallen, d.h. ihn anbeten (vgl. später V. 17).[186]

Mt verwendet das Verb »niederfallen« auch an anderen Stellen[187] und drückt damit aus, dass bereits der irdische Jesus die Vollmacht des Auferstandenen besitzt. Die Anbetung zum Spotte aus Mk 15,19 übernimmt er konsequenterweise nicht.

Der auferstandene Jesus sagt den Frauen außer dem Gruß nichts anderes als der Grabesengel auch schon: »Fürchtet euch nicht! Geht hin und verkündet meinen Brüdern[188], dass sie nach Galiläa gehen. Dort werden sie mich sehen« (V. 10). Allerdings ist für die Erzählabsicht zu beachten, dass statt »Jünger« (V. 7f) in V. 10 »Brüder« steht. Aber trotz der Brüderschaft der Jünger untereinander haben diese, wie aus Mt 23,8.10 hervorgeht, gegenüber Jesus ein Schüler-Lehrer-Verhältnis.

Der historische Wert der verarbeiteten Traditionen

V. 1 und V. 5-10: Vgl. oben, S. 69-74 zu Mk 16,1-8.

V. 2-4: Das Herabsteigen eines Engels vom Himmel und die von ihm vollzogene Öffnung des Grabes (sowie das Heraustreten des wieder belebten und verwandelten Jesus) gehören in das Reich der Phantasie. Der historische Wert ist gleich Null.

3.4.3. Mt 28,11-15: Die Bestechung der Grabeswachen

Übersetzung

(11) *Als sie aber hingingen, siehe,* da kamen einige von der Wache in die Stadt und *verkündeten* den Hohenpriestern alles, was geschehen war. (12) Und sie versammelten sich mit den Ältesten, *fassten einen Beschluss* und gaben den Soldaten

genügend Silberstücke (13) und sprachen: »Sagt: ›Seine Jünger sind in der Nacht gekommen und haben ihn gestohlen, während wir schliefen.‹ (14) Und wenn es dem Statthalter zu Ohren kommt, wollen wir (ihn) besänftigen und bewirken, dass ihr ohne Sorge seid.« (15) Sie aber nahmen die Silberstücke und taten, wie sie gelehrt worden waren. Und diese Kunde verbreitete sich unter Juden bis auf den heutigen Tag.

Erzählabsicht und verarbeitete Traditionen

V. 11: V. 11a verknüpft die vorige Szene mit der vorliegenden. Während die Frauen sich auf den Weg zu den Jüngern machen, berichten die Bewacher des Grabes selbst den jüdischen Oberen von allem Geschehenen, konkret: auch von der Auferstehung Jesu.[189] Sie *wissen* also davon. Ebenso war ihnen klar, dass Jesus lt. eigener Voraussage nach drei Tagen auferstehen werde.[190]

V. 12: Die Bestechung der Grabeswachen erinnert an die Bestechung des Judas in 26,15.

V. 13: In Mt 27,64 hatten die jüdischen Oberen die Möglichkeit einer betrügerischen Verkündigung der Auferstehung Jesu durch die Jünger befürchtet. Nun aber, da sie wissen, dass Jesus *wirklich* auferstanden ist, werden sie selbst zu Betrügern, indem sie die Soldaten bestechen, wider besseres Wissen das Gerücht eines Leichenraubs zu verbreiten.[191]

V. 14: Dieser Vers liefert die notwendige Ergänzung für V. 13. Sollte der Statthalter etwa davon hören, nämlich dass die Soldaten entgegen ihrer Pflicht geschlafen haben – die Wache war ja in Absprache mit ihm vereinbart worden[192] –, so würden sich die jüdischen Oberen für die Soldaten bei Pilatus verwenden.

V. 15: Indem die Soldaten tun, was die jüdische Führung von ihnen verlangt, ist die Geschichte abgeschlossen. Es folgt im zweiten Versteil ein Ausblick auf die Gegenwart des Mt: »Und diese Kunde verbreitete sich unter Juden bis auf den heutigen Tag.« Daraus ergibt sich, dass das Gerücht vom Diebstahl des Leichnams Jesu durch die Jünger bei Juden zur Zeit des Mt und vorher allgemein verbreitet war. Ob die Einzelheiten der von Mt erzählten Geschichte dazugehören, ist sehr fraglich, denn die Juden werden ja äußerst negativ gezeichnet. Sie hätten sich selbst kaum ein solch schlechtes Zeugnis ausgestellt.

Der christliche Philosoph Justin kennt Mitte des 2. Jh. im »Dialog mit dem Juden Tryphon« ebenfalls diese jüdische Behauptung des Diebstahls der Leiche Jesu durch die Jünger. Indes erwähnt er nicht die Wachen.

Justin, Dial 108,2

Nachdem ihr von seiner Auferstehung von den Toten erfahren habt, habt ihr euch nicht nur nicht bekehrt, sondern habt ... erlesene Männer ausgewählt und sie in alle Welt ausgeschickt, welche verkündeten: eine gottlose und schlimme Sekte ist durch einen gewissen Galiläer Jesus, einen Betrüger, ins Leben gerufen worden; wir haben ihn gekreuzigt, aber seine Jünger haben ihn aus dem Grab, in das er nach der Abnahme vom Kreuz gelegt worden war, bei Nacht gestohlen und machen den Leuten weis, er sei von den Toten auferstanden und in den Himmel aufgefahren.

Auf der Grundlage der obigen Textanalysen bietet sich folgende Traditionsgeschichte als wahrscheinlichste Abfolge an: a) Die ältesten Christen folgerten aus den Christusvisionen eine körperliche Auferstehung Jesu von den Toten. b) Mk (oder ein Vorgänger) komponierte eine Geschichte vom leeren Grab. c) Juden behaupteten den Diebstahl des Leichnams Jesu durch die Jünger. d) Die mt Tradition reagiert darauf mit einer Geschichte von bestochenen Grabwächtern, wie wir sie im MtEv lesen.

Zwar wird immer wieder behauptet, die jüdische Kunde setze die Anerkennung des leeren Grabes geradezu voraus; die habe nämlich nie bestritten, dass das Grab leer war, sondern versuche, es wegzuerklären. Jedoch ist es schwer begreiflich zu machen, wie anders denn die (ungläubigen) Juden zur Auffassung, das Grab sei leer gewesen, gekommen sein könnten als durch eben diese christliche Tradition.

Der historische Wert der verarbeiteten Traditionen

Ich darf drei historische Tatsachenurteile abgeben:
a) Die Kunde von einem Diebstahl des Leichnams Jesu ist sicher historisch, nicht aber der Diebstahl selbst. Denn die Jünger(innen)

wussten gar nicht, wo Jesus »begraben« wurde, und wären außerdem wegen ihrer grenzenlosen Enttäuschung zu einem solchen Betrug sehr wahrscheinlich nicht mehr in der Lage gewesen.

b) Die Überlieferung von der Bestechung der Grabeswachen kann historisch nicht ernst genommen werden, weil sie zu deutlich apologetische Züge trägt. Denn mit dem Geständnis, am Grabe geschlafen zu haben, hätten sie sich selbst um Kopf und Kragen gebracht.

c) Die jüdischen Oberen wussten nichts von einer *tatsächlichen* Auferstehung Jesu. Mt schreibt ihnen nur das Wissen darum zu, um sie der Lüge bezichtigen zu können. Die jüdische Führung hörte nach der Hinrichtung Jesu spätestens dann von seiner mutmaßlichen Auferweckung, als die Jünger mit der Verkündigung an die Öffentlichkeit traten. Doch stellt sich hier die Frage nach Zeitpunkt und Wirksamkeit der Predigt. Bei deren Beantwortung kann man sich kaum auf Apg 2-5 stützen, denn diese Kapitel sind stark legendär.[193] (Zu den weiteren Einzelheiten vgl. unten, S. 150-155.)

3.4.4. Mt 28,16-20: Erscheinung Jesu und Missionsbefehl

Übersetzung

(16) Die elf Jünger aber gingen *nach Galiläa* zu dem Berg, *wohin (zu gehen) Jesus ihnen befohlen hatte.* (17a) Und als sie ihn sahen, (17b) fielen sie nieder, (17c) *einige aber zweifelten.* (18) Und Jesus *trat herzu, redete mit ihnen und sagte*: »Gegeben wurde mir alle Gewalt im Himmel und auf der Erde. (19) *Darum geht hin und macht zu Jüngern* alle Heiden, indem ihr sie tauft auf den Namen des Vaters und des Sohnes und des heiligen Geistes (20) und indem ihr sie *zu halten* lehrt *alles*, was ich euch *befohlen* habe. *Und siehe,* ich bin mit euch alle Tage bis zum *Ende der Welt.*«

Erzählabsicht und verarbeitete Traditionen

Mt erzählt an dieser Stelle eine Erscheinungsgeschichte. Allgemein fällt auf, dass der Bericht über Jesu eigentliche Erscheinung knapp ist. Sie wird in V. 17a nur durch ein karges »als sie ihn sahen« ausgedrückt, wobei die Reaktion der Elf in V. 17b genauso gezeichnet wird wie die der Frauen V. 9. Indes liegt das Schwergewicht nicht auf der Erscheinung selbst, sondern auf den nachfolgenden Worten Jesu in V. 18b-20. Sie bestehen aus drei Teilen: a) Vollmachtswort; b) Sendungsauftrag (V. 19-20a); c) Verheißung (V. 20b).

V. 16: Dieser Vers beschreibt die Ausführung des Befehls Jesu aus V. 10. »Berg« ist Ort einer himmlischen Erscheinung.[194]

V. 17c: »Zweifeln« erscheint im ganzen Neuen Testament als Verb nur noch Mt 14,31[195] und dürfte redaktionell sein. Der Zweifel als Phänomen begegnet häufig in Ostergeschichten.[196] Dadurch werden Fragen von Christen angesprochen, die keinen direkten Zugang mehr zur ursprünglichen Ostererfahrung haben. Sie können sich so im Text wieder finden und sind dann geneigter, die Antwort Jesu auf die sie bedrängende Frage anzunehmen.

V. 18: »Herzutreten« geht sprachlich auf Mt zurück.[197] V. 18b (vgl. Mt 11,27a) benennt den Vorgang der Inthronisation Jesu. Seine Erhöhung und die ihm damit verliehene Macht[198] sind ein traditionelles Lehrstück urchristlicher Theologie und Liturgie. Die Wendung »im Himmel und auf der Erde« begegnet als ganze oder in Teilen mit Ausnahme von 9,6, wo sie auf Mk 2,10 zurückgeht, ausschließlich im mt Sondergut.[199]

V. 19-20: V. 19 bezieht sich mit seinem Missionsbefehl bewusst auf 10,5b-6 zurück. Seine Zielgruppe sind ausschließlich Heiden, denn griech. *ethne* (= »Völker«) dürfte in 10,5b-6 und hier gleich zu verstehen sein, nämlich als Heiden. Mt hätte die Juden schwerlich zu den Heiden gerechnet.

Vermutlich hat Mt durch die Aufforderung »macht zu Jüngern«[200] den in der Vorlage stehenden Befehl »predigt das Evangelium« ersetzt, der sich vielleicht im sekundären Mk-Schluss, hier Mk 16,15, erhalten hat.

Die Taufe »auf den Namen des Vaters und des Sohnes und des heiligen Geistes« fällt wegen der triadischen Formulierung auf, denn in der Frühzeit wurde eingliedrig auf Christus[201] oder auf den Namen Jesu[202] getauft. Wahrscheinlich handelt es sich hier um eine Taufformel liturgischen Charakters, die eine Entsprechung in Did 7,1 hat, wo es heißt: »Tauft auf den Namen des Vaters und des Sohnes und des heiligen Geistes«.[203]

V. 20: Dieser Vers ist sprachlich von mt Vokabular geprägt.[204] Mt lässt Jesus auf die Autorität seiner Worte – die Gebote der recht verstandenen Thora – hinweisen. An die Stelle der in der mt Gemeinde unmöglich gewordenen Ostervision tritt das in der Predigt und im Evangelium gegenwärtige Wort des erhöhten Christus, der mit dem irdischen identisch ist. Bereits dieser war Gottessohn und Herr. Jetzt ist er zum Kosmokrator geworden. Jeglicher Zweifel daran, dass es sich bei dem auferweckten Jesus um einen Totengeist handelt, war damit endgültig ausgeräumt.[205]

Der historische Wert der verarbeiteten Traditionen

V. 16-20: Der historische Ertrag ist äußerst schmal. Es trifft zu, dass nach ältestem christlichen Glauben Jesus den Zwölf erschienen ist (1Kor 15,5). Mt spricht in V. 16 indes nur von den elf Jüngern ebenso wie einige Kodices zu 1Kor 15,5. Doch ist das eine sekundäre Anpassung, welche die Judasgestalt von den Zwölf abgezogen hat. Ursprünglich berichtet die Tradition, wie 1Kor 15,5 wahrscheinlich macht, von einer Erscheinung vor den Zwölf mit Kephas als maßgeblicher Autoritätsperson. Ihr liegt historisch die auf Betreiben des Petrus erfolgte Wiederherstellung des Zwölferkreises zugrunde, der fortan eine eschatologisch-symbolische Bedeutung hatte, denn wie bei Jesus sollten die 12 Stämme Israels beim Ankommen des Gottesreiches voll repräsentiert sein. Diese Zwölf um Petrus haben eine Gemeinde gebildet, deren Mitglieder unter ihren jüdischen Volksgenossen die Auferstehung und Erhöhung Jesu verkündigten. Das dürfte der historische Kern der von Mt entworfenen Szene sein. Dass dieses Sehen in Galiläa erfolgte, wie der Text ausführt, bleibt auf der Grundlage der vorliegenden Passage unsicher, da »Galiläa« von Mt aus Mk 16,7 erschlossen worden ist. Doch dürfte die Lokalisierung dieses erstmaligen »Sehens« in Galiläa aus allgemeinen Erwägungen heraus zutreffen.[206]

Mt oder seine Überlieferung hat in dieser Schlussszene des Evangeliums spätere theologische Folgerungen wie z.B. die Mission unter allen »Völkern« verdichtet. Die Zwölf, Petrus eingeschlossen, haben das auch nach der Erscheinung Jesu nicht so verstanden. Die Predigt des Evangeliums unter den Heiden geht auf Paulus und seine Vorläufer, die Hellenisten, zurück.[207]

3.5. Die Ostererzählungen im Lukasevangelium

3.5.1. Lk 24,1-12: Die Verkündigung des Auferweckten im leeren Grab

Übersetzung

(1) Aber am ersten Tag der Woche sehr früh kamen sie zum Grab und trugen bei sich die wohlriechenden Öle, *die sie bereitet hatten.* (2) Sie fanden aber den Stein weggewälzt von dem Grab (3) und gingen hinein *und fanden den Leib des Herrn Jesus nicht.* (4) *Und als sie darüber ratlos waren, siehe,* da traten zu ihnen *zwei Männer* mit glänzendem Gewand. (5) Als sie aber erschraken *und ihr Angesicht zur Erde neigten,* sagten sie (die Männer) zu ihnen: »Was sucht ihr *den Lebenden bei den Toten?* (6) Er ist nicht hier, sondern er wurde auferweckt. *Gedenkt daran,* wie er euch gesagt hat, *als er noch in Galiläa war:* (7) *Der Menschensohn muss ausgeliefert werden in die Hände sündiger Menschen und gekreuzigt werden und am dritten Tage auferstehen.*« (8) *Und sie gedachten an seine Worte.* (9) Und sie kehrten vom Grab zurück *und verkündigten alle diese Dinge den elf Jüngern und allen übrigen.* (10) Es waren aber Maria von Magdala *und Johanna* und Maria, des Jakobus Mutter, *und die anderen mit ihnen; sie sagten das den Aposteln.* (11) *Und es erschienen ihnen diese Worte wie Geschwätz, und sie glaubten ihnen nicht.* (12) Petrus aber *stand auf* und lief zum Grab und bückte sich hinein und sah nur die Leinentücher und ging davon und *wunderte sich über das Geschehene.*

Textkritische Vorbemerkung: V. 12 fehlt in einigen Handschriften. Doch dürfte er zum ursprünglichen Text gehören, zumal eindeutig lk Sprachmerkmale vorliegen.

Erzählabsicht

V. 1-11: Der redaktionelle Sinn des Abschnitts lässt sich am besten durch einen Vergleich mit der Mk-Vorlage ermitteln. An folgenden

Punkten weicht Lk, von Kleinigkeiten abgesehen, von ihr ab:

1. Die Frauen sahen in Lk 23,55 Jesu Grab und bereiteten noch am Abend wohlriechende Öle und Salben. Sie ruhten Lk 23,56 zufolge während des anschließenden Sabbats, wie es das Gesetz gebietet. In der Vorlage Mk 15,47 sahen die Frauen nur, wohin der Leichnam Jesu gelegt wurde. Sie kauften, wie Mk 16,1 berichtet, *nach* dem Sabbat wohlriechende Öle, um den Leichnam zu salben. Lk 24,1 erwähnt die Absicht, den Leichnam zu salben, nicht ausdrücklich. Wohl aber bringen die Frauen in der Frühe die wohlriechenden Öle.

2. Die Namen der Frauen werden von Lk erst gegen Ende der Perikope genannt (V. 10), von Mk bereits am Anfang (V. 1).[208] Die Namen von zwei Frauen stimmen bei Lk und Mk überein: Maria Magdalena und Maria, die (Mutter) des Jakobus. Die in Mk 16,1 genannte Salome findet sich nicht bei Lk, sondern Johanna, die bereits 8,3 als Frau des Chuza eingeführt worden war.[209] Zusätzlich nennt Lk noch die übrigen Frauen, die Jesus begleitet hatten; auch hierbei denkt er wohl an 8,2-3.

3. Die Frauen haben bei Lk, anders als in Mk 16,3, keine Sorge, wer ihnen den Stein wegwälzen wird. Sie finden aber in Lk 24,2-3a genauso wie in Mk 16,4-5 den Stein vom Grab weggewälzt und gehen hinein.

4. Die anschließende Bemerkung in Lk 24,3b: »Sie fanden den Leib des Herrn Jesus nicht«, hat keine Entsprechung bei Mk, wo erst der Jüngling nach der Ausrichtung der Auferstehungsbotschaft auf das leere Grab wies. Diese Umakzentuierung deutet zusammen mit der Tatsache, dass in 24,3 ausdrücklich vom Leib Jesu[210] die Rede ist, eine stärkere Betonung des leeren Grabes und der körperlichen Auferstehung an.

5. In Lk 24,4 begegnen den Frauen zwei Männer in blitzendem Gewand, während es in Mk 16,5 ein Jüngling war. Sie erinnern an die zwei Männer »in weißen Gewändern« von Apg 1,10.[211] Die Engelszenen 24,4-6 und Apg 1,10-11 entsprechen einander in Ausdrucksweise und Reihenfolge.

6. Die Botschaft des Jünglings in Mk 16,6 lautete:

> »Ihr sucht Jesus den Nazarener, den Gekreuzigten. Er wurde auferweckt, er ist nicht hier. Siehe da die Stätte, wo sie ihn hinlegten.«

Daraus wird bei Lk 24,5b-6a:

(5b) »Was sucht ihr den Lebenden bei den Toten?[212] (6a) Er ist nicht hier, sondern er wurde auferweckt.«[213]

7. V. 6b-8 weichen erheblich von Mk 16,7 ab. Bei Mk werden die Frauen beauftragt, Jesu Jüngern und Petrus zu sagen, Jesus werde ihnen *nach Galiläa vorausziehen*: dort würden sie Jesus sehen, wie er es ihnen gesagt habe. Dagegen verweisen die beiden Männer bei Lk die Frauen zurück auf die früher an sie in Galiläa ergangene Botschaft Jesu, dass der Menschensohn leiden und am dritten Tage auferstehen müsse (9,22; vgl. 9,44; 18,32f). (Entsprechend ist Mk 14,28 durch Lk nicht aufgenommen worden.) Zu beachten ist, dass nur Lk 9,22.44 in Galiläa gesprochen wurde und dass Frauen bei diesen Weissagungen gar nicht explizit als anwesend gedacht waren. Zu »muss« vgl. die Erklärung zu Lk 24,26.

8. Bei Mk schweigen die Frauen trotz ihres Auftrags, bei Lk werden sie überzeugt und teilen, ohne dass ihnen dazu ein Auftrag gegeben werden müsste, den Elf und allen übrigen die Auferstehungsbotschaft mit (V. 9), stoßen jedoch auf Unglauben (V. 11).

V. 12: Die Nachricht von einem Grabbesuch des Petrus ist sehr auffällig. Geht sie etwa auf eine alte noch in die Zeit vor Mk zurükklaufende Einzeltradition zurück? Dies kann man mit großer Wahrscheinlichkeit ausschließen, wenn die folgende Rekonstruktion zutrifft: Lk (bzw. seine Tradition) kennt die Kunde über die Erscheinung Jesu vor Petrus (vgl. 24,34) und ebenso die Überlieferung vom Grabbesuch der Frauen. In V. 12 ist beides miteinander ausgeglichen. Die »Logik« dieser Harmonisierung verläuft wie folgt: Wenn das Grab den Frauen zufolge leer war, dann dürfte Petrus es, bevor ihm selbst eine Erscheinung zuteil wurde, inspiziert haben. Als Urheber dieser Kombination kommt entweder Lk selbst oder – wahrscheinlicher – eine von ihm benutzte Überlieferung in Frage.[214] In jedem Fall ist aber klar geworden, dass V. 12 eine Weiterführung der Grabeserzählung von Mk 16,1-8 unter Verarbeitung der Tradition der Ersterscheinung vor Petrus ist. V. 12 ist also eine sekundäre Bildung und daher für die Frage nach den Auferstehungsereignissen ohne historischen Wert.

Vgl. oben, S. 74, die Feststellung zu Mk 16,1-8.

3.5.2. Lk 24,13-35: Jesus begegnet den beiden Emmausjüngern

Übersetzung

(13) *Und siehe,* zwei von ihnen gingen *an demselben Tag* in ein Dorf, das von Jerusalem etwa zwei Wegstunden entfernt war; dessen Name ist Emmaus. (14) Und sie redeten miteinander von allen diesen Geschehnissen. (15) *Und es geschah,* als sie so redeten und sich miteinander besprachen, da nahte sich Jesus selbst und ging mit ihnen. (16) Aber ihre Augen wurden gehalten, dass sie ihn nicht erkannten.

(17) Er aber sagte zu ihnen: »Was sind das für Dinge, die ihr unterwegs besprecht?« Da blieben sie traurig stehen. (18) Und der eine, mit Namen Kleopas, antwortete und sagte zu ihm: »Bist du der einzige, der in Jerusalem weilt, der nicht weiß, was in diesen Tagen dort geschehen ist?« (19) *Und er sagte zu ihnen: »Was denn?« Sie aber sagten zu ihm: »Das mit Jesus von Nazareth, der ein Prophet war, mächtig in Tat und Wort vor Gott und allem Volk; (20) wie ihn unsere Hohenpriester und Oberen zur Todesstrafe ausgeliefert und gekreuzigt haben. (21) Wir aber hofften, er sei es, der Israel erlösen werde. Aber bei dem allen ist es schon der dritte Tag, seit das geschehen ist. (22) Zudem haben uns einige Frauen aus unserem Kreis erschreckt. Sie sind früh bei dem Grab gewesen, (23) haben aber seinen Leib nicht gefunden und kamen, indem sie sagten, eine Erscheinung von Engeln gesehen zu haben, die behaupteten, er lebe. (24) Und einige von uns gingen hin zum Grab und fanden es so, wie die Frauen sagten; aber ihn sahen sie nicht.« (25) Und er sagte zu ihnen: »Ihr Unverständigen und* zu Trägen im Herzen, *dem allen zu glauben, was die Propheten geredet haben! (26) Musste nicht Christus dies erleiden und in seine Herrlichkeit eingehen?« (27) Und beginnend von Mose und von allen Propheten, legte er ihnen aus, was in allen Schriften von ihm gesagt war.*

(28) Und sie näherten sich dem Dorf, wohin sie wanderten. Und er stellte sich, als wollte er weitergehen. (29) Und sie nötigten ihn und sagten: »Bleibe bei uns; denn es will Abend werden, und der Tag hat sich geneigt.« Und er ging hinein, bei ihnen zu bleiben. (30) Und es geschah, als er mit ihnen zu Tisch lag, nahm er das Brot, dankte, brach (es) und gab es ihnen. (31) Da wurden ihre Augen geöffnet, und sie erkannten ihn. Und er verschwand vor ihnen. (32) *Und sie sagten zueinander: »Brannte nicht unser Herz in uns, als er mit uns redete auf dem Wege und uns die Schriften öffnete?«*

(33) Und sie standen auf zu derselben Stunde, kehrten zurück nach Jerusalem und fanden die Elf versammelt und die bei ihnen waren. (34) Die sagten: »Wirklich wurde der Herr erweckt und erschien dem Simon.« (35) Und sie erzählten ihnen, was auf dem Wege geschehen war und wie er von ihnen beim Brechen des Brotes erkannt wurde.

Erzählabsicht und verarbeitete Traditionen

Die mit besonderer Liebe und Kunst ausgestaltete Erzählung von den Emmausjüngern ist wie folgt aufgebaut:

V. 13-16: Exposition: Zwei Jünger treffen Jesus auf dem Weg von Jerusalem nach Emmaus
V. 17-27: Weggespräch
V. 28-32: Ankunft im Dorf und Mahlszene
V. 33-35: Rückkehr der beiden Jünger von Emmaus nach Jerusalem

V. 13: »Und siehe« ist lk Einleitung[215]; »von ihnen« verknüpft die Erzählung mit der vorherigen; »an demselben Tage«: nach Lk spielen alle Auferstehungsszenen an ein und demselben Tag.
V. 14: Dieser Vers bezieht sich auf »alle diese Dinge« von V. 9, die Nachrichten der Frauen, zurück. Die Jünger hatten in V. 11 ihnen keinen Glauben geschenkt. Petrus inspizierte trotzdem das Grab und war erstaunt.
V. 15: Auch die beiden Jünger lässt das Geschehene und von den Frauen Erzählte nicht ruhig. Sie unterhalten sich und diskutieren[216] darüber. Daran knüpft das Nachfolgende an: Jesus kommt hinzu und wandert gemeinsam mit den beiden weiter.

V. 16: Ihre Augen wurden gehalten, damit sie ihn (nicht gleich zu Beginn der Begegnung) erkennen.

Damit ist die Exposition abgeschlossen. Die »Lösung« wird darin bestehen, *dass* später in V. 31 ihre Augen geöffnet werden. Aber bis das geschehen kann, sollen die beiden und damit die Leser einen Erkenntnisprozess durchlaufen. Er beginnt mit dem Weggespräch in V. 17-27:

V. 17-19: Jesus beginnt – echt lukanisch[217] – mit einer den Dialog eröffnenden Frage, und zwar nach dem, worüber die beiden Jünger unterwegs gesprochen haben. Die Feststellung ihrer Traurigkeit wird betont durch das Zur-Ruhe-Kommen der äußeren Szene: sie bleiben stehen. Dies steigert die Spannung. In dem doppelten Wechsel einer Frage Jesu in V. 17 und einer mehr andeutenden, einen Tadel aussprechenden Gegenfrage des Jüngers Kleopas in V. 18, einer erneuten Nachfrage Jesu und einer ersten knappen Auskunft in V. 19 wird endlich deutlich: es geht um Jesus selbst, der »ein Prophet, mächtig in Tat und Wort vor Gott und allem Volk« gewesen sei. V. 19 ist ganz von Lk gestaltet.[218] Doch ist zu fragen, warum die beiden Jünger Jesus mit dem Titel »Prophet« bezeichnen, der sonst bei Lk nicht zentral ist. Antwort: Lk schreibt den in Unverständnis befangenen Jüngern eine Lehre von Christus zu, die später in V. 26 korrigiert werden soll. V. 19 stellt also ebenso wie zuvor V. 18 noch eine Spannung her, die der Auflösung harrt.

V. 20: Die Aussage, dass die jüdischen Hohenpriester und Oberen und nicht die römischen Soldaten Jesus gekreuzigt hätten, entspricht Lk 23,13-33.

V. 21: Dieser Vers lenkt zur ursprünglichen, aber enttäuschten Hoffnung der Jünger zurück, Jesus werde Israel erlösen.[219] Diese Hoffnung ist offenbar durch die Schaffung einer Heidenkirche überholt.[220] Durch die Zeitangabe »dritter Tag« leitet Lk zur Chronologie der Ostergeschichten zurück; sodann paraphrasiert er das bisher Berichtete.

V. 22-24: V. 22 knüpft an die vorher erzählte Geschichte vom Gang der Frauen zum Grabe an. V. 23 nimmt Bezug auf V. 3-5 und V. 24 auf V. 12, wobei das Wort »einige« den Einzelbesuch des Petrus verallgemeinert.

V. 25: Dies leitet die Weiterführung des bisherigen Glaubens der Jünger ein – zunächst durch einen Tadel Jesu.[221]

V. 26: Lk bestimmt das Leiden des Christus als notwendig und als schriftgemäß. Das entspricht ganz seiner Vorstellung von der Heilsgeschichte, deren Verlauf in allen ihren Momenten als notwendig gedacht wird. Lk unterstreicht dabei besonders den paradoxen Befund, dass der zur Herrlichkeit bestimmte Christus leiden musste.

V. 27: Dieser Vers gibt von der allgemeinen lk Überzeugung Kunde, dass in den Büchern des Mose und in den Propheten von Christus die Rede ist[222], nennt aber keine einzige Stelle.

V. 28: Das Ziel der Reise ist fast erreicht. Jesu Absicht weiterzugehen, steigert die Spannung. Jetzt, wo alles dem Höhepunkt zutreibt, dass nämlich die beiden Jünger Jesus erkennen, darf dieser doch nicht weiterwandern und entschwinden.

V. 29: Entsprechend bitten die beiden Jünger Jesus inständig darum, bei ihnen zu bleiben.[223]

V. 30: Jesus nimmt beim gemeinsamen Mahl das Brot, dankt und verteilt es an sie. Die vielen wörtlichen Anklänge von V. 30 an die Einleitung der Abendmahlsworte Lk 22,19 beweisen, dass der dritte Evangelist hier an das Abendmahl denkt.

V. 31: Ihre Augen werden geöffnet, und sie erkennen ihn. Damit ist ihre »Blindheit« von V. 16 aufgehoben. Lk will ausdrücken: Die Gegenwart Jesu und die Gemeinschaft mit ihm wird im Abendmahl erfahren. Ist das klar, so ist alles gesagt: Jesus kann entschwinden.[224]

V. 32: Im Rückblick erkennen die beiden Jünger, dass ihnen bereits das Herz brannte, als Jesus ihnen auf dem Weg die Schriften öffnete, und dass dabei das träge Herz (V. 25) zum brennenden Herz wurde.[225]

V. 33: Jetzt können sie – ebenso wie die Frauen vorher in V. 9 – zu den Elf und den übrigen nach Jerusalem zurückkehren.

V. 34: Bevor die beiden Jünger den Elf ihre soeben gewonnene Erkenntnis mitteilen können, sagen diese ihnen: »Wirklich wurde der Herr erweckt und erschien dem Simon«. Damit wird ihnen die Pointe sozusagen weggenommen. Lk verschafft hier wie an anderen Stellen[226] einer Jerusalemer Perspektive Raum. Er korrigiert seine Überlieferung an diesem Punkt und hebt die Ersterscheinung vor Simon Petrus hervor.[227] Indes befremdet V. 34b bei wörtlichem Verständnis, da Simon doch einer von den Elfen ist. Was will Lk damit ausdrücken? Antwort: Die Erfahrung, welche die beiden Jünger und alle Glieder der lk Gemeinde beim Abendmahl machen, dass nämlich Jesus dort gegenwärtig ist, wird durch das urchristliche Bekenntnis bestätigt, dass Jesus auferstanden und dem Simon erschienen ist. Mit anderen Worten, alle anderen Ostererfahrungen ruhen auf dem urchristlichen Credo, dass Christus dem Simon

Petrus zuerst erschienen ist. In der Apg zeichnet der dritte Evangelist dann Petrus als Leiter der Urgemeinde[228] und stellt die Jerusalemer Kirche als Ur-Gemeinde dar, von der die lk Gemeinde ein Abkömmling ist.

V. 35: Dieser Vers rundet die Geschichte ab. Die beiden Jünger erzählen, was ihnen auf dem Weg widerfahren ist, dass ihnen nämlich die Schriften geöffnet wurden und sie Jesus beim Brechen des Brotes erkannten.

Eine Rekonstruktion der von Lk benutzten Tradition steht vor großen Schwierigkeiten, obwohl sicher ist, dass Lk mit vorgegebenem Material gearbeitet hat. Probeweise könnte man alle Bezugnahmen auf den Kontext der Geschichte abziehen, um zu sehen, ob sich der plausible Grundriss einer Tradition ergibt. Es bliebe dann eine Erzählung zurück, die wie folgt zu paraphrasieren wäre:

> »Christus erscheint hier unbekannt, als Wanderer – so wie es die Gottheit vor alters liebte, in schlichter menschlicher Gestalt, etwa als Wanderer verkleidet, unter den Menschen zu wandeln – und offenbart sein geheimnisvolles göttliches Wesen an einzelnen Zügen; aber sobald er erkannt wird, ist er verschwunden. Dieser Aufriss der Geschichte ist ganz analog *den ältesten Erzählungen vom Erscheinen der Gottheit*; die Geschichte könnte ihrem Stil nach in der Genesis stehen.«[229]

Gleichzeitig sei hinzugefügt, dass es nicht nur im Alten Testament[230], sondern auch in der griechisch-römischen Literatur ähnliche Sagen gibt.[231] Setzte man eine solche Legende als älteste Schicht voraus, so könnte man von ihr die Abendmahlstradition in V. 29-30 unterscheiden, die in einer zweiten Stufe hinzugewachsen sein mag. Doch war diese möglicherweise auch schon mit der ältesten Tradition verbunden.

Der historische Wert der verarbeiteten Traditionen

V. 34: Die Erscheinung vor Simon ist als visionäres Ereignis historisch.

Einzelelemente der Perikope sind zweifellos alt: So steht hinter dem Namen Kleopas in V. 18 womöglich der Onkel Jesu, dessen Sohn Symeon Nachfolger des Jakobus wurde.[232] Dann hätten wir in dieser Erzählung einen Reflex der Erscheinung Jesu vor einem Verwandten Jesu, die in die älteste Zeit reichen dürfte. Bemerkenswert ist ferner, dass Joh 19,25 eine der Frauen beim Kreuz »Maria, die (Frau) des Klopas« heißt.

Auch der Ort Emmaus dürfte auf historisches Wissen zurückgehen. Doch ist er nicht mehr zu lokalisieren.[233]

Nun wird verschiedentlich gesagt: Die Emmaus-Perikope gebe erzählend den historisch zutreffenden Sachverhalt wieder, dass Jünger im Bedenken der Schrift und in der Mahlfeier als Fortsetzung derjenigen mit Jesus dessen Gegenwart erfahren haben. Diese Annahme berücksichtigt zu wenig das Scheitern Jesu und die mit den Christusvisionen beginnende Dynamik des Anfangs (s. unten, S. 150-155).

3.5.3. Lk 24,36-53: Jesu Erscheinung vor den Jüngern

Übersetzung

(36) *Als sie aber davon redeten, trat* er selbst, Jesus, *in ihre Mitte* und sagte zu ihnen: »Friede (sei) mit euch!« (37) *Sie erschraken aber und fürchteten sich* und meinten, *sie sähen einen Geist.* (38) Und er sagte zu ihnen: »Was seid ihr so erschrocken, und warum kommen solche Gedanken *in euer Herz*? (39) Seht meine Hände und meine Füße, ich bin es selber. Fasst mich an und seht; denn ein Geist hat nicht Fleisch und Knochen, wie ihr seht, dass ich sie habe.« (40) *Und als er das gesagt hatte, zeigte er ihnen die Hände und Füße.* (41) Als sie aber noch nicht glaubten vor Freude und sich verwunderten, sagte er zu ihnen: »Habt ihr hier etwas zu essen?« (42) Und sie legten ihm ein Stück gebratenen Fisch vor. (43) Und er nahm es und aß vor ihnen.

(44) Er sagte aber zu ihnen: »*Das sind meine Worte, die ich zu euch gesagt habe, als ich noch bei euch war: Es muss alles erfüllt werden, was von mir geschrieben steht im Gesetz des Mose, in den Propheten und in den Psalmen.*« (45) *Da öffnete er ihnen den Sinn zum Verständnis der*

Schriften (46) und sagte zu ihnen: »So steht es geschrieben, dass der Christus leidet und aufersteht von den Toten am dritten Tage (47) und dass gepredigt wird in seinem Namen Umkehr zur Vergebung der Sünden unter allen Völkern, beginnend in Jerusalem. (48) Ihr seid dafür Zeugen. (49) Und siehe, ich will die Verheißung meines Vaters auf euch herabsenden. Ihr aber sollt in der Stadt bleiben, bis ihr ausgerüstet seid mit Kraft aus der Höhe.«

(50) Er führte sie aber hinaus bis nach Bethanien und hob die Hände auf und segnete sie. (51) Und es geschah, als er sie segnete, entschwand er von ihnen und fuhr auf gen Himmel. (52) Sie aber beteten ihn an und kehrten zurück nach Jerusalem mit großer Freude (53) und waren allezeit im Tempel und priesen Gott.

Erzählabsicht und verarbeitete Traditionen

Der Abschnitt setzt sich aus drei Teilen zusammen: V. 36-43 sind Erkenntnisszene (= Erzählung), V. 44-49 sind Jüngerbelehrung (= Rede Jesu) und V. 50-53 sind Abschiedsszene (= Erzählung)

V. 36: »Als sie aber davon redeten« ist lk Verknüpfung des Folgenden mit der vorangehenden Szene.

V. 37-38: Zur Szene vgl. Apg 12,8f.

V. 39: Dieser Vers liefert mit der Aufforderung Jesu an die Jünger, seine Hände und Füße anzuschauen, um seine Identität zu erkennen, eine *erste* Demonstration der körperlichen Auferstehung. Die Aufforderung, ihn zu betasten[234], ist die *zweite* Demonstration: Der auferstandene Jesus ist kein Geist – konkret: kein Dämon eines Toten –, sondern besteht aus Fleisch und Knochen. Ein solcher Realismus hat a) eine antidoketische Spitze und ist b) eine Abwehr magisch-dämonologischer Vorstellungen über Jesus als Totengeist.[235] Offensichtlich richtet sich Lk mit diesem Vers in ähnlicher Weise gegen Bestreitungen der körperlichen Wirklichkeit der Auferstehung Jesu, wie zu Beginn des zweiten Jh.s Bischof Ignatius von Antiochien. Der schreibt im Brief an die Smyrnäer 3,1-2:

Ich aber weiß und glaube, dass er (sc. Jesus) auch nach der Auferstehung im Fleische ist. Und als er zu denen um Petrus kam, sagte er zu ihnen: »Fasset, betastet mich und sehet, dass ich kein körperloser Dämon bin!« Und sofort fassten sie ihn an und wurden gläubig, eng verbunden mit seinem Fleisch und Geist.

V. 40: Dieser Vers variiert und verstärkt V. 39a. Er stammt wohl ganz von Lk.

V. 41: Die Jünger sind von Jesus halb gewonnen. Die nun folgende *dritte* Demonstration soll jeglichen Zweifel beseitigen. Jesus fragt, ob die Jünger etwas zu essen haben.

V. 42: Sie geben ihm ein Stück gebratenen Fisch.

V. 43: Jesus verzehrt es vor ihren Augen und beweist damit, dass er weder ein Geist noch ein Engel ist. Engel essen nicht wirklich.[236] Die Beweiskraft dieser letzten Demonstration hält der Erzähler für so selbstverständlich, dass er deren Wirkung nicht eigens erwähnen muss. Dass der auferstandene Jesus mit seinen Jüngern zusammen aß, sagt Lk später auch in Apg 1,4; 10,41.

Lk will mit der Betonung der physischen Realität des auferstandenen Jesus die Glaubensgewissheit seiner Leserschaft stärken, wie er es im Vorwort Lk 1,3-4 gegenüber Theophilus angekündigt hat. Er hat aus diesem Grund in V. 36-43 die Überlieferung einer Erscheinungsgeschichte eingeflochten, in welcher der auferstandene Jesus seinen verängstigten Jüngern in körperlicher Gestalt erscheint. Vorausgesetzt ist eine Diskussion in der Gemeinde über die Körperlichkeit des Auferstandenen, wie wir sie in den joh Gemeinden[237] und ansatzweise auch bereits in der Gemeinde von Korinth (1Kor 15,35) finden. Die Erzählung V. 36-43 ist eine sekundäre Bildung – wohl der zweiten Generation, die mit den Primärzeugen der »Auferstehung Jesu« keine Verbindung mehr hat. Als apologetisch ausgerichtete Komposition demonstriert sie in einem steigernden Dreischritt den Jüngern die Fleischlichkeit des Auferstandenen.

Eine nahe Parallele findet sich im zweiten Teil des lk Doppelwerkes, wo an zwei Stellen, Apg 2,27 und 13,35, geradezu die Notwendigkeit der Unverweslichkeit des Körpers Jesu belegt wird, und zwar in Auslegung der LXX-Fassung eines Psalmverses mit David als Sprecher.

Ps 16,10 (LXX 15,10)

Denn du überlässt meine Seele nicht dem Tode (LXX: dem

Hades) noch gibst du zu, dass dein Frommer die Grube (LXX: die Verwesung) schaue.

Die Pointe in der Verwendung dieses Verses besteht darin, dass David bereits im Blick auf den Messias Jesus sprach. Gott habe diesem zugesichert, weder werde seine Seele im Hades bleiben noch er selbst der Vergänglichkeit überantwortet werden. In Apg 13,35f macht Lk unter Wiederaufnahme des Zitats aus Ps 16,10 deutlich, welcher Unterschied an diesem Punkt zwischen David und Jesus besteht.[238]

Der Kommentar von David Friedrich Strauß ist immer noch aufschlussreich:

»Der Verfasser des 16. Psalms, ob es nun David oder ein anderer war, hatte begreiflich nicht von ferne daran gedacht, im Namen des Messias zu reden, er sprach nur sein eigenes hohes Gottvertrauen aus; und wenn er dies so ausdrückte, Gott werde seine Seele nicht der Unterwelt überlassen, und nicht dulden, daß sein Frommer die Grube schaue, so meinte er damit nur, daß er mit Gottes Beistand aus jeder Not und Gefahr glücklich hervorgehen werde. Aber David, grübelte ein Jesusjünger, der nach Stützen für seinen erschütterten Glauben suchte, war ja gestorben und verwest: also kann er hier nicht von sich selbst gesprochen haben, sondern als Prophet hat er von seinem großen Sprößling, dem Messias – und das war ja Jesus – gesprochen, der demnach nicht im Grabe geblieben, nicht der Unterwelt verfallen sein kann. Diese musterhafte Auslegung läßt zwar die Apostelgeschichte den Petrus erst nach der Auferstehung Jesu, an dem berühmten Pfingstfeste, vortragen; aber wir sehen hier im Gegenteil einen der Gedankengänge, wodurch sich die Jünger zur Produktion der Vorstellung von der Wiederbelebung ihres getöteten Meisters emporgearbeitet haben.«[239]

V. 44-49: Das Stück ist eine redaktionelle Komposition: In V. 44 bezieht sich Jesus rückblickend auf seine Reden an die Jünger. Ihr Hauptinhalt wird durch den zweiten Versteil näher erläutert. Wie Jesus schon zu seinen Lebzeiten den Schriftbeweis geführt hat, so tut er dies auch nach seiner Auferstehung. V. 45 schildert, wie Jesus den Jüngern den Sinn der Schriften öffnet.[240] Dies wird dann inhaltlich im nachfolgenden Vers in Form eines Schriftbeweises konkretisiert: V. 46 entspricht 9,22, der Vorhersage Jesu, dass er leiden und am dritten Tage auferstehen werde. V. 47 richtet den Blick in die Zukunft und auf die Aufgabe der Jünger. Teil des Schriftbeweises ist, dass in Jesu Namen »Umkehr zur Vergebung der Sünden unter allen Völkern, beginnend in Jerusalem« gepredigt werde.[241] V. 48 ist nicht mehr Teil des Schriftbeweises. Hier redet Jesus in direkter Rede die Jünger als Augenzeugen der Passion und Auferstehung an.[242] V. 49 entspricht Apg 1,4. Die Weissagung des Geistempfangs wird in Apg 2 erfüllt.

V. 50-53: Diese Verse gehen auf Lk zurück und haben eine Parallele in Apg 1,9-12, wo in V. 12 die Himmelfahrt vom Ölberg aus erfolgt, hier indes, wie V. 50 zeigt, von Bethanien. Doch muss das nicht zur These verleiten, beide Szenen seien konkurrierende Traditionen. Lk weiß aus Mk 11,1, dass »Ölberg« und »Bethanien« geographisch nahe beieinander liegen bzw. als Ortsangabe identisch sind. Es mag sich hier beim Gebrauch von Bethanien statt Ölberg also um eine Variation handeln. V. 50: Zum Segen finden sich wörtliche Entsprechungen im Alten Testament.[243] V. 51: Zum Entschwinden Jesu vgl. die Bemerkungen zu V. 31. V. 52: »Große Freude« nimmt dasselbe Motiv aus V. 41 auf. V. 53: Die Gegenwart der Gemeinde im Tempel entspricht lk Theologie: Der zwölfjährige Jesus hält sich im Tempel auf[244], ebenso die frühe Gemeinde (Apg 2,46; 3,1; 5,42). Von der Form her ist V. 53 ein kleines Summarium, das Entsprechungen im lk Doppelwerk hat.[245] Ohnehin wird man den letzten Satz des Buches dem Evangelisten zuschreiben, denn am Ende eines literarischen Werkes kommt die Erzählabsicht des Autors am ehesten zum Vorschein.

Der historische Wert der verarbeiteten Traditionen

Der geschichtliche Ertrag ist gleich Null. Denn V. 44-53 sind redaktionell und V. 36-43 eine Bildung der zweiten christlichen Generation, hervorgerufen durch innergemeindliche Diskussionen zur Körperlichkeit des »Auferstandenen«.

3.6. Die Ostererzählungen im Johannesevangelium[246]

3.6.1. Joh 20,1-23: Der Ostertag

Übersetzung

(1a) <u>Am ersten Tag der Woche</u> aber kommt Maria Magdalena <u>frühmorgens</u>, als es noch finster ist, <u>zu dem Grab</u> (b) und sieht <u>den Stein vom Grab</u> weggenommen.

(2) **Da läuft sie und kommt zu Simon Petrus und zu dem anderen Jünger, den Jesus liebte, und sagt ihnen: »Sie haben den Herrn aus dem Grab weggenommen, und wir wissen nicht, wo sie ihn hingelegt haben.« (3) Da gingen Petrus und der andere Jünger hinaus, und sie gingen zum Grab. (4) Die zwei aber liefen zusammen; doch der andere Jünger lief voraus, schneller als Petrus, und kam als erster zum Grab. (5) Und er beugt sich vor und sieht die Leinentücher daliegen, ging jedoch nicht hinein. (6) Da kommt auch Simon Petrus, ihm folgend, und ging in das Grab hinein und sieht die Leinentücher daliegen (7) und das Schweißtuch, das auf seinem Kopf gewesen war, nicht bei den Leinentüchern liegen, sondern für sich zusammengewickelt an einem (besonderen) Ort. (8) Dann ging auch der andere Jünger hinein, der als erster zum Grab gekommen war, und sah und glaubte. (9) Sie verstanden nämlich noch nicht die Schrift, dass er von den Toten auferstehen müsse. (10) Daraufhin gingen die Jünger wieder weg nach Hause.**

(11a) **Maria aber stand vor dem Grab draußen und weinte.** (b) Als sie nun weinte, beugte sie sich vor <u>in das Grab</u> (12) und sieht <u>zwei Engel</u> in <u>weißen</u> Gewändern dasitzen, einen beim Kopf und einen bei den Füßen (des Platzes), <u>wo der Leib Jesu gelegen hatte</u>. (13a) Und jene sagen ihr: »Frau, <u>was</u> weinst du?« (b) Sie sagt ihnen: »Sie haben meinen Herrn weggenommen, und ich weiß nicht, <u>wohin sie ihn gelegt haben</u>.« (14a) *Nachdem sie dies gesagt hatte*, wandte sie sich zurück (b) und sieht <u>Jesus</u> dastehen und wusste nicht, dass es Jesus ist. (15a) *Sagt ihr Jesus: »Frau, was weinst du? Wen suchst du?«* (b) *Jene, in der Meinung, es sei der Gärtner, sagt ihm: »Herr, wenn du ihn weggetragen hast, sage mir, wohin*

102

du ihn gelegt hast, und ich werde ihn holen.« (16a) Sagt ihr Jesus: »Maria!« (b) Jene *wendet sich um und* sagt ihm *auf hebräisch*: »Rabbuni!«, *das heißt: Lehrer.* (17a) Sagt ihr Jesus: »Rühr mich nicht an! (b) *Denn ich bin noch nicht hinaufgestiegen zum Vater.* (c) Gehe aber zu meinen Brüdern und sage ihnen: (d) ›*Ich steige hinauf zu meinem Vater und eurem Vater und meinem Gott und eurem Gott.*‹« (18) Maria Magdalena geht und verkündigt den Jüngern: »Ich habe den Herrn gesehen«, *und dies habe er ihr gesagt.*

[(3*) Da ging[en] Petrus und [die anderen Jünger] hinaus, und (4*) sie liefen zum Grab. (5*) Und [sie beugen] sich vor und [sehen] die Leinentücher daliegen (7) und das Schweißtuch, das auf seinem Kopf gewesen war, nicht bei den Leinentüchern liegen, sondern für sich zusammengewickelt an einem (besonderen) Ort. [Und sie wunderten sich.] (9) Sie verstanden nämlich noch nicht die Schrift, dass er von den Toten auferstehen müsse. (10) Daraufhin gingen die Jünger wieder weg nach Hause.]

(19a) Als es nun Abend geworden war an jenem ersten Tag der Woche und die Türen verschlossen waren, wo die Jünger waren – *aus Furcht vor den Juden* –, (b) kam Jesus und trat in die Mitte und sagt ihnen: »Friede sei mit euch!« (20a) Und nachdem er das gesagt hatte, zeigte er ihnen die Hände und *die Seite.* (b) Da freuten sich die Jünger, als sie den Herrn sahen. (21a) *Da sagte er ihnen wieder*: »*Friede sei mit euch!* (b) *Wie mich der Vater gesandt hat, so schicke ich auch euch.*« (22) *Und nachdem er das gesagt hatte*, hauchte er (sie) an und sagt ihnen: »Nehmt heiligen Geist! (23) Welchen ihr die Sünden vergebt, denen sind sie vergeben; welchen ihr (sie) festhaltet, (denen) sind sie festgehalten.«

Nachträgliche Bearbeitung

Der Text weist eine stattliche Anzahl von Ungereimtheiten auf. Einige von ihnen sind so gravierend, dass sie zur Annahme einer nachträglichen Bearbeitung des Abschnittes zwingen: *Erstens* ist der Anschluss von V. 2 an V. 1 bedenklich: Wenn Maria Magdalena aus ihrer Beobachtung, dass der Stein vom Grab weggenommen ist (V. 1), die Konsequenz zieht, auch Jesus befinde sich nicht mehr an seinem ursprünglichen Platz (V. 2), kann das nur als ausgesprochen voreilig bezeichnet werden. *Zweitens* fehlt ein Bericht darüber, dass Maria im Anschluss an die Benachrichtigung der beiden Jünger (V. 2) wieder zum Grab zurückkehrt; in V. 11 steht sie am Grab, als hätte sich das in V. 2-10 Erzählte gar nicht zugetragen. *Drittens* stellt sich die Frage, warum Maria zwei Engel im Grab sitzen sieht (V. 12), während dort zuvor nur ein Schweißtuch und einige Leinentücher zu sehen waren (V. 5-7). *Viertens* wird dem Auftrag des Auferstandenen an Maria Magdalena (V. 17) die Pointe genommen, wenn vorher schon ein Jünger zum Auferstehungsglauben gekommen ist (V. 8).

Diesen Spannungen korrespondiert die Beobachtung, dass V. 11b gut an V. 1 anschließen würde. So drängt sich die Vermutung auf, dass die Episode vom Wettlauf und vom Grabbesuch der beiden Jünger erst von den nachträglichen Bearbeitern des JohEv zwischen V. 1 und V. 11b eingetragen wurde. Durch V. 2 verankerten sie diese Episode in Anlehnung an V. 13b (notdürftig) im Kontext, und mit V. 11a lenkten sie unter Aufnahme von V. 11b (»weinen«) zu der in V. 1 vorausgesetzten Situation zurück.

Allerdings sind mit dieser literarkritischen Operation noch nicht alle Probleme gelöst. Denn V. 2-11a sind in sich selbst nicht spannungsfrei. Beispielsweise wirkt die Angabe, dass zunächst der Lieblingsjünger und daraufhin noch einmal Petrus »die Leinentücher daliegen« sah (V. 5.6), redundant. Vor ein besonders großes Rätsel wird der Leser sodann durch V. 9 gestellt: Die Bemerkung, die beiden Jünger hätten noch nicht verstanden, dass Jesus von den Toten auferstehen müsse, steht in krassem Widerspruch zu V. 8, dem zufolge der Lieblingsjünger bereits zum Auferstehungsglauben gekommen ist. Mit anderen Worten: Der Abschnitt selbst erweckt den Eindruck, sekundär bearbeitet worden zu sein. Wie ist das zu erklären?

Eine Antwort ist nur im Vorgriff auf die Traditionsanalyse von V. 1-18.19-23 möglich. Es wird sich nämlich zeigen, dass der vierte Evangelist diese beiden Ostergeschichten in Kenntnis einer vor allem von Lk 24 abhängigen Überlieferung verfasst hat. Dies ist deswegen von Bedeutung, weil Lk ebenfalls von einer Grabesinspektion berichtet. Bei ihm findet diese freilich erst statt, nachdem die Frauen die Osterbotschaft der Grabesengel an die Jünger weitergeleitet haben, und wird von Petrus allein durchgeführt (vgl. Lk 24,12: »Petrus aber stand auf und lief zum Grab und bückte sich hinein und sah nur die Leinentücher und ging davon und wunderte sich über das, was geschehen war«). Kombiniert man nun diesen Befund mit den vorigen Erwägungen zum Nachtragscharakter sowie zur mangelnden Integrität von V. 2-11a und berücksichtigt man weiterhin, dass der Lieblingsjünger direkt oder indirekt auch in die Abschnitte 1,35-51; 13,21-30; 19,16b-30 und 19,31-37 nachträglich eingeführt wurde, legt sich folgende Annahme nahe: Zwar sind die Bearbeiter für die Einfügung von V. 2-11a zwischen V. 1 und V. 11b verantwortlich. Doch fanden sie den Grundbestand dieses Stückes bereits im Werk des Evangelisten vor, und zwar an einem der Stellung von Lk 24,12 entsprechenden Ort, also im Anschluss an V. 18. Sie ergänzten den Lieblingsjünger und verschoben den Abschnitt im gleichen Zug an seinen jetzigen Platz.

Abschließend sind noch zwei Fragen zu klären. *Erstens*: Welches Ziel verfolgten die Bearbeiter mit diesen gravierenden Eingriffen? *Zweitens*: Welchen Wortlaut hatte der vom Evangelisten verfasste Text von V. 3-10*?

Die Antwort auf die *erste* Frage liegt auf der Hand: Die Einfügung des mit Petrus um die Wette laufenden Lieblingsjüngers hat den Zweck, dessen Vorrang vor Petrus sinnfällig zu illustrieren. Durch die Umstellung des Abschnittes wird zudem erreicht, dass der Lieblingsjünger (und nicht Maria Magdalena) der erste sein kann, der an die Auferstehung Jesu glaubt.

Die Beantwortung der *zweiten* Frage ist schwieriger und muss stark hypothetisch bleiben. Vor allem lässt sich darüber streiten, ob Petrus dem Evangelisten zufolge allein oder in Begleitung weiterer Jünger zum Grab ging. Aufgrund des Plurals in V. 9 wird man aber die zweite Möglichkeit für die wahrscheinlichere halten. Das würde auch gut zu 20,18.19.20.25 passen, wo allgemein von »den Jüngern« bzw. »den anderen Jüngern« die Rede ist (vgl. außerdem Lk 24,24, wo es trotz Lk 24,12 heißt: »Und *einige* von uns gingen zum Grab und fanden es so, wie die Frauen gesagt hatten ...«). Ferner dürfte im Zuge der Bearbeitung von V. 3-10* vor V. 9 eine dem Schluss von Lk 24,12 entsprechende Bemerkung über das Unverständnis der Jünger angesichts des leeren Grabes ausgefallen sein. Es sei jedoch ausdrücklich betont, dass die Rekonstruktion von V. 3-10*, die in der Übersetzung zwischen V. 18 und V. 19 in eckigen Klammern abgedruckt ist, nur eine von mehreren Möglichkeiten darstellt, wie der ursprüngliche Text gelautet haben könnte (Abweichungen vom vorliegenden Text ebenfalls in eckigen Klammern).

Erzählabsicht und verwendete Überlieferung

Grundlage dieses Abschnitts ist, wie bereits angedeutet, eine vor allem von Lk 24 abhängige, aber auch von Mk 16 und Mt 28 beeinflusste Überlieferung. Wörtliche und fast wörtliche Übereinstimmungen mit Lk sind punktiert, Übereinstimmungen mit Mk/Mt sind einfach unterstrichen.

Maria Magdalena und die beiden Engel (V. 1.11b-13)

V. 1: Für nahezu jedes Wort findet sich eine Entsprechung in Mk 16,1.2.4a bzw. Lk 24,1.2. Dass Maria im Gegensatz zu Mk 16,1; Lk 24,1 keine Kräuteröle mit zum Grab bringt, hängt damit zusammen, dass der Leichnam Jesu laut 19,40* bereits ordnungsgemäß bestattet wurde. Ein wichtiger Unterschied zu den Synoptikern besteht freilich darin, dass Maria Magdalena (vgl. 19,25) *allein* zum Grab geht (Mk 16,1: drei Frauen; Mt 28,1: zwei; Lk 24,1.10: mehr als drei). Die Analyse von V. 14-18 wird zeigen, wie das wahrscheinlich zu erklären ist.

V. 11b-13: Die Substanz dieses Stückes ist traditionell; vgl. in der Reihenfolge der Unterstreichungen: Mk 16,5a (»in das Grab«); Lk 24,4 (»zwei«); Mt 28,2.5 (»Engel«); Mt 28,3/Mk 16,5 (»weiß«); Mt 28,6 (»wo gelegen hatte«); Lk 24,3 (»den Leib des Herrn Jesus«); Lk 24,5 (»was ...?«); Mk 16,6 (»wo sie ihn hingelegt haben«). Allerdings ist, ohne dass sich etwas Sicheres sagen ließe, nicht auszuschließen, dass auch der Evangelist redigierend eingegriffen hat. So ist zu beachten, dass das Motiv des Weinens in 11,31.35 redaktionell eingefügt wurde und dass die Anrede »Frau« ebenfalls redaktionell in 2,4 und 4,21 erscheint.

Die Erscheinung Jesu vor Maria Magdalena (V. 14-18)

Die Engelszene V. 11b-13 endet überaus abrupt: Die Engel verkünden weder die Auferstehung Jesu (vgl. Mk 16,6; Mt 28,6; Lk 24,6) noch erteilen sie den Auftrag, die Auferstehungsbotschaft an die

Jünger weiterzuleiten (vgl. Mk 16,7; Mt 28,7). Vielmehr folgt in V. 14-17 ein mit der Engelerscheinung konkurrierender Bericht über eine Begegnung Maria Magdalenas mit Jesus selbst. Nun hat Mt seiner Bearbeitung der mk Grabesgeschichte ebenfalls einen (wahrscheinlich von ihm selbst komponierten) Bericht über eine Erscheinung Jesu vor Maria Magdalena (und einer anderen Maria) angefügt (vgl. Mt 28,9-10). Dabei fällt insbesondere der Joh 20,17c entsprechende Auftrag »Geht hin, verkündigt meinen Brüdern ...« (Mt 28,10) auf. Zur Erklärung dieses Befundes liegt die folgende Annahme nahe: Die joh Tradition hat den mt Bericht über die Begegnung der beiden Frauen mit Jesus aufgenommen, ihn aber zu einer Wiedererkennungsszene um- und ausgestaltet. Im Zusammenhang damit kam es im Vergleich zu den synoptischen Grabesgeschichten zu zwei wesentlichen Änderungen: Zum einen fiel derjenige Teil der Grabeserzählung, der von der Verkündigung der Auferstehungsbotschaft durch einen bzw. mehrere Engel berichtete, weg, weil diese Episode angesichts der Begegnung mit dem Auferstandenen selbst überflüssig erschien. Zum anderen wurde die zweite in Mt 28,9f vorausgesetzte Maria aus der Geschichte entfernt und die Wiedererkennungsszene damit ganz auf Jesus und Maria Magdalena konzentriert. Ist das letztere richtig, dann dürfte die joh Tradition auch in V. 1.11b-13 für die Reduzierung der aus den Synoptikern vorgegebenen Zahl von mehreren Frauen auf *eine* verantwortlich sein. Freilich lässt sich die vom Evangelisten vorgefundene Grundlage von V. 14-18 nur noch fragmentarisch rekonstruieren, denn der Evangelist hat sie offenkundig stark überarbeitet.

V. 14a: »Nachdem sie dies gesagt hatte« ist eine für den Evangelisten typische Übergangsformulierung.[247]

V. 14b: Vgl. Mt 28,9a (»Und siehe, Jesus begegnete ihnen«). Das Motiv des Nicht-Erkennens ist wahrscheinlich bereits Bestandteil der Tradition gewesen. (Dasselbe Motiv erscheint auch in der Geschichte von den Emmausjüngern, vgl. Lk 24,16, und in Joh 21,4b.) Der Evangelist hat in die traditionelle Wiedererkennungsszene zusätzlich nur das Motiv des Missverständnisses eingebracht (V. 15b).

V. 15a: »Frau, was weinst du?« ist identisch mit der Anrede Maria Magdalenas durch die beiden Engel in V. 13. Die Frage »Wen suchst du?« erinnert an 1,38; 18,4.7 (vgl. aber auch Lk 24,5: »Was sucht ihr den Lebenden bei den Toten?«).

V. 15b: Zum Motiv des Missverständnisses vgl. 2,20; 3,4; 4,11.15.33; 6,34.42; 7,35; 8,22.52.57; 11,12.24.

V. 16: Das Sich-Zurückwenden Marias steht in Spannung zu V. 14a, wo sie sich bereits zurückgewandt hat. Die Übersetzung der Anrede »Rabbuni« und die Erklärung, dass es sich dabei um ein hebräisches Wort handelt, machen es wahrscheinlich, dass der Austausch der Anreden traditionell ist. Indem Maria von Jesus angesprochen wird, erkennt sie ihn wieder.

V. 17: Das »Rühr mich nicht an!« (V. 17a) dürfte traditionell sein, denn es scheint eine Mt 28,9b entsprechende Reaktion vorauszusetzen (»Sie aber traten zu ihm und umfassten seine Füße ...«). Traditionell ist ebenfalls der Auftrag V. 17c. Dafür spricht nicht nur die Analogie in Mt 28,10 (s. oben), sondern auch der Befund, dass die Bezeichnung der Jünger als »Brüder« Jesu beim 4. Evangelisten sonst nicht vorkommt. Demgegenüber gehen sowohl die Begründung für das Berührungsverbot (V. 17b) als auch der Inhalt der auszurichtenden Botschaft (V. 17d) auf den Evangelisten zurück (vgl. 6,62). Er will sagen: Wenn Jesus in die himmlische Herrlichkeit zurückgekehrt ist, wird sein Vater auch zum Vater der Seinen. Was ursprünglich an der Stelle von V. 17b und V. 17d stand, ist nicht mehr zu erschließen.

V. 18: Die Mitteilung: »Ich habe den Herrn gesehen«, die zu dem Befehl Jesu in V. 17c-d nicht recht passt, bestätigt im nachhinein die Annahme, dass der ursprüngliche Auftragsinhalt vom Evangelisten ersetzt wurde. Durch das nachklappende Sätzchen »und dies habe er ihr gesagt« trägt er seiner Neuformulierung von V. 17 Rechnung.

Die Inspektion des Grabes (V. 3-10*)

V. 3-10* entsprechen (in der oben hypothetisch rekonstruierten Form) Lk 24,12. Die Erwähnung der Leinentücher (vgl. Joh 19,40) hat wie bei Lk einen apologetischen Zweck: Durch sie wird der Verdacht einer Verwechslung des Grabes ausgeschlossen. Der Sinn der über Lk 24,12 hinausgehenden Erwähnung des sorgsam zusammengefalteten Schweißtuches dürfte darin bestehen, zusätzlich den Verdacht eines Leichenraubes abzuwehren (vgl. Mt 27,62-66; 28,11-15, wo demselben Verdacht mit anderen Mitteln der Boden entzogen wird). Damit wird das leere Grab fast zu einem vollwertigen Zeugnis für Jesu Auferstehung. In V. 9 sind offenbar Lk 24,7 (»dass er auferstehen müsse«) und Lk 24,44b-46 verarbeitet worden.

Die Erscheinung Jesu vor den Jüngern (V. 19-23)

V. 19a: Die Zeitangabe bezieht sich zurück auf V. 1. Dass der Vers gut an V. 10 anschließt, ist ein zusätzliches Argument für die Annahme, dass V. 3-10* im Werk des Evangelisten zwischen V. 18 und V. 19 standen. Lediglich »aus Furcht vor den Juden« erweist sich durch die Entsprechungen in 7,13 und 19,38 (vgl. 9,22) als redaktionell. Durch diesen Zusatz wird eine der Pointen der Tradition – nämlich dass der Auferstandene durch verschlossene Türen zu gehen vermag – abgeschwächt. In Lk 24,36-43 findet sich das Furchtmotiv in V. 37 als Reaktion auf die Erscheinung (Lk 24,37).

V. 19b-20a: Vgl. die nahezu wörtliche Übereinstimmung mit Lk 24,36.40. Der einzige bedeutende Unterschied besteht darin, dass der 4. Evangelist anstelle der Füße die Seite Jesu nennt. Damit weist er auf 19,34 zurück und bereitet zugleich die folgende Szene vor (vgl. 20,25b.27). (Da 19,34 auf Tradition beruht, ist es freilich auch möglich, dass die Erwähnung der Seite dem Evangelisten schon vorgegeben war.)

Im redaktionellen Kontext stellt sich die Frage, wie sich die Ankündigung des Aufstiegs Jesu in V. 17 zu seiner erneuten Erscheinung verhält. Denn es scheint ja so, als kehre Jesus, der inzwischen zum Vater aufgestiegen ist, nun noch einmal zur Erde zurück. Doch dürfte dies kaum die Meinung des Evangelisten sein. In seinem Sinne erscheint Jesus seinen Jüngern *als* Aufgestiegener.

V. 20b: Zum Motiv der Jüngerfreude vgl. Lk 24,41.

V. 21: Die Wendung »er sagte ihnen wieder« (vgl. 8,12.21) und die Wiederholung des Friedensgrußes aus V. 19b machen eine redaktionelle Naht sichtbar. Der Vers dürfte vom Evangelisten eingefügt worden sein (vgl. 4,38).

V. 22: Die Wendung »nachdem er das gesagt hatte« ist durch die Einfügung von V. 21 bedingt. Im übrigen wird man in diesem Vers einen Bestandteil der Tradition sehen, denn die archaische Art der Geistübertragung (vgl. Gen 2,7; Hes 37,5-10.14; SapSal 15,11) konkurriert mit den Parakletsprüchen sowohl des Evangelisten als auch der nachträglichen Bearbeiter (vgl. z.B. 14,16f.26; 16,7.13; 7,39); ebenso findet sich ein artikelloses »heiliger Geist« im JohEv sonst nicht. Bemerkenswert ist, dass in der joh Tradition – im Gegensatz zu Lk (vgl. Lk 24,49; Apg 2) – Ostern und Pfingsten auf einen Tag fallen.

V. 23: Das abschließende Vollmachtswort gehört ebenfalls der

Tradition an. Dort ist es möglicherweise aus Lk 24,47 und Mt 16,19; 18,18 zusammengewachsen. Im JohEv kommen die Ausdrücke »Sünden vergeben« und »Sünden festhalten« sonst nicht vor.

Der historische Wert der verarbeiteten Überlieferungen

V. 1.11b-13 setzen alle synoptischen Grabesgeschichten voraus. Zum ihrem geschichtlichen Wert kann daher auf die Ausführungen zu Mk 16,1-8 verwiesen werden.

V. 14-18* setzen die mt-redaktionelle Bildung Mt 28,9f voraus und haben daher keinen geschichtlichen Wert.

V. 3-10*: Zu der Nachricht über die Inspektion des Grabes durch Petrus vgl. zu Lk 24,12.

Zu der Erzählung V. 19-23* vgl. die Bemerkungen zu Lk 24,36-43 (oben, S. 97-101).

3.6.2. Joh 20,24-29: Die Erscheinung des Auferstandenen vor Thomas

Übersetzung

(24) *Thomas aber, einer von den Zwölfen, genannt Didymos (= Zwilling), war nicht bei ihnen, als Jesus kam. (25a) Da sagten ihm die anderen Jünger: »Wir haben den Herrn gesehen.« (b) Er aber sagte ihnen: »Wenn ich nicht in seinen Händen das Mal der Nägel sehe und meinen Finger nicht in das Mal der Nägel lege und meine Hand nicht in seine Seite lege, werde ich nicht glauben.« (26a) Und nach acht Tagen waren seine Jünger wieder drinnen und Thomas mit ihnen. (b) Jesus kommt bei verschlossenen Türen und trat in die Mitte und sagte: »Friede sei mit euch!« (27) Daraufhin sagt er Thomas: »Reiche deinen Finger hierher und sieh meine Hände und reiche deine Hand und lege sie in meine Seite und sei nicht ungläubig, sondern gläubig!« (28) Antwortete Thomas und sagte ihm: »Mein Herr und mein Gott!« (29a) Sagt ihm Jesus: »Weil du mich gesehen hast, bist du zum Glauben gekommen? (b) Selig sind, die nicht sehen und (doch) glauben!«*

Diese Geschichte hat keine Parallele bei den Synoptikern. Zum vorangehenden Abschnitt V. 19-23 steht sie in Spannung, weil dort nichts darauf hinwies, dass einer der Jünger bei der Erscheinung Jesu abwesend war.

V. 24: Dieser Vers begründet, warum sich die Erscheinung vor Thomas noch ereignen muss, und weist ausdrücklich auf V. 19 zurück. Thomas erscheint im Neuen Testament außer in den vier Zwölferlisten[248] nur im JohEv[249]. Er wurde schon in 11,16 mit seinem Beinamen »Zwilling« erwähnt und trat dort ebenfalls als typischer Vertreter des Zweifels auf. In frühchristlicher Zeit entstanden unter seiner fingierten Verfasserschaft mehrere Schriften: man vgl. das Thomasevangelium[250], das Thomas-Buch[251] und die Thomasakten[252].

Neuerdings hat der amerikanische Neutestamentler Gregory J. Riley die Vermutung geäußert, die Komposition der Thomasperikope sei eine gezielte Kritik an der symbolischen Interpretation der Auferstehung Jesu durch Christen in Thomasgemeinden.[253] Andere amerikanische Forscher sind sogar der Meinung, die Thomas-Christen führten die angeblich in der ältesten Fassung der Spruchquelle Q enthaltene nicht-apokalyptische Predigt Jesu weiter und seien mit der Verkündigung der Auferstehung Jesu nicht vertraut.[254] Während die zuletzt genannte Auffassung am apokalyptischen Charakter des ältesten Christentums (und der Verkündigung Jesu) scheitert (s. unten, S. 154), bleibt die zuerst genannte These eine ernsthaft zu erwägende Möglichkeit.

V. 25a: »Wir haben den Herrn gesehen« nimmt »als sie den Herrn sahen« (20,20b) auf und ist entsprechend dem Wort Maria Madgalenas in 20,18 formuliert.

V. 25b: Die von Thomas aufgestellten Bedingungen beziehen sich auf 20,20a zurück. Eine Verwendung von Nägeln bei der Kreuzigung Jesu findet sich nur noch PetrEv 6,21 und geht wohl auf Ps 21,17 (LXX) zurück, wo es heißt: »Sie durchbohrten meine Hände und Füße.«

V. 26a: Durch die Zeitangabe »nach acht Tagen« wird die erneute Zusammenkunft der Jünger wie schon die erste (vgl. V. 19) auf einen Sonntag datiert.

V. 26b: Der Inhalt stimmt fast wörtlich mit 20,19b überein; das Motiv der verschlossenen Türen stammt aus 20,19a.

V. 27: Die Aufforderung Jesu entspricht dem Vorbehalt des Thomas aus V. 25b. War dem Evangelisten zufolge schon der Irdische allwissend (vgl. z.B. 1,42), so ist es der Auferstandene erst recht. (Zur Betastung als Mittel, sich von der Realität des Leibes Jesu und der Identität seiner Person zu überzeugen, vgl. Lk 24,39-43.)

V. 28: Thomas geht auf das Angebot Jesu nicht ein. Statt dessen legt er ein dem Auferstandenen gegenüber voll angemessenes Bekenntnis ab (vgl. 11,27), das in Jesus Gott selber sieht. Der Ausruf »Mein Herr und mein Gott!« spannt einen Bogen zu 1,1.18.[255]

V. 29a: Die Frage Jesu ist ähnlich wie 1,50 formuliert; ihr vorwurfsvoller Ton entspricht 3,10; 6,61 und 14,9a.

V. 29b: Diese Seligpreisung, die dem Gedankengang von 4,48 korrespondiert, ist das letzte Wort, das der auferstandene Jesus dem Evangelisten zufolge spricht. Die Problematisierung des Verhältnisses von »glauben« und »sehen« ist für den Evangelisten typisch (vgl. 6,30.36; u.ö.).

Ertrag: Die Erzählung vom zweifelnden Thomas spiegelt ein Spätstadium innerhalb der frühchristlichen Erzähltradition von der Auferstehung Jesu. Eine genetische Beziehung zu den ursprünglichen Osterereignissen hat sie nicht. Anscheinend wird in ihr antidoketisches Interesse sichtbar.[256] Man wird sie wegen ihres sekundären Rückbezuges auf Joh 20,19-23 am ehesten für eine redaktionelle Bildung des Vf.s halten. Mit Anton Dauer können wir folgendes Fazit ziehen:

> »An der Gestalt des Thomas hat der Evangelist das Motiv des Jüngerunglaubens, seiner Überwindung durch die Begegnung mit dem Auferstandenen und die Behandlung der problematischen Frage nach dem Wert eines solchen Glaubens aufgehängt.«[257]

3.6.3. Joh 21,1-14: Jesu Erscheinung am See von Tiberias

Das ganze Kap. 21 ist von den Bearbeitern, die das JohEv herausgegeben haben, angefügt worden. Dafür sprechen vor allem folgende Gründe: a) 20,30f ist ein ausdrücklicher Buchschluss. b) 21,3 zufolge gehen die Jünger dem Fischerberuf nach. Das ist angesichts der neuen Aufgaben, die ihnen von Jesus in 20,21-23 zugewiesen wurden, eine abwegige Vorstellung. c) Der Erscheinung Jesu in 20,26-29 kann im Werk des Evangelisten keine weitere folgen, denn von nun an gilt: »Selig sind, die nicht sehen und doch glauben!« (20,29). d) Die Einsetzung des Petrus in die kirchliche Führungsposition (21,15-17) passt nicht zu der Vollmachtsübertragung an alle Jünger (20,21-23). e) In 21,24 unterscheidet sich eine »Wir«-Gruppe selbst ausdrücklich vom (angeblichen) Autor des Buches. f) Kap. 21 weicht in sprachlich-stilistischer Hinsicht von Kap. 1-20 ab.

Der Kursivdruck und der Ausdruck »Redaktion« beziehen sich im folgenden nicht auf die Redaktionsarbeit des Evangelisten, sondern auf die der nachträglichen Bearbeiter bzw. Herausgeber. Diese wiederum sollen nun als »Verfasser« (Vf.) bezeichnet werden.

Übersetzung

(1) *Danach offenbarte sich Jesus seinen Jüngern nochmals* am See von Tiberias. *Er offenbarte (sich) aber so:*

(2) Es waren zusammen Simon Petrus *und Thomas, genannt Didymus, und Nathanael aus Kana in Galiläa* und die (Söhne) des Zebedäus *und zwei andere von seinen Jüngern.* (3) Sagt ihnen Simon Petrus: »Ich gehe fischen.« Sie sagen ihm: »Auch wir kommen mit dir.« Sie gingen hinaus und stiegen in das Boot, und in jener Nacht fingen sie nichts. (4a) Als es aber schon Morgen wurde, trat Jesus an das Ufer. (b) Doch wussten die Jünger nicht, dass es Jesus war. (5) *Da sagt ihnen Jesus: »Kinder, habt ihr keine (Fisch) Zukost?« Sie antworteten ihm: »Nein.«* (6) Er aber sagte ihnen: »Werft auf der rechten Seite des Bootes das Netz aus, und ihr werdet fündig werden!« Sie warfen nun (das Netz) aus, und sie vermochten es nicht mehr zu ziehen wegen der Menge der Fische. (7) *Da sagt jener Jünger, den Jesus liebte, zu Petrus: »Es ist der Herr.« Simon Petrus nun, als er hörte, dass es der Herr sei, gürtete sich das Obergewand um, denn er war nackt, und warf sich in den See.*

(8) Die *anderen* Jünger aber kamen mit dem Boot, denn sie waren nicht weit vom Land entfernt, sondern (nur) etwa zweihundert Ellen, *und schleppten das Fischnetz.* (9) Als sie nun an Land gingen, sehen sie ein Kohlenfeuer daliegen und Bratfisch darauf liegen und Brot. (10) *Sagt ihnen Jesus:*

113

»Bringt jetzt von den Fischen, die ihr gefangen habt!« (11) <u>Simon Petrus nun stieg hinauf und zog das Netz an Land, gefüllt mit hundertdreiundfünfzig großen Fischen. Und obwohl es so viele waren, zerriss das Netz nicht.</u> (12a) Sagt ihnen Jesus: »Kommt, frühstückt!« (b) Niemand aber von den Jüngern wagte ihn zu fragen: »Wer bist du?« (c) *Denn sie wussten, dass es der Herr ist.* (13) Jesus kommt und nimmt das Brot und gibt es ihnen, und ebenso den Bratfisch.

(14) *Das war das dritte Mal, dass Jesus sich den Jüngern offenbarte, nachdem er von (den) Toten auferweckt worden war.*

Erzählabsicht und verwendete Überlieferungen

Der Abschnitt zeichnet sich durch mancherlei Ungereimtheiten aus. Nur zwei besonders auffällige seien hier genannt: a) Angesichts des Fehlens einer Fischbeilage fordert Jesus V. 5f zufolge die Jünger zum Auswerfen des Netzes an der glückversprechenden rechten Seite auf; in V. 9 ist dann aber bereits Bratfisch vorhanden, bevor der wunderbare Fang an Land gebracht wird. b) Lt. V. 7 wirft Petrus sich offenbar deshalb in den See, weil er möglichst schnell zu Jesus gelangen will; V. 11 setzt jedoch voraus, dass er erst später als die übrigen Jünger an Land kommt – und das, obwohl diese ein so prall gefülltes Netz bei sich haben, dass sie es nicht mehr ziehen können (V. 6).

Diese und weitere Unstimmigkeiten resultieren wahrscheinlich daraus, dass die Vf. von Kap. 21 in V. 1-14 zwei unterschiedliche Traditionen ineinander geschoben und durch redaktionelle Zutaten, die in der Übersetzung kursiv gesetzt wurden, verkittet haben: zum einen die Geschichte über einen wunderbaren Fischfang und zum anderen eine österliche Wiedererkennungslegende. In der Übersetzung ist die (wahrscheinlich vollständig erhaltene) Fischfangerzählung, eine traditionsgeschichtliche Variante von Lk 5,4b-7.9.11a, einfach unterstrichen. Zu der offenbar nur noch fragmentarisch erhaltenen Wiedererkennungslegende sind die punktierten Textteile zu zählen.

V. 1: Dieser Vers bildet zusammen mit V. 14 den Rahmen der Geschichte und geht im wesentlichen auf die Vf. von Kap. 21 zurück (»danach« und »nochmals« setzen die vorangehenden Ostergeschichten voraus.

V. 2: Die Zebedaiden, die im JohEv nur an dieser Stelle erscheinen, sowie Petrus dürften ursprünglich zur Fischfangtradition gehören (vgl. Lk 5,4.10). Thomas (vgl. 20,24) und Nathanael (vgl. 1,45-49) sind ihnen dagegen erst von den Vf. an die Seite gestellt worden. Das gleiche gilt für die beiden nicht namentlich genannten anderen Jünger (»von seinen Jüngern« bezieht sich auf V. 1 zurück). Insgesamt sind damit sieben Jünger anwesend. Diese Zahl soll möglicherweise die künftige Kirche symbolisieren (vgl. die sieben Gemeinden in Offb 2-3).

V. 3: Durch die Schilderung des erfolglosen Fischfangs (vgl. Lk 5,5) wird die Voraussetzung für das Wunder geschaffen.

V. 4a: Nach dem nächtlichen Misserfolg tritt der Wundertäter am Morgen ans Ufer.

V. 4b: Die Jünger erkennen Jesus nicht (vgl. 20,14; Lk 24,16). Dieses Motiv ist nur in einer Ostererzählung, nicht aber in einer Wundergeschichte sinnvoll. Daher dürfte in V. 4b ein Teil der Wiedererkennungslegende vorliegen. Ihr Anfang ist freilich durch die Verkoppelung mit der Fischfangtradition weggebrochen. Wahrscheinlich bestand er lediglich in einer Notiz darüber, dass Jesus ans Ufer trat und auf irgendeine Weise mit den auf dem See befindlichen Jüngern Kontakt aufnahm. Dabei dürfte die Ähnlichkeit der jeweiligen Expositionen (Jesus steht am Ufer, die Jünger fischen) die Kombination der Wiedererkennungslegende mit der Fischfangerzählung begünstigt haben.

V. 5: Dieser Vers dient der Verknüpfung der beiden Traditionen. Bewusst wird dabei der Begriff (Fisch-)*Zukost* gewählt. Denn dadurch wird die Spannung zu V. 9, dem zufolge bereits Bratfisch auf dem Kohlenfeuer liegt, ein wenig abgemildert. Die vertrauliche Anrede »Kinder« erscheint im Neuen Testament nur noch in 1Joh 2,14.18 und ist somit ein zusätzliches Argument für den sekundären Charakter dieses Verses.

V. 6: Hier wurde ursprünglich V. 4a fortgeführt (ohne »aber«). In aller Kürze berichtet der Vers von der Vorbereitung und vom Eintritt des Fischwunders (vgl. Lk 5,4.6).

V. 7: Dieser Vers geht vollständig auf die Vf. von Kap. 21 zurück. Ebenso wie in 20,4.8 betonen sie den Vorsprung, den der Lieblingsjünger vor Petrus hat: Er erkennt Jesus als erster (vgl. 13,23-26a).

V. 8-9: Die Wiedererkennungslegende aus V. 4b wird fortgesetzt: Veranlasst durch den Wink oder den Ruf des unerkannten Mannes, machen sich die Jünger auf den Weg zum etwa 90 Meter entfernten Ufer und finden dort eine vollständig zubereitete Mahlzeit vor. Durch die Einschaltung von V. 7 bedingt ist lediglich die Rede von den »anderen Jüngern« (statt von »den Jüngern«). Aber auch V. 8 Ende (»und schleppten das Fischnetz«) dürfte redaktionell sein; er dient wiederum der Verknüpfung der beiden Traditionen.

V. 10: Jesus sorgt dafür, dass bei der schon längst zubereiteten Mahlzeit auch ein paar Fische aus dem wunderbaren Fang verwendet werden. So entsteht der Eindruck, dass das Fischwunder doch nicht ganz überflüssig war.

V. 11: Die an alle gerichtete Aufforderung zum Herbeibringen der Fische (V. 10) wird allein von Petrus befolgt – allerdings nur unzureichend; denn anstatt mit dem Fang sofort zum Feuer zu eilen, zählt Petrus lediglich die Fische und stellt die Unversehrtheit des Netzes fest. Dies deutet darauf hin, dass in V. 11 der Abschluss der Fischfangtradition vorliegt: Petrus steigt an Land, zieht das übervolle Netz (V. 6) zu sich herauf und konstatiert das Wunder.

V. 12a: Die Aufforderung zum Frühstück folgte in der Osterlegende unmittelbar auf V. 9.

V. 12b: Dass die Jünger sich nicht zu fragen trauen, wer der geheimnisvolle Gastgeber sei, zeigt: Sie haben Jesus immer noch nicht erkannt (vgl. V. 4b).

V. 12c: Dieser Versteil steht in Spannung zu V. 12b: Wenn nun plötzlich doch alle wissen, um wen es sich bei dem Gastgeber handelt, besteht kein Grund, sich nach seiner Identität zu erkundigen, und erst recht kein Grund, vor dieser Frage Hemmungen zu haben.

V. 13: In Lk 24,30f werden den beiden Emmausjüngern die Augen geöffnet, als Jesus vor ihnen das Brot bricht. Wahrscheinlich verhielt es sich in der vorliegenden Wiedererkennungsgeschichte genauso. Die Vf. von Kap. 21 dürften also den ursprünglichen Abschluss der Erzählung (etwa: »Da erkennen die Jünger, dass es der Herr ist«) durch V. 12c ersetzt haben. Die Umformulierung und Verschiebung des Verses vor V. 13 war nötig, weil die Vf. ja schon in V. 7 den Lieblingsjünger die Identität Jesu hatten feststellen lassen.

V. 14: Dieser Vers bildet den hinteren Rahmen der Geschichte und geht ganz auf die Vf. zurück (vgl. V. 1). Wenn die Erscheinung V. 2-13 als die dritte bezeichnet wird, dann war 20,19-23 die erste und 20,26-29 die zweite. Die Erscheinung vor Maria Magdalena (20,14-17) wird wohl deshalb nicht mitgezählt, weil sie keine Erscheinung vor »Jüngern« war.

Weder das Fischwunder noch die österliche Mahlszene sind geschichtlich.

3.6.4. Joh 21,15-19: Der Auferstandene und Simon Petrus

Übersetzung

(15) *Als sie nun gefrühstückt hatten, sagt Jesus (zu) Simon Petrus:* »*Simon, (Sohn) des Johannes, liebst du mich mehr als diese?*« *Er sagt ihm:* »*Ja, Herr, du weißt, dass ich dich liebhabe.*« *Er sagt ihm:* »*Weide meine Lämmer!*«
(16) *Er sagt ihm wiederum, zum zweiten Mal:* »*Simon, (Sohn) des Johannes, liebst du mich?*« *Er sagt ihm:* »*Ja, Herr, du weißt, dass ich dich liebhabe.*« *Er sagt ihm:* »*Hüte meine Schafe!*«
(17) *Er sagt ihm zum dritten Mal:* »*Simon, (Sohn) des Johannes. Hast du mich lieb?*« *Petrus wurde traurig, weil er ihm zum dritten Mal gesagt hatte:* »*Hast du mich lieb?*« *Und er sagt ihm:* »*Herr, du weißt alles. Du weißt, dass ich dich liebhabe.*« *Sagt ihm Jesus:* »*Weide meine Schafe!*
(18) *Amen, amen, ich sage dir: Als du jünger warst, gürtetest du dich selbst und gingst, wohin du wolltest. Wenn du aber alt geworden bist, wirst du deine Hände ausstrecken, und ein anderer wird dich gürten und dich führen, wohin du nicht willst.*« (19a) *Das aber sagte er, um anzudeuten, mit welchem Tod er Gott verherrlichen sollte. (b) Und nachdem er das gesagt hat, sagt er ihm:* »*Folge mir nach!*«

Erzählabsicht und verwendete Überlieferungen

Der zweite Abschnitt des Nachtragskapitels ist durch die szenische Angabe »als sie nun gefrühstückt hatten«, die sich auf 21,12f zurückbezieht, mit dem vorangehenden locker verknüpft. Er erzählt die Rehabilitierung des durch die Verleugnung kompromittierten Petrus.

V. 15-17: Diese Verse sind einheitlich strukturiert. Dreimal fragt Jesus Simon Petrus, den Sohn des Johannes (vgl. 1,42), ob er ihn liebe, und dreimal bestätigt Petrus dies. Seinen Antworten folgt jeweils ein Befehl Jesu, mit dem er zum Hirten der Schafe (vgl. den Nachtrag 10,1-18), d.h. zum Leiter der Kirche, eingesetzt wird. Das dreimalige Ja des Petrus korrespondiert mit seiner dreifachen Verleugnung im Hof des Hohenpriesters (18,17.25-27), und durch die dreimal wiederholte Beauftragung wird Petrus von dieser schweren Schuld entlastet.

V. 18: Der dritte Redegang wird weitergeführt, indem Jesus den Tod des Petrus voraussagt.

V. 19a: Der in Anlehnung an 12,33 bzw. 18,32 formulierte Kommentar besagt, dass seine spezielle Todesart eine besondere Auszeichnung des Petrus ist. Offenbar ist vorausgesetzt, dass auch er gekreuzigt wurde.

V. 19b: Jesus ergänzt den Auftrag zur Führung und Behütung der Gemeinde durch die Aufforderung zur persönlichen Nachfolge (vgl. 1,43), die wegen V. 18-19a auch als Ruf zur Nachfolge ins Martyrium zu verstehen ist (vgl. 13,36).

Ertrag: Die direkten und indirekten Rückbezüge auf 1,42; 10,1-18; 13,36-38 und 18,17.25-27 zeigen, dass die Szene von den Vf.n des Nachtragskapitels fingiert wurde. Ihre Absicht ist es, die kirchliche Führungsposition, die Petrus trotz der Verleugnung seines Herrn innehat, auf den Auferstandenen zurückzuführen (vgl. Mt 16,17-19; Lk 22,32).

Historisches

Die Szene ist ungeschichtlich.

3.6.5. Joh 21,20-24: Petrus und der Lieblingsjünger

Übersetzung

(20) *Petrus wendet sich um und sieht den Jünger, den Jesus liebte, folgen, der auch bei dem Gastmahl an seiner Brust*

gelegen und gesagt hatte: »*Herr, wer ist es, der dich auslie-
fert?*« (21) *Diesen nun sieht Petrus und sagt (zu) Jesus:*
»*Herr, was (soll) aber dieser?*« (22) *Sagt ihm Jesus:* »*Wenn
ich will, dass er bleibt, bis ich komme, was (geht es) dich an?
Du folge mir nach!*« (23a) *Dieses Wort nun ging zu den
Brüdern aus:* »*Jener Jünger stirbt nicht.*« (b) *Aber Jesus hatte
ihm nicht gesagt, dass er nicht sterbe, sondern:* »*Wenn ich
will, dass er bleibt, bis ich komme, was (geht es) dich an?*«

(24) *Dieser ist der Jünger, der Zeugnis für dies ablegt und der
dies geschrieben hat, und wir wissen, dass sein Zeugnis wahr
ist.*

Erzählabsicht und verwendete Überlieferung

Das Stück bildet den Abschluss des Nachtragskapitels. (21,25 ist
wahrscheinlich ein noch späterer Zusatz.) V. 20-23 nehmen nach
13,23-26a; 20,3-10 und 21,7 ein weiteres Mal die Frage in den Blick,
in welchem Verhältnis der Lieblingsjünger zu Petrus steht. V. 24 enthält den zweiten Buchschluss.

V. 20: Nach dem Gespräch mit Jesus 21,15-19 wendet sich Petrus
um und sieht den Lieblingsjünger folgen, auf dessen Anwesenheit
beim letzten Mahl ausdrücklich verwiesen wird (vgl. 13,2.23-26a).

V. 21: Wenn Petrus mit der Leitung der Kirche beauftragt ist, welche Bedeutung kommt dann dem Lieblingsjünger zu?

V. 22: Jesus weist die Frage des Petrus ab. Es gehe ihn nichts an,
falls der Lieblingsjünger (am Leben) bleibe, bis Jesus (bei der
Parusie) komme. Alles, worauf es für Petrus ankommt, ist ihm vielmehr bereits gesagt, und so kann Jesus den Nachfolgeruf aus V. 19b
nur wiederholen. Damit wird deutlich, dass der Lieblingsjünger un-
beschadet der gesamtkirchlichen Führungsstellung des Petrus in
einer engen und herausragenden Beziehung zu Jesus steht.

V. 23a: Die Vf. zitieren ein in der Gemeinde umlaufendes Gerücht: Man habe angenommen, Jesus habe dem Lieblingsjünger das
Überleben bis zur Parusie verheißen.

V. 23b: Es wird ausdrücklich klargestellt, dass diese Annahme ein
Missverständnis gewesen sei: Jesus hat nicht das Überleben des
Lieblingsjüngers vorausgesagt, sondern es lediglich als möglich be-
zeichnet. Das deckt sich mit dem, was in V. 22 berichtet wurde.

V. 24: Dieser Vers lüftet das Geheimnis des Lieblingsjüngers: Er ist der Autor des Buches. Trotz seines (in V. 23 vorausgesetzten) Todes ist er somit weiter der Garant der joh Gemeinde. Mit dem JohEv selbst besitzt die Gemeinde das schriftliche Zeugnis eines wahrhaften Augenzeugen und zuverlässigen Gewährsmannes. Während Petrus den Märtyrertod sterben muss, bleibt der geliebte Jünger in diesem Buch lebendig.

Ergebnis

Der Abschnitt geht vollständig auf die Vf. von Kap. 21 zurück. Dabei dienen V. 20-23 zweifellos der Entkräftung des in V. 23a zitierten Wortes. Offenbar war die zeitliche Abfolge des »Jesuswortes« V. 22 und des »Missverständnisses« V. 23a in Wirklichkeit genau umgekehrt: Zuerst kam in der Gemeinde – wahrscheinlich aufgrund des fortgeschrittenen Alters der Person, die sich hinter dem Lieblingsjünger verbirgt – das Wort auf: »Jener Jünger stirbt nicht« (V. 23a), und dieses Wort wurde sogleich auf Jesus zurückgeführt. Als der Jünger schließlich doch starb, musste es korrigiert werden. Erst dann wurde gesagt, Jesus habe lediglich die Möglichkeit des Überlebens dieses Jüngers in Betracht gezogen (V. 22.23b).

Historisches

Der geschichtliche Ertrag ist gleich Null.

3.7. Die Ostererzählungen im Petrusevangelium[258]

3.7.1. PetrEv 12,50-13,57: Die Frauen im Grabe

Übersetzung

(12,50) Früh am Herrentag aber nahm Maria Magdalena, die Jüngerin des **Herrn** – <u>aus Furcht</u> vor den ***Juden***, da diese vor Zorn glühten, hatte sie am Grab des **Herrn** nicht getan, was die Frauen den lieben Verstorbenen zu tun pflegen – (12,51) ihre Freundinnen mit sich und kam zum Grab, in das er gelegt worden war. (12,52) Und sie <u>fürchteten, dass sie</u> die *Juden* <u>sehen</u>, und sie sprachen:»Wenn wir auch an jenem Tag, da er gekreuzigt wurde, nicht <u>weinen und klagen</u> konnten, so wollen wir das wenigstens jetzt an seinem Grabe tun. (12,53) Wer aber wird uns auch den Stein, der vor den Eingang des Grabes gelegt ist, wegwälzen, dass wir hineingehen können und uns neben ihn setzen und tun, was sich gehört? (12,54) Denn groß war der Stein, und wir <u>fürchten, dass uns</u> jemand <u>sieht</u>. Und wenn wir das nicht können, so wollen wir doch, was wir mitbringen, ihm zum Gedächtnis am Eingang niederlegen. Lasst uns also <u>weinen und klagen</u>, bis wir nach Hause gehen.« (13,55) Und als sie dort waren, fanden sie das Grab geöffnet, und als sie näher traten, schauten sie hinein und sahen da einen Jüngling mitten im Grabe sitzen, schön und mit einem glänzenden Gewand bekleidet, der zu ihnen sagte: (13,56)»Warum seid ihr gekommen, wen sucht ihr, etwa jenen Gekreuzigten? *Er ist auferstanden und fortgegangen.* Wenn ihr es aber nicht glaubt, so schaut hinein und seht den Ort, wo er lag, und überzeugt euch, dass er nicht da ist, denn *er ist auferstanden und fortgegangen* dorthin, von wo er gesandt war.« (13,57) Da fürchteten sich die Frauen und flohen.

Erläuterung

Zu Entdeckung, Inhalt und Alter des PetrEv s. oben, S. 47. Die verschiedenen Markierungen in der Übersetzung weisen auf Wiederholungen hin und geben ersten Aufschluss über die Schichtung des Textes.

12,50: »Früh« erscheint so nur noch Lk 24,1. Der Herrentag ist im PetrEv (vgl. noch 9,35) ebenso wie Offb 1,10 bereits technischer Ausdruck, fehlt aber in den kanonischen Evangelien. Ebenso wie bei Joh wird hier Maria Magdalena genannt. Das Wort »Jüngerin« erscheint im NT nur noch Apg 9,36. Zu »Furcht vor den Juden« vgl. Joh 7,13; 9,22; 19,38a; 20,19.

12,51: Maria Magdalena bleibt die Hauptperson, da die Namen ihrer Freundinnen nicht genannt werden.

12,52: »Grab« (*mnema*) kommt nur noch in Lk 23,53 und 24,1 vor. Das Selbstgespäch der Frauen setzt Mk 15,40-41 voraus.

12,53: Die Frage der Frauen entspricht fast wörtlich der in Mk 16,3; »tun, was sich gehört« erläutert 12,52. Die Frauen haben die Aufgabe, den Tod des geliebten Verstorbenen zu beklagen.

12,54: Der Hinweis auf den großen Stein erinnert an Mk 16,4. Die Furcht der Frauen war auch schon 12,52 genannt worden. Der zweite Versteil hebt noch einmal die Aufgabe der Frauen hervor: zu weinen und zu klagen.

13,55: Vgl. Mk 16,5.

13,56: Vgl. Mk 16,6 und Mt 28,5f. Man beachte, dass der (kursiv gesetzte) Satz »er ist auferstanden und fortgegangen« zweimal vorkommt. Der Schluss klingt johanneisch (s. Joh 16,5; vgl. aber auch Joh 13,1.3; 16,28.)

13,57: Dies entspricht Mk 16,8 ohne die Bemerkung, dass die Frauen niemandem etwas sagten.

3.7.2. PetrEv 14, 58-60: Jesus erscheint den Jüngern in Galiläa (Fragment)

Übersetzung

(14,58) Es war aber der letzte Tag der ungesäuerten Brote, und viele gingen hinaus und kehrten nach Hause zurück, nachdem das Fest beendigt war. (14,59) Wir aber, die zwölf Jünger des **Herrn**, weinten und trauerten, und voller Trauer über das, was geschehen war, ging ein jeder nach Hause. (14,60) Ich aber, Simon Petrus, und mein Bruder Andreas nahmen unsere Netze und gingen zum See. Und es war mit uns Levi, der Sohn des Alphäus, den der **Herr** ...

14,58: Der Inhalt dieses Verses hat keine Parallele in den kanonischen Evangelien. Er bereitet den Leser darauf vor, dass die Jünger in ihre Heimat, Galiläa, zurückkehrten.

14,59: Die Trauer der zwölf Apostel entspricht der der Frauen (vgl. 12,52 und 12,54). »12 Apostel« ist ein fester Begriff, ohne dass der Verräter Judas in den Blick kommt. Die Erscheinung wird ebenso wie bei Mt in Galiläa erfolgen (vgl. »nach Hause«).

14,60: Man muss erwarten, dass etwas Ähnliches wie in Joh 21 erzählt worden ist. Damit steht gleichzeitig fest, dass das PetrEv von keiner Erscheinung vor Frauen berichtet hat. Die Wendung »ich aber, Simon Petrus« rechtfertigt den Namen »PetrEv« für die ganze Schrift.

Ergebnis

In den beiden vorliegenden Textabschnitten liegen ausschließlich Reminiszenzen an die kanonischen Evangelien vor und nicht, wie noch in der Erzählung vom Heraustreten Jesu aus dem Grabe (s. oben, S. 79-82), ein Reflex einer vorsynoptischen Überlieferung. Die These Harnacks: »Besäßen wir den Schluss des Evangeliums noch, hätten wir wahrscheinlich in ihm den relativ zuverlässigsten Bericht über die Erscheinung Jesu, die Paulus und Lucas nur eben so erwähnen«[259], dürfte zu optimistisch sein und unterschätzt den insgesamt jüngeren Charakter dieses Evangeliums.

3.8. Die Ostererzählungen in der Epistula Apostolorum

Die Epistula Apostolorum (= EpAp), der Brief der Apostel, ist eine »Mischform aus Brief, Evangelium und Offenbarungsrede«[260]. Er stammt aus der Mitte des 2. Jh.s und will der gesamten Christenheit die Offenbarungen des Auferstandenen mitteilen, um sie gegen die Falschapostel Simon und Kerinth zu wappnen. Die Originalsprache ist griechisch, doch ist nur eine fragmentarische koptische Übersetzung und eine jüngere äthiopische Version erhalten. Die Erzählung des Briefes über das leere Grab und die Erscheinungen vor den Jüngern ähneln den neutestamentlichen Berichten. Ich will sie daraufhin untersuchen, ob sie ältere Tradition enthalten und welches Stadium der frühchristlichen Osterlegende sie widerspiegeln.[261]

3.8.1. EpAp 9,4-10,2: Die Frauen im Grabe und die Erscheinung Jesu

Übersetzung[262]

(9,4) Sie gingen zu jenem Ort, zählend drei Frauen, Maria, die zu Martha gehörende, und Martha und Maria Magdalena (9,5) Sie nahmen Salbe, um sie auf seinen Leib zu gießen, indem sie *weinten* und trauerten über das, was geschehen war. (9,6) Als sie sich aber dem Grab näherten, blickten sie hinein; sie fanden den Leib nicht.

(10,1) Als sie aber trauerten und *weinten*, erschien ihnen der HERR. Er sprach zu ihnen: »Um wen *weint* ihr? Fahrt nun nicht fort zu *weinen*! Ich bin es nach dem ihr sucht. (10,2) Aber eine von euch soll zu euren Brüdern gehen und sagen: ›Kommt, der Lehrer stand auf von den Toten!‹«

Erläuterung

9,4-6: Die Frauen gehen zum Grab, um Jesu Leib zu versorgen und um zu trauern, auch wenn der Leib gar nicht vorhanden ist. Die Sorge, wer ihnen das Grab öffnen kann, spielt keine Rolle mehr. Das Nicht-Finden des Leibes in 9,6 entspricht Lk 24,3.

10,1-2: Der auferstandene Jesus begegnet den Frauen im Grab und sagt – abgesehen von der Selbstidentifikation – etwa das, was ihnen die Engelsgestalt in den synoptischen Evangelien aufträgt. Zu »Brüder« vgl. Mt 28,10; Joh 20,17.

3.8.2. EpAp 10,3-11,1: Der Unglaube der Jünger gegenüber dem Zeugnis der Frauen

Übersetzung

(10,3) **Martha** kam, sie sagte es uns. (10,4) Wir sprachen zu ihr: »Was willst du mit uns, Frau? Dieser, der gestorben ist, wurde begraben, und ist es möglich, dass er lebe?« (10,5) Wir glaubten ihr nicht, dass der Erlöser auferstanden war von den Toten.

(10,6) *Darauf* ging sie zum HERRN, sie sprach zu ihm: »Niemand von ihnen hat mir geglaubt, dass du lebst.« (10,7) Er sprach: »Es möge eine andere von euch hingehen zu ihnen, indem sie dieses wiederum zu ihnen sagt.«

(10,8) **Maria** kam, sie sagte es uns wieder, und wir glaubten ihr nicht.

(10,9) Sie kehrte zurück zum HERRN. Auch sie sagte ihm diese Dinge. (11,1) *Darauf* sprach der HERR zu Maria und auch zu ihren Schwestern: »Lasst uns zu ihnen gehen!«

Erläuterung

Zum Aufbau des Gesamtabschnittes s. die Einzelerläuterungen. Die Bezeichnung Jesu als des Herrn kommt allein dreimal vor.[263]

10,3: Vgl. Lk 24,10.

10,4: Die ausführliche Darstellung des Unglaubens der Jünger ist im Vergleich zu den neutestamentlichen Evangelien singulär.

10,5: Vgl. Lk 24,11.

10,6: Der Vers nimmt 10,5 auf; »leben« ist synonym mit »auferstehen von den Toten« (10,5).

10,7: Der Auftrag Jesu, dass eine andere von den Frauen den ungläubigen Jüngern die Auferstehungsbotschaft ausrichte, treibt die Handlung voran.

10,8: Vgl. die Hervorhebungen im Text. Sie zeigen die Übereinstimmungen mit 10,3 und 10,5 und belegen einen Schematismus in der Darstellung.

10,9-11,1: Dieser Abschnitt findet eine Entsprechung in 10,6-7.

3.8.3. EpAp 11,2-12,4: Jesu Erscheinung vor den Jüngern

Übersetzung

(11,2) Und er kam, er fand uns drinnen. Er rief uns heraus. (11,3) Wir aber dachten, es sei ein Gespenst. Wir glaubten nicht, dass es der HERR ist. (11,4) Darauf sprach er zu uns: »Kommet, fürchtet euch nicht! Ich bin euer Lehrer, dieser auch, den du, Petrus, dreimal verleugnet hast, und jetzt verleugnest du wieder?

(11,5) Wir aber traten zu ihm, zweifelnd in unserem Herzen, dass er es vielleicht nicht ist. (11,6) Da sprach er zu uns: »Weshalb zweifelt ihr noch, seid ihr ungläubig?« Ich bin es, der zu euch gesprochen hat über mein *Fleisch* und mein Sterben und mein Auferstehen. (11,7) Damit Ihr erkennt, dass ich es bin, so lege, Petrus, deine Finger in die Nägelmale meiner Hände, und du selbst, Thomas, lege deine Finger in die Lanzenstiche meiner Seite; du aber, Andreas, betrachte meine Füße, sieh, ob sie nicht die Erde berühren. (11,8) Denn es steht geschrieben im Propheten: »Eines Dämonengespenstes Fuß pflegt nicht zu haften auf der Erde.«

(12,1) Wir aber haben ihn befühlt, so dass wir wahrhaftig erkannten, dass er auferstanden war im *Fleisch*. (12,2) Und wir fielen auf unser Antlitz, indem wir bekannten unsere Sünden, dass wir ungläubig gewesen seien. (12,3) Da sprach der HERR, unser Erlöser: »Erhebet euch, und ich werde euch offenbaren das, was oberhalb der Himmel, und das, was in den Himmeln, und eure Ruhe, die im Himmelreich ist. (12,4) Denn mein Vater hat mir die Vollmacht gegeben, euch hinaufzuführen und die, die an mich glauben.«

Erläuterung

Jesus trifft mit den Jüngern zusammen. Die Frauen sind verschwunden, obwohl sie 11,1 zufolge mit Jesus zu den Jüngern gehen wollten. In drei Gesprächsgängen wird erzählt, wie der Unglaube der Jünger allmählich überwunden wird:

I. 11,2-4: Unglaube, Verweis auf Verleugnung.
II. 11,5-8: Demonstration der Leiblichkeit.
III. 12,1-4: Glaube, Ankündigung von Offenbarungen.[264]

Judith Hartenstein hat die Abhängigkeit dieses Abschnitts vom LkEv und vom JohEv präzise beschrieben:

»Die Schilderung des Zusammentreffens Jesu mit seinen Jüngern ... hat insgesamt große Ähnlichkeit mit Lk 24,36-43, bei beiden wird der Unglaube der Jünger in mehreren Gesprächsgängen und durch verschiedene Argumente Jesu überwunden ... Auch wenn die Erwähnung des Thomas sowie das

Betasten von Händen (explizit Nägelmale wie Joh 20,25) und Seite (EpAp 11,7 nennt sogar den Joh 19,34 geschilderten Lanzenstich) Joh 20,24-29 entspricht, so stimmt doch das Erwähnen der Füße und die ausdrückliche Widerlegung der Geistannahme mit Lk 24,39 überein ... Gerade die Kombination von Erzähldetails aus Lk und Joh in EpAp 11,7, wo sowohl die Hände und Füße aus Lk 24,39 als auch Hände und Seite (mit den Kreuzigungswunden) aus Joh 20,27 vorkommen, zeigt die Kenntnis beider Evangelien.«[265]

Die einzige Besonderheit an dieser Stelle liegt darin, dass die Annahme, Jesus sei ein Dämon, durch ein Prophetenzitat widerlegt wird, demzufolge Füße von Gespenstern nicht auf der Erde haften (11,8). Aber auch dies dürfte durch Lk 24,39 angeregt worden sein. Zu 12,4 vgl. Joh 12,32.

3.9. Rückblick: Zum Verhältnis von Grabes- und Erscheinungstradition

In Kapitel 3 wurden unter Ausgang vom ältesten Text 1Kor 15,3-8 sämtliche Zeugnisse aus dem Umkreis der Auferstehung Jesu analysiert. Ich begann mit den Texten zu seinem Tod, schloss die Untersuchung der Quellen über seine Bestattung an und wandte mich schließlich den Auferweckungs- und Erscheinungstraditionen zu. Darauf folgten Analysen der verschiedenen Geschichten von der Entdeckung des leeren Grabes.

Ein wichtiges Ergebnis des analytischen Teiles lautet: Erscheinungs- und Grabestradition haben ursprünglich nichts miteinander gemeinsam. Jedenfalls wird die älteste Erscheinung nicht am Grab lokalisiert, und die Grabestradition hat zwei Absichten – eine innere und eine äußere. Gegenüber innerchristlichen Einwänden betont sie die leibliche Auferstehung Jesu, gegenüber jüdischen Nachfragen gibt sie eine Antwort auf den Verbleib des Leichnams (Jesus wurde auferweckt!) und stellt zugleich unterschiedlich stark die jüdische Legende vom Leichenraub richtig. In der Folgezeit rücken Grabes- und Erscheinungstradition immer näher zusammen, so dass die Art der ursprünglichen Erscheinung fast unkenntlich wird. Durch Paulus können wir aber eine Vorstellung vom ursprünglichen Geschehen zurückgewinnen. Am Anfang des urchristlichen Osterglaubens standen Visionen des Auferstandenen.[266] Aus ihnen leiteten die urchristlichen Zeugen und selbst Paulus recht bald Aussagen über historische Sachverhalte wie das Leersein des Grabes ab.

Gegen die oben vorgenommene Bestimmung des Verhältnisses von Grabes- und Erscheinungstradition hat seinerzeit Hans von Campenhausen wichtige Argumente vorgebracht, die Wolfhart Pannenberg kürzlich in Kritik an meiner eigenen Rekonstruktion aus dem Jahre 1994 erneuert hat. Darauf möchte ich im folgenden antworten.

Pannenberg und von Campenhausen zufolge ist es »sehr wohl verständlich und zumindest in keiner Weise unnatürlich, daß es zunächst nur ein paar Frauen seines (sc. Jesu) Anhangs gewesen sind, die sich bis zum Grabe vorwagten.«[267] Pannenberg fährt fort:

>»Vor allem wies v. Campenhausen darauf hin, daß das schon 1Kor 15,4 begegnende Datum der Auferweckung Jesu ›am dritten Tag‹ sich ›historisch nur von hier aus erklären‹ lasse, wenn die ersten Erscheinungen des Auferstandenen nicht in Jerusalem, sondern in Galiläa stattgefunden haben.[268] Nicht die ersten Erscheinungen, sondern die Entdeckung des leeren Grabes hätte dann Anlaß zu dieser Zeitangabe gegeben. Eine Entstehung der Zeitangabe ›am dritten Tage‹ aus dem urchristlichen Schriftbeweis ist nach dem Urteil v. Campenhausens angesichts der Mühseligkeit des alttestamentlichen Schriftbeweises für diese Behauptung unwahrscheinlicher als die Annahme, ›daß der *dritte Tag* irgendwie schon vorgegeben war, ehe man ihn im Alten Testament entdecken und daraufhin auch in das Bekenntnis übernehmen konnte.‹[269] Für einen geschichtlichen Ausgangspunkt dieser Angabe eignet sich aber nur die Entdeckung des leeren Grabes Jesu, nicht die Erscheinungen des Auferstandenen, wenn deren erste vermutlich in Galiläa stattgefunden haben.«[270]

Gegen diese These spricht *zum einen*, dass die angebliche Entdeckung des leeren Grabes am dritten Tage nicht mit der Auferweckung am dritten Tage gleichgesetzt werden darf, und *zum anderen*, dass die Erscheinungstradition bereits in der Geschichte vom leeren Grab enthalten ist (vgl. V. 7). Das aber ist ein Hinweis auf ihre zeitliche Priorität.

Dieser Konsequenz entgeht Pannenberg in seinem neuesten Beitrag durch die Annahme einer Konvergenz zwischen der Entdeckung des leeren Grabes durch Frauen in Jerusalem und der Erscheinung Jesu vor Kephas in Galiläa.[271] Er schreibt:

> »(I)n der Tat hat zwar nicht die Nachricht vom leeren Grab für sich allein, wohl aber die Konvergenz einer unabhängig davon entstandenen, auf Galiläa zurückgehenden Erscheinungstradition mit der Jerusalemer Grabestradition erhebliches Gewicht für die historische Urteilsbildung.«[272]

Doch erhebt sich sofort Kritik auch an dieser Konvergenz-Theorie, und zwar nicht wegen des säkularistischen Dogmas, dass Tote nicht auferstehen, sondern weil sie phantastisch ist. Wie soll ich mir solche Konvergenz denn vorstellen? Ist Jesus etwa aus dem Jerusalemer Grab entwichen und zugleich von den Jüngern in Galiläa gesehen worden?

Es muss also dabei bleiben: Am Anfang des urchristlichen Osterglaubens standen Christusvisionen. Das leere Grab kam erst sekundär ins Spiel, sosehr es, wie bereits bei Paulus deutlich wurde, im Auferstehungsbekenntnis mitangelegt war.

4 Der Glaube der frühen Christen an die Auferstehung Jesu – Ursprung und Geschichte einer Selbsttäuschung

Die einzigen wahren Tyrannen der Menschheit sind immer die Schatten der Toten gewesen oder die Einbildungen, die sie sich selbst geschaffen hat.

Gustav Le Bon

Das Christentum steht und fällt mit der Bindung an seinen einmaligen historischen Ursprung.

Gerhard Ebeling

In diesem Kapitel will ich der Frage nach dem Ursprung des Glaubens an die Auferstehung Jesu nachgehen und seine Geschichte im ersten Jahrhundert nacherzählen. Die Ergebnisse der Analysen des vorigen Kapitels haben bereits einige Fingerzeige gegeben: a) die Aussage, Gott hat Jesus von den Toten erweckt, wurzelt in der umstürzenden Erfahrung des Petrus. Die Erfahrungen der anderen Jünger sind durch die des Petrus angestoßen. b) Die einzige andere Person aus dem Urchristentum, die eine ähnliche Primärerfahrung mit dem auferstandenen Jesus gemacht hat, ist Paulus. Daher ist die Frage nach dem Ursprung des Glaubens an die Auferstehung eigentlich die nach dem Ursprung der Erfahrungen des Petrus und der des Paulus. Ich beginne mit Petrus, setze die Analyse mit Paulus fort und erzähle anschließend die Geschichte des frühesten Auferstehungsglaubens. Damit trage ich der Tatsache Rechnung, dass der urchristliche Glaube an die Auferstehung, sosehr er durch Einzelne angestoßen wurde, der Glaube einer Gruppe ist und nicht individualistisch missverstanden werden darf.

4.1. Der Ursprung der Selbsttäuschung

4.1.1. Der Primärzeuge Petrus und seine Vision

4.1.1.1. Die Vision des Petrus

1Kor 15,5a beschreibt die Ersterscheinung vor Petrus, auf die auch der »Osterjubelruf« in Lk 24,34b anspielt.[273] Dies entspricht dem Befund, dass Petrus in der allerersten Zeit der Urgemeinde in Jerusalem die Leitung innehatte. Gal 1,18 zufolge hat Paulus drei Jahre nach der Bekehrung bei Damaskus Kephas in Jerusalem besucht. Ein solcher Besuch erklärt sich am ehesten aus der Absicht des Neukonvertiten, das Oberhaupt der Gemeinde kennen zu lernen. Dass Petrus in diese Position gelangt ist, lässt sich am ehesten als Folge einer Legitimierung durch »den Auferstandenen« plausibel machen. 1Kor 15,5 ist davon ein Reflex und dürfte auf das historisch zu nennende Visionsgeschehen zurückzuführen sein.

Außerhalb von 1Kor 15,5 sind im Neuen Testament keine eindeutigen Zeugnisse für dieses Ereignis auszumachen. Doch liegen Reste in Geschichten vor, die vielleicht in das Leben Jesu zurückdatiert worden sind: Lk 5,1-11/Joh 21 und Mt 16,17-19.

4.1.1.2. Lk 5,1-11: Fragmente der österlichen Vision des Petrus

Übersetzung

(1) *Es geschah aber, als sich die Menge zu ihm drängte und das Wort Gottes hörte, da stand er am Meer Genezareth* (2) *und sah zwei Boote am Ufer liegen; die Fischer aber waren ausgestiegen und wuschen ihre Netze.*

(3) *Da stieg er in eins der Boote, das Simon gehörte, und bat ihn, ein wenig vom Land wegzufahren. Und er setzte sich und lehrte die Volksmenge vom Boot aus.*

(4) *Und als er aufgehört hatte zu reden, sagte er zu* Simon: »Fahre hinaus, wo es tief ist, und werft eure Netze zum Fang aus!« (5) Und Simon antwortete und sagte: »*Meister,* wir haben die ganze Nacht gearbeitet und nichts gefangen; aber

auf dein Wort will ich die Netze auswerfen.« (6) Und als sie das taten, fingen sie *eine große Menge Fische,* und ihre Netze begannen zu reißen. (7) Und sie winkten ihren Gefährten im anderen Boot, sie sollten kommen und mit ihnen ziehen. Und sie kamen und füllten beide Boote voll, so dass sie (fast) sanken. (8) Als das Simon Petrus sah, fiel er Jesus zu Füßen und sagte: »Herr, geh weg von mir! Ich bin ein sündiger Mensch!« (9) Denn *ein Schrecken hatte ihn erfasst* und alle, die bei ihm waren, über diesen Fang, den sie miteinander getan hatten, (10) *ebenso auch Jakobus und Johannes, die Söhne des Zebedäus, Simons Gefährten.* Und Jesus sagte zu Simon: »Fürchte dich nicht! Von nun an wirst du Menschen fangen.«

(11) Und sie brachten die Boote ans Land *und verließen alles und folgten ihm nach.*

Erzählabsicht

Diese Berufungsgeschichte ist – über den Bericht von Kapernaum hinweg – mit der Nazareth-Geschichte (Lk 4,16-30) zusammen zu sehen. Sie bietet die positive Ergänzung zu jener. Die kritische Haltung in der Heimat bildet den Hintergrund für die Darstellung des angemessenen Verhältnisses zu Jesus, das durch Berufung erfolgt.

V. 1-3: Die Verse sind eine auf der Grundlage von Mk 1,16-20 und Mk 4,1f gebildete Exposition. V. 1 enthält die lk Bezeichnung für den See Genezareth, nämlich Meer Genezareth (vgl. im Deutschen das »Steinhuder Meer«). Wieder erscheint – gut redaktionell – die Volksmenge, die sich zu Jesus drängt. »Wort Gottes« (V. 1) erinnert an das zweimalige Vorkommen des Wortes Jesu (4,32.36) in der vorigen Perikope. »Wort Gottes« wird hier zum ersten Mal gebraucht, obwohl Lk auf »das Wort« schon in der Vorrede (Lk 1,2) hinwies. Lk kennt den Ausdruck »das Wort Gottes« aus der christlichen Tradition (vgl. bes. Mk 4,13-20) und vor allem aus der Sprache der (paulinischen) Mission (vgl. 1Thess 1,6-8). Die Nennung der zwei Boote in V. 2 bereitet V. 7 vor.

V. 4: Die Anrede erfolgt zunächst an die Hauptperson, Simon, erst dann an die gesamte Gruppe (vgl. V. 9).

V. 5: Die Schilderung des erfolglosen Bemühens bereitet das in V. 6-7 erzählte große Wunder vor. Zu »Wort« vgl. oben zu V. 1. Der Gehorsam des Petrus ist durch 4,38f vorbereitet.

V. 6-7: Das Wunder des riesigen Fischfangs ist in der Macht des Wortes Jesu begründet.

V. 8: Der Inhalt steht in Spannung zum Vorangehenden. Weder kann Petrus Jesus in einem Boot zu Füßen fallen, das kurz vor dem Sinken steht, noch ihn in dieser Situation auffordern wegzugehen. Das Bekenntnis, ein sündiger Mensch zu sein, passt zudem nicht zum Wunder (s. weiter zu V. 10b).

V. 9-10a: Dies lenkt zum Wunder von V. 6-7 zurück. V. 10a ist ein Nachtrag. Lk fügt auf der Grundlage von Mk 1,19 die Zebedaiden unter diejenigen ein, die über das Wunder staunen. Dabei ist aber angesichts von Joh 21,2 nicht auszuschließen, daß auch die Geschichte, welche die Grundlage von Lk 5,1-11 bildet, die Zebedaiden erwähnte.

V. 10b: Der Halbvers steht in Spannung zum Kontext und bezieht sich auf die Missionstätigkeit Petri nach Ostern. Es bietet sich an, auf der Stufe der Tradition einen Zusammenhang von V. 8 und V. 10b zu vermuten. Der Inhalt der Tradition besteht aus Schuldbekenntnis des Petrus (wegen der Verleugnung Jesu), Wiederannahme und Sendung.

V. 11: V. 11a ist der Abschluss der Fischwundergeschichte. V. 11b steht in Spannung zu V. 10b, wo ja die Aufforderung zur Nachfolge fehlt; er wurde von Lk auf der Grundlage von Mk 1,18 angefügt.

Analyse

Aus den in Lk 5,1-11 enthaltenen Spannungen läßt sich folgender Werdegang der Erzählung rekonstruieren:

a) Die älteste Stufe der Tradition ist eine in V. 4b-7.9.11a enthaltene Wundergeschichte. Sie dürfte in etwa folgenden Wortlaut gehabt haben:

> (4b) (Jesus) sagte zu Simon: »Fahre hinaus, wo es tief ist, und werft eure Netze zum Fang aus!« (5) Und Simon antwortete und sagte: »Wir haben die ganze Nacht gearbeitet und nichts gefangen; aber auf dein Wort will ich die Netze auswerfen.« (6) Und als sie das taten, fingen sie eine große Menge Fische, und ihre Netze begannen zu reißen. (7) Und sie winkten ihren Gefährten im anderen Boot, sie sollten kommen und mit ihnen ziehen. Und sie kamen und füllten beide Boote

voll, so dass sie (fast) sanken. (9) (Etwa: Und es freuten sich) alle, die bei ihm waren, über diesen Fang, den sie miteinander getan hatten. (11a) Und sie brachten die Boote ans Land.

b) Noch vorlukanisch wurde diese Wundergeschichte um V. 8 und V. 10b ergänzt und damit zu einer Ostergeschichte gemacht (vgl. unter Erzählabsicht).

c) Auf Lk gehen V. 1-4a, V. 10a und V. 11b zurück. Dabei hat er alle diese Verse auf der Grundlage von Mk 1,16-20 verfasst.

Zum Verhältnis von Lk 5 zu Joh 21

Der Kern von Lk 5,1-11, die Wundergeschichte Lk 5,4b-9.11a, ist offenbar eine traditionsgeschichtliche Variante zu der Erzählung über den wunderbaren Fischfang in Joh 21,2-4a.6.11, welche die Grundlage von Joh 21,1-14 bildet (s. oben, S. 114). Liegen aber Lk 5 und Joh 21 letztlich Ausformungen ein und derselben Wundergeschichte zugrunde, ergibt sich ein merkwürdiger Befund: Die Vf. von Joh 21 haben die Fischwundererzählung zu einer Ostergeschichte gemacht, und zwar erstens durch die Platzierung im Anschluss an das Auferstehungskapitel Joh 20 und zweitens durch die Verkoppelung mit der österlichen Wiedererkennungslegende Joh 21,4b.8-9.12-13. Demgegenüber hat Lk die Fischwundererzählung bereits in einer zu einer Ostergeschichte umgestalteten Fassung vorgefunden (Lk 5,4b-9.10b-11a) und diese umgekehrt ins Leben Jesu zurückdatiert.

4.1.1.3. Mt 16,17b-19: Die österliche Beauftragung des Petrus

Übersetzung

[Auf das Bekenntnis des Petrus, Jesus sei Christus, der Sohn des lebendigen Gottes, antwortet Jesus:] (17b) »*Selig bist du, Simon Barjona, denn Fleisch und Blut haben dir (das) nicht offenbart, sondern mein Vater in den Himmeln. (18) Und ich sage dir auch: Du bist Stein (Petrus) und auf diesem Gestein will ich meine Gemeinde bauen, und die Pforten der Hölle* sollen sie nicht überwältigen. (19) *Ich werde dir die Schlüssel des Reiches der Himmel geben,* und was du auf der Erde binden wirst, soll auch in den Himmeln gebunden sein, und was du auf der Erde lösen wirst, soll auch in den Himmeln gelöst sein.«

Erzählabsicht

V. 17b: Wegen der Überschneidungen mit Mt 11,25-27 und wegen der Überleitungsfunktion ist der Versteil redaktionell.

V. 18-19: Das traditionelle Stück hat innerhalb des MtEv die Aufgabe, die Autorität der Gemeinde und ihres Leiters, wie besonders aus Mt 18,15-18 hervorgehen wird, zu begründen.

Die benutzte Überlieferung und ihr historischer Wert

Bereits Rudolf Bultmann verfocht mit beachtlichen Gründen das hohe Alter von Mt 16,18-19. Er schreibt, die Gemeinde habe ein Jesuswort tradiert, das die Vollmacht in Sachen der Lehre bzw. der Disziplin dem Petrus zugesprochen habe. Das folge aus den Verben »lösen« und »binden« in V. 19. Der ganze Gedanke von V. 18 weise in die älteste Zeit:

> Die »Gemeinde, deren Autorität Petrus ist, wird in der Endzeit, wenn die Mächte der Unterwelt die Menschen überwältigen, gerettet werden. Hier spricht das eschatologische Bewußtsein der palästinensischen Gemeinde als der Gemeinde der Gerechten der Endzeit.«[274]

Bultmann setzt später seine Überlegungen fort:

> »Die Worte können kaum irgendwo anders als in der palästinensischen Urgemeinde formuliert worden sein, wo man zu Petrus als dem Begründer und Führer der Gemeinde aufsah und dem Auferstandenen die Seligpreisung des Petrus in den Mund legte. ... Wie Joh 20,22f. eine Parallele zu Mt 16,19 ist, so hat die ganze Geschichte vom Messiasbekenntnis eine gewisse Parallele in der Ostergeschichte Joh 21,15-19.«[275]

Diese Sicht Bultmanns hat die seitherige Debatte entscheidend bestimmt. M.E. hat sie sich bis heute behauptet, auch wenn Ulrich Luz[276] wichtige Gegenargumente vorgelegt hat. Er schreibt zu Petrus: »Je mehr man aber seine Vorrangstellung in der Urkirche betont, desto schwieriger wird es, zu verstehen, wieso er aus Jerusalem wegzog und schon z.(ur) Z.(eit) des Apostelkonzils nur eine ... von mehreren Säulen im Bau der Kirche war (Gal 2,9)« (S. 457). Das Wort Mt 16,17-19 sel »am ehesten im Rückblick auf das abgeschlossene Wirken des Petrus formuliert worden« (S. 458). Folgende Texte sollen das begründen: a) Eph 2,20; Offb 21,14; b) die Sachparallele Joh 21,15-17. Zusammenfassend heißt es bei Luz:

> »Petrus wurde nicht ausschließlich durch seine führende Rolle, die er in der Urgemeinde spielte, zur wichtigsten apostolischen Grundgestalt der Kirche. Natürlich war wichtig, daß Petrus auch Ostern die erste Erscheinung hatte und eine zentrale Rolle in der frühesten Jerusalemer Gemeinde spielte. Aber es ist doch erstaunlich, daß es im Neuen Testament keinen ausführlichen Bericht von der Ersterscheinung des Petrus gibt und daß die anfängliche Führungsrolle des Petrus in der Jerusalemer Urgemeinde nur in der späteren Apostelgeschichte wirklich wichtig wird« (S. 470).

Kritik: 1. Luz rechnet zu wenig mit grundlegenden Veränderungen in der Jerusalemer Gemeinde der Frühzeit.[277] 2. Die von Luz genannten Traditionen Eph 2,20; Offb 21,14 sind formelhafter und blasser als die von Bultmann für eine Protophanie in Anspruch genommenen Traditionen. Es bleibt also bei Bultmanns Urteil zu Mt 16,18-19.

Im Vorangehenden ist wahrscheinlich geworden, dass über das Ostererlebnis des Petrus Erzählungen in den Gemeinden umliefen. Anders als bei Paulus heben sie den Anspruch auf die Ersterscheinung hervor und wurden offenbar wegen der sich wandelnden Verhältnisse und der Konkurrenzsituation in der Jerusalemer Urgemeinde »zersagt« und in andere Erzählzusammenhänge gestellt. Trotzdem darf das historische Urteil ausgesprochen werden: Petrus hat (ebenso wie später Paulus) nach Jesu Tod diesen in seiner himmlischen Herrlichkeit geschaut. Mit dieser Vision verband sich im Falle des Petrus der Auftrag zur Reorganisation des Zwölferkreises und zur »Mission«, ja zur Leitung der Kirche, sowie die Verleihung der Vollmacht zur Sündenvergebung.

Inwieweit die letzten drei Punkte historisch Gegenstand der Erscheinung selbst waren oder sich nachträglich aus der Deutung des Petrus ergaben, ist kaum sicher zu sagen. Völlig auszuschließen ist auch nicht, dass letztlich der Wunsch zur Vollmacht und Legitimation die Vision mit hervorrief.

Nun könnte man bei diesen Feststellungen die geschichtliche Rückfrage abbrechen und ein weiteres Nachforschen für historisch unmöglich halten, zumal die Quellenlage ungünstig ist. Indes dürften die Petrustraditionen des Neuen Testaments noch nicht vollständig für die Frage der Ostervision des Petrus ausgeschöpft worden sein. Das gilt besonders für die Überlieferung einer Verleugnung Jesu durch Petrus, die unmittelbar bei der Verhaftung Jesu stattgefunden haben soll. Schon Lk 5,8 wies höchstwahrscheinlich auf diese Tradition. Sollte sie historisch sein, so läge es nahe, Verleugnung und Vision Jesu in eine Beziehung zu setzen und damit ggf. einen besseren Zugang zur petrinischen Vision zu erhalten.

4.1.1.4. Mk 14,54.66-72: Die Vorgeschichte der österlichen Vision. Die Verleugnung Jesu durch Petrus[278]

Übersetzung

(54) Und Petrus folgte ihm von ferne bis hinein in den <u>Hof</u> des Hohenpriesters, und er saß zusammen mit den Dienern und wärmte sich am Feuer.

(66) *Und als Petrus unten im <u>Hof</u> war*, kommt eine von den Mägden des Hohenpriesters. (67) Und als sie Petrus sich wärmen sah, schaute sie ihn an und sagt: »Auch du warst mit dem Nazarener, dem Jesus.« (68) Er aber <u>leugnete</u> und sagte: »Weder weiß noch verstehe ich, was du sagst.« Und er ging hinaus in den Vorhof. (69) Und die Magd sah ihn und begann wiederum, den Dabeistehenden zu sagen: »Dieser ist einer von ihnen.« (70) Und er <u>leugnete</u> wiederum.

Und nach einer kleinen Weile sprachen die Dabeistehenden wiederum zu Petrus: »Wahrhaftig, du bist (einer) von ihnen; denn du bist auch ein Galiläer.« (71) Er aber begann zu fluchen und zu schwören: »Ich kenne den Menschen nicht, von dem ihr redet.« (72) *Und sofort krähte der Hahn zum zweiten Mal. Da erinnerte sich Petrus an das Wort, wie Jesus zu ihm gesagt hatte: »Ehe der Hahn zweimal kräht, wirst du mich dreimal verleugnen.« Und er warf sich nieder und weinte.*

Erzählabsicht und verarbeitete Überlieferungen

V. 54.66-72 beziehen sich auf die Weissagung der Verleugnung des Petrus (V. 30-31) zurück und berichten von ihrer Erfüllung. V. 54, der Beginn der Perikope von der Verleugnung des Petrus, ist von Mk vorgezogen worden, um diese mit der Erzählung von der Verhandlung vor dem Hohen Rat (V. 53.55-65) zu verklammern. Der Halbsatz V. 66a: »Als Petrus unten im Hof war«, nimmt den durch V. 55-56 unterbrochenen Faden wieder auf. Der Sinn der Verknüpfung von Verleugnung und Verhandlung vor dem Hohen Rat besteht darin, das Bekenntnis Jesu in Mk 14,62 und die dreifache, also totale Verleugnung durch Petrus zu kontrastieren. Dies mahnt die Christen, dem Beispiel Jesu im offenen Bekenntnis zu entsprechen.

V. 66-68a: Diese Verse schildern die *erste* Verleugnung. Petrus ist im Hof, wird von einer Magd des Hohenpriesters erkannt und direkt darauf angesprochen, dass auch er mit dem Nazarener Jesus zusammen war. Darauf Petrus: »Weder weiß noch verstehe ich, was du sagst.« Strenggenommen, handelt es sich um eine Verleugnung des Jüngerseins des Petrus und noch nicht um eine Verleugnung Jesu. Doch ist damit die konkrete Verleugnung Jesu in V. 71 vorbereitet.

V. 68b-70a: Der Abschnitt schildert die *zweite* Verleugnung, die im Vorhof stattfindet. Wiederum sieht die Magd Petrus und sagt nun den Beistehenden, dass Petrus zu den Jesusanhängern gehöre. Die Verleugnung wird im Gegensatz zu der ersten nicht ausgemalt, sondern nur konstatiert. Das passt zu dem Befund, dass die Magd die Beistehenden über Petrus nur »informiert« und ihn selbst nicht mehr wie beim ersten Mal anspricht.

V. 70b-71: Das Stück enthält den Bericht von der *dritten* Verleugnung. Diesmal ergreifen die »Dabeistehenden«, denen die Magd die Identität des Petrus vor der zweiten Verleugnung mitgeteilt hatte, die Initiative. Die Behauptung der Dabeistehenden stützt sich darauf, dass Petrus ebenso wie Jesus Galiläer ist. Vorher bekräftigen sie, was die Magd ihnen soeben in V. 69b gesagt hat, und reden

Petrus ausdrücklich an: »Wahrhaftig, du bist einer von ihnen«. Die dritte Verleugnung des Petrus ist durch Fluch und Schwur inhaltlich am stärksten betont. Erst jetzt handelt es sich um eine konkrete Verleugnung Jesu. Damit wird die Verleugnungsansage aus Mk 14,30 erst eigentlich erfüllt.

V. 72: Der Vers verknüpft die Verleugnung in 14,66-71 und ihre Ansage in 14,30 redaktionell eng miteinander. Ebenso wie Jesus im MkEv auf die kommende Verleugnung des Petrus blicken kann, hat er zuvor schon von dem Verrat des Judas[279] und von seinem eigenen Leiden sowie seiner Auferstehung[280] im voraus gewusst.

Die Frage, ob die Mk vorliegende Tradition drei-, zwei- oder eingliedrig war, ist kaum zu entscheiden. Fest steht lediglich, *dass* eine – allerdings nicht sicher auszugrenzende – Tradition vorliegt und dass die Verleugnungtradition einmal isoliert und unabhängig von der Passionsgeschichte umlief. Ferner ist deutlich, dass es sich bei der Dreizahl der Verleugnungen in jedem Fall um eine sekundäre Stilisierung handelt.

Wahrscheinlich wird Petrus selbst von seiner Verleugnung erzählt haben, aber nicht im Zusammenhang einer Darstellung der Leidensgeschichte, sondern in Verbindung mit seiner Ostererfahrung. Als Parallele mag man auf die Art verweisen, wie über die Vergangenheit des Paulus und seine gegenwärtige Evangeliumspredigt berichtet wurde. Gal 1,23 heißt es: »Der uns einst verfolgte, verkündigt nun den Glauben, den er einst zu zerstören trachtete.« Der Vers ist als mündliche Personaltradition zu kennzeichnen, die in den durch Paulus verfolgten syrischen Gemeinden umlief und die ebenfalls in den von ihm gegründeten Kirchen bekannt gewesen sein dürfte. Paulus verweist ja in Gal 1,13 ausdrücklich auf die Tatsache, dass die Galater von seinem Wandel im Judentum gehört haben. Entsprechend wurde im Einst-Jetzt-Schema auch von der Verleugnung des Petrus und seiner Ostererfahrung berichtet. In beiden Fällen handelt es sich offenbar um Personaltraditionen mit hoher historischer Plausibilität.

Historische Elemente

Petrus hat sich in Jerusalem nach der Verhaftung Jesu von seinem Meister distanziert, um sein Leben zu retten. Er war hierin seinen Mitjüngern gleich, die Mk 14,50 zufolge schon vorher die Flucht ergriffen hatten.

Vielleicht hat die Verleugnung eine Vorgeschichte. Ich stelle einige historische Bausteine zusammen.

In Mk 8,33b redet Jesus seinen ersten Jünger Petrus als Satan an. Es heißt dort an Petrus gerichtet: »Geh weg, Satan, denn du hast nicht Gottes Sache im Sinn, sondern des Menschen Sache!« Zunächst ist klar, dass die Nachricht, Jesus habe den ersten Jünger im wahrsten Sinne des Wortes verteufelt, nicht auf die Gemeinde zurückgehen kann. Daher ist dieses Wort echt. Aber in welchen Kontext gehört es?

An anderer Stelle habe ich begründet, dass Jesus mit dem Wort die an ihn von Petrus herangetragene Messiaserwartung zurückgewiesen hat, und zwar im Rahmen einer Kontroverse darüber, ob Jesus der erwartete politische Messias sei, der die Römer aus dem Lande jagen würde. Man stelle sich einmal vor: Der Satan, den Jesus in einer Vision bereits wie einen Blitz vom Himmel hatte fallen sehen (Lk 10,18), trat ihm – so dünkte es ihn – ausgerechnet in der Gestalt seines engsten Jüngers entgegen. Er griff zur Bannung und redete ihn als Satan an.[281] Demnach bestanden schwere Meinungsverschiedenheiten zwischen dem ersten Jünger und Jesus. Diese Auseinandersetzung innerhalb des Jüngerkreises dürfte beim Gang nach Jerusalem ausgebrochen sei.[282]

Ein anderer Jünger, Judas, wirkte sogar bei der Verhaftung Jesu mit.

Vermutlich bestanden im Jüngerkreis um Jesus beim entscheidenden Gang nach Jerusalem erhebliche Spannungen. Es gärte und kam zur Katastrophe. Das Zusammensein wurde durch die Exekution Jesu jäh beendet.

4.1.1.5. Die Ostervision des Petrus – ein Stück Trauerarbeit

Im folgenden sei der Versuch unternommen, auf der Grundlage der noch erkennbaren Biographie des Petrus und der Tatsache seiner Vision Jesu nachzuzeichnen, was sich zwischen Karfreitag und Ostern in seinem Inneren abgespielt hat. Ich bemühe mich darum, unter Heranziehung zeitgenössischer tiefenpsychologischer Forschung zur Trauerarbeit diesen Prozess zu beschreiben, um die Entstehung des Osterglaubens verständlich zu machen.[283]

Für Petrus ist in der Dramatik der Karfreitags- und Verleugnungssituation die Welt zusammengebrochen. Zu Ostern ist dem erschütterten, trauernden Petrus – trotz seiner Verleugnung Jesu und trotz dessen Tod – Jesus noch einmal als redende Person begegnet: er hat ihn »gesehen«.

Dass sich die Situation des Petrus als Trauergeschehen beschreiben lässt, zeigt ein Vergleich mit Berichten von Trauernden, die gelegentlich auch das Element der bildhaften Vergegenwärtigung des verlorenen geliebten Menschen enthalten. Yorick Spiegel[284] führt einige Fälle an:

»Der Trauernde hört die Schritte des Verstorbenen auf der Treppe, hört den Kies vor dem Haus knirschen und glaubt, die Tür öffne sich: ›Ich sah Kay, wie er innerhalb der Haustür stand. Er sah aus, wie er immer aussah, wenn er von der Arbeit zurückkam. Er lächelte, und ich rannte in seine ausgestreckten Arme, wie ich es sonst immer tat, und lehnte mich gegen seine Brust. Ich öffnete die Augen, und das Bild war verschwunden.‹ Eine Mutter, die ein Baby verloren hat, mag es im Halbschlaf weinen hören und zu seinem Bett stürzen, bevor sie realisiert, daß dies alles nur ein Wunsch war.«[285]

»Besonders häufig berichten Kinder, die den Vater oder die Mutter verloren haben, in anschaulicher Weise, wie diese am Bettrand sitzen und mit dem Kinde sprechen. Fast die Hälfte der Patienten, die (Colin Murray) Parkes[286] untersucht hatte, berichteten von ähnlichen Sehstörungen. Oft werden Schatten als Erscheinung des Verstorbenen wahrgenommen.«[287]

»Neben Halluzinationen und Auditionen findet sich fast noch häufiger das Gefühl, der Verstorbene sei präsent. Parkes gegenüber erzählten verwitwete Frauen: ›Ich habe immer noch das Gefühl, er ist in der Nähe, und da ist irgend etwas, was ich für ihn tun soll oder ihm erzählen soll ... Er ist mit mir jederzeit. Ich höre und sehe ihn, obgleich ich weiß, daß er nur eine Vorstellung ist‹; ›wenn ich meine Haare wasche, dann habe ich das Gefühl, er ist da und beschützt mich, im Falle, jemand käme durch die Tür.‹ Für einige ist die Gegenwart des Toten besonders stark an seinem Grab. ... Zu der Kategorie des Mechanismus, durch Abbau der Realitätskontrolle den

Verlust abzuwehren, gehören auch die Träume über den Verstorbenen.«[288]

Weiter sei ein Bericht angeführt, der als Antwort auf eine Erhebung der Zeitschrift »Schweizerischer Beobachter« an die Redaktion geschickt wurde. (Es ging um die Frage, ob die Leser Träume, die sich später bewahrheiteten, Geistererscheinungen, Vorahnungen usw. erlebt hätten.) Der Bericht einer Frau lautet:

»Mit 9 1/2 Jahren habe ich meinen Vater verloren, ich war immer untröstlich und habe viele Jahre noch nach ihm geweint ... Dann in einer Weihnachtsnacht geschah es. Ich war schon im Bett, wollte aber dann in die Christmesse gehen. Es war gerade Zeit, daß ich wieder aufstehen sollte, da bekam ich heftige Bauchschmerzen, mußte liegenbleiben. Kurz darauf hörten sie wieder auf, da war es aber schon zu spät für die Messe. Also blieb ich im Bett, dann hörte ich die Türe gehen und leise Schritte, von einem eigentümlichen Klopfen begleitet, ich war allein in der Wohnung und hatte ziemlich Angst. Dann geschah das Wunderbare, mein Vater selig kam auf mich zu, so schön, so strahlend wie Gold, so durchsichtig wie Nebel; er sah so aus, wie er immer war, ich konnte seine Umrisse genau erkennen, dann machte er halt vor meinem Bett und sah mich so gütig an und lächelte. In mir zog ein tiefer Friede ein, und ich war glücklich wie nie zuvor. Dann ging er wieder.«[289]

In psychoanalytischer Hinsicht mag man sagen: Das Denken kann in der Dramatik der Verlustsituation archaische Züge annehmen. Der Zusammenbruch der Welt des Trauernden setzt in hohem Maße libidinöse und aggressive Energien frei.[290] Oft gewinnt auch die Frage der Schuld in dieser regressiven Phase eine erhöhte Bedeutung.[291] Dabei kann sich ein Abbau der Realitätskontrolle vollziehen, denn das Unbewusste kann sich nicht mit dem Verlust einer geliebten Person abfinden und »benutzt gerade die Organe, die wesentlich an der Bildung des Realitätsprinzips beteiligt sind, um sich eine Scheinbefriedigung zu verschaffen.«[292]

So geurteilt, wäre dann allerdings die Vision des Petrus ein Wahnglaube bzw. Wunschdenken, ja eigentlich Beispiel einer missglückten Trauerarbeit[293], weil sie den Trauerprozess abrupt abschneidet.

Um das Verstehen der »Trauer« und der »Vision« des Petrus zu fördern, sei in diesem Zusammenhang hingewiesen auf Untersuchungen an der Harvard-Universität über Trauerfälle und den damit verbundenen schmerzlichen Verlust.[294] Die Forscher begleiteten 43 Witwen und 19 Witwer bei dem Prozess der Trauer und befragten sie in Abständen von drei Wochen, acht Wochen und dreizehn Monaten nach dem Tod des Partners. Ziel der Arbeit war die Erforschung der Gründe, die eine Verarbeitung der Trauer ermöglichten. Unter anderem ermittelte man drei Faktoren, die eine Trauerarbeit behinderten: 1. einen plötzlichen Tod, 2. eine ambivalente Beziehung zum Verstorbenen, die mit Schuldgefühlen verbunden war, und 3. eine abhängige Beziehung.

Auf die Situation des Petrus und der Jünger bezogen[295], ist festzustellen, dass alle drei Faktoren, die Trauerarbeit erschweren, auf sie zutreffen: 1. Die Kreuzigung Jesu geschah unvorhergesehen und plötzlich.[296] 2. Die Beziehung der Jünger zu Jesus war von Ambivalenz und Schuldgefühlen bestimmt: Judas verriet Jesus und beging anschließend Selbstmord. Die Jünger verließen Jesus fluchtartig und wurden so quasi zu Deserteuren. Petrus verleugnete Jesus und weinte bitterlich. 3. Eine Abhängigkeit der Jünger von Jesus kann darin gesehen werden, dass die meisten Beruf und Heimat verlassen hatten, um mit ihm zu sein. Die Abhängigkeit wurde vielleicht dadurch noch verstärkt, dass die Jesusanhänger eine kleine religiöse Gruppe darstellten, die sich aus ihren ursprünglichen sozialen Strukturen gelöst hatte.

Ein kühner Sprung trug Petrus in die Wahnwelt seiner Wünsche. Er »sah« Jesus und schuf damit die Voraussetzung dafür, dass auch die anderen Jünger Jesus »sehen« konnten. Und nicht nur dies: Einige Jahre später »sah« ein anderer Jude – der spätere Heidenapostel Paulus – Jesus, obwohl er ihn persönlich nie kennen gelernt hatte. Die Folgerungen, die sich daraus ergaben, haben die ganze abendländische Zivilisation zwei Jahrtausende lang bestimmt.

4.1.2. Der Primärzeuge Paulus und seine Vision

4.1.2.1. Nochmals zur Vision des Paulus

Paulus sah sich durch eine Vision des Auferstandenen auf dieselbe Stufe wie die früheren Osterzeugen gestellt. Aus seiner Beschreibung dieses Vorgangs gewannen wir Einblick in die Art der allerersten Erscheinungen des himmlischen Christus. Daran sei hier erinnert (vgl. oben, S. 36-39).

4.1.2.2. Die Vision des Paulus – ein Christuskomplex

Im folgenden werde ich die Frage, warum es Paulus zum christlichen Glauben trieb, durch eine Analyse seiner unbewussten Motive zu erklären versuchen.

Als sicheren Ausgangspunkt nehme ich die Verfolgung der Christen durch Paulus unter Anwendung auch physischer Gewalt. Dieser Kampf könnte so erklärt werden, dass Paulus‹ Eifer einem autoritären Glauben entsprungen ist, nach dem die Lehre der von ihm verfolgten Christen der Ehre Gottes Abbruch tue, die gottgewollte Reinheit der jüdischen Gemeinschaft besudele und daher ausgerottet werden müsse. Vorbildlich dafür war Pinhas, dem solcher Eifer Ps 106 zufolge zur Gerechtigkeit angerechnet wurde.[297] Es ist durchaus plausibel, dass dies ein Grund für das Einschreiten des Paulus war, zumal der Apostel in seiner christlichen Zeit seine Rechtfertigungslehre in derselben Sprache formulierte[298], mit der er zuvor sein Einschreiten gegen die Christen begründet hatte. Doch ist dies nur die Oberfläche dessen, was damals geschah. Zudem erschwert eine solche Sicht, wenn sie als alleiniger Grund für die Aktionen des vorchristlichen Paulus gelten soll, ein Verständnis des mit einer inneren Katastrophe verbundenen *plötzlichen* Umschwungs, der den Verfolger zum Verkündiger machte.

Die vorchristliche Zeit des Paulus, die etwa bis zu seinem 30. Lebensjahr dauerte, war durch einen großen Gesetzeseifer gekennzeichnet, der sich in der Verfolgung von Christen niederschlug.[299] Die Gründe dafür lagen in deren Verkündigung des gekreuzigten Messias, der Tempelkritik und, eng damit verbunden, der im Zusammenleben mit den Heiden(christen) erfolgenden praktischen Außerkraftsetzung der Thora seitens der Hellenisten um Stephanus. Saulus beteiligte sich aktiv an der Verfolgung der Christen, während andere Juden wie »Gamaliel« zum Abwarten rieten.[300] Daraus geht hervor, dass die Predigt der frühen Christen nicht automatisch eine Verfolgung provozierte. Vielmehr wurde sie nur von einer bestimmten jüdischen Gruppe betrieben, zu der auch Saulus gehörte.[301]

Über die Wende vom Christenverfolger zum Christusverkündiger sagen die Quellen wenig, abgesehen davon, dass sie die Tatsache eines plötzlichen Umschwungs feststellen.

Die früher so beliebte Heranziehung von Röm 7 zum Verständnis der Kehrtwende in der Biographie des Paulus ist heutzutage fast überall aufgegeben worden. Paulus zeichnet in diesem Kapitel die Geschichte des Ichs und beschreibt dessen Zerrissenheit vor der Zuwendung zu Christus. In der Regel richten sich drei Argumente gegen ein biographisches Verständnis des Ego:

a) Das Ich ist wie z.B. in den Psalmen eine Stilform; b) Röm 7 ist im Kontext des Röm zu verstehen und gibt in der Form eines Rückblicks eine theologische und keine historische Beschreibung des vorchristlichen Ichs; c) Paulus verrät an anderen Stellen nichts von einem Zwiespalt seines vorchristlichen Lebens. So betont er in Phil 3,6, er sei »nach der Gerechtigkeit, die das Gesetz fordert, untadelig gewesen«. Nun schließen die ersten beiden Punkte ein biographisches Verständnis gar nicht aus. Durch den Hinweis auf die theologische Form dieses Rückblicks ist ja noch nicht notwendig die historische Nachfrage aufgehoben, ob dieser theologischen Interpretation seiner eigenen Biographie nicht doch ein historischer Verlauf entspricht.

Die Zurückweisung des dritten Arguments soll in Auseinandersetzung mit der großen Abhandlung von Martin Hengel über den vorchristlichen Paulus erfolgen.[302] Hengel meint: Phil 3,6 zeige ein völlig gefestigtes Selbstvertrauen des vorchristlichen Paulus.

»So spricht keiner, der von Depressionen heimgesucht wurde. Dieses eindeutige Bekenntnis zeigt, daß der junge Schriftgelehrte Paulus glaubte, den hohen Anforderungen einer vollkommenen Toraobservanz pharisäischer Prägung ohne Einschränkung genügen zu können« (S. 283).

Worauf laufen solche Sätze hinaus? Offenbar wollen sie die angeschnittene Frage im Dunkeln lassen. Doch kann sich ein wirklich historisches Verständnis damit nicht zufrieden geben. Eine historische Arbeit hat doch diese Aussage des Paulus in verschiedener Hinsicht zu untersuchen: Inwieweit ist das Bild, das der Apostel hier von seiner Biographie zeichnet, vom argumentativen Kontext des Phil und dessen historischer Situation bestimmt? Welche Interessen leiten Paulus dabei? Was akzentuiert er? Was vernachlässigt er? Welche Erkenntnismöglichkeiten gibt es?

Hengels Verweis auf Phil 3,6 berücksichtigt zu wenig den argumentativen Charakter des Textes, in dem es dem Apostel darauf ankommt, seine Vollkommenheit in der Erfüllung des Gesetzes herauszustreichen.[303] Außerdem kann man durchaus im Bewusstsein auf seine nomistischen Errungenschaften stolz sein und dabei unbewusst einen Konflikt austragen. Hengel blendet solche differenzierten Möglichkeiten aus.

Es stellt sich die Frage, ob nicht ein tiefenpsychologisches Weiterfragen die historischen Überlegungen anzuregen vermag – dies trotz der Kritik Hengels, nach der man »einfach zu wenig (sc. weiß), um hier die heute allgegenwärtige psychologische Sonde anzusetzen« (S. 284). Denn Hengels eigenes Interesse an dieser vermeintlichen Unmöglichkeit wird in der unmittelbar folgenden Bemerkung sichtbar, wenn er sagt: »und das ist gut so« (ebd.).

Damit komme ich zu einem tiefenpsychologischen Erklärungsversuch, der das Erklären genauso wichtig nimmt wie das Verstehen. Er soll einerseits unser Wissen über die Bekehrung des Saulus vermehren, andererseits aber auch ihre Bedeutung erfassen. Als theoretisches Modell kommt ein psychodynamischer Ansatz in Frage, der Religion als Auseinandersetzung mit dem Unbewussten versteht. Dieses Modell macht aus einer psychologischen Perspektive nachträglich klar und präzisiert weiter, was in lebendig arbeitender historischer Methode bei der Beschäftigung mit dem Phänomen der Bekehrung des Paulus bereits implizit erkannt wurde. Mit anderen Worten, eine tiefenpsychologische Deutung setzt ein historisch-kritisches Verständnis fort und trägt dazu bei, Paulus aus seinem Lebenszusammenhang zu verstehen.[304]

Da Gerd Theißen überzeugend über theoretische Probleme psychologischer Exegese gehandelt hat, orientiere ich mich an seiner Darstellung des psychodynamischen Ansatzes.[305]

Die beiden klassischen psychodynamischen Ansätze wurden in der analytischen Psychologie Carl Gustav Jungs und der Psychoanalyse Sigmund Freuds ausgebildet. Jung fand genetische Prädispositionen in den Äußerungen des Unbewussten (in Träumen, Mythen und Dichtungen) und nannte sie Archetypen. Archetypen sind

> »Formen oder Bilder kollektiver Natur, welche ungefähr auf der ganzen Erde als Konstituenten der Mythen und gleichzeitig als ... individuelle Produkte unbewußten Ursprungs vorkommen. Die archetypischen Motive stammen wahrscheinlich aus jenen Prägungen des menschlichen Geistes, die nicht nur durch Tradition ..., sondern auch durch Vererbung überliefert werden.«[306]

Im Mittelpunkt der Archetypen-Lehre steht »der Archetypos des Selbst, der dem Streben nach Ganzheit und Selbstverwirklichung zugrunde liegt.«[307] Daher deutet Carl Gustav Jung »religiöse Symbole vor allem als Objektivierung einer archetypischen Selbstverwirklichungstendenz. Christus ist ein Symbol des Selbst. In ihm werden die Polaritäten des Bewußten und Unbewußten, des Ideals und des Schattens, des Männlichen und Weiblichen in einer umfassenden Einheit integriert.«[308]

Demgegenüber versteht die Psychoanalyse Sigmund Freuds die Christussymbolik als Nachhall frühkindlicher Konflikte. Freud nimmt dabei eine präödipale Prägung durch wunschgewährende Eltern und eine ödipale Prägung durch wunschverweigernde Eltern an.[309] In der urchristlichen Religion werde unendliches Vertrauen in den himmlischen Vater regressiv erneuert. Andererseits tritt der strafende Vater mit archetypischer Strenge hervor und tötet den Sohn.

> »Das ›Überich‹ ist ... die verinnerlichte Stimme aller normativen Systeme der damaligen Kultur, d.h. all jener Steuerungsmechanismen, auf die der Mensch potentiell mit absolutistischer Aktivierungsbereitschaft reagieren kann.«[310] »Religion ist Auseinandersetzung mit diesem archaischen Erbe – d.h. nicht nur mit dem ›Vater‹, sondern mit allen Autoritäten, Institutionen und Ideen, mit denen jene archaische Reaktionsbereitschaft verknüpft wurde. Für Paulus war diese Reaktionsbereitschaft mit dem ›Gesetz‹ als dem Inbegriff der Normen seiner soziokulturellen Welt verbunden.«[311]

Die Theorien Carl Gustav Jungs und Sigmund Freuds als zielsymbolische bzw. konfliktsymbolische Auffassung stehen einander scheinbar unversöhnlich gegenüber. Doch sind sie Konstrukte, die sich bei der Anwendung auf den empirischen historischen Befund erst noch bewähren müssen. Denn Tatsache ist: Jesus ist nicht automatisch Christus im Verständnis Jungs. Ferner wird man sich vor einer monokausalen Anwendung der genannten Theorien hüten müssen. Ihr Wert ist daran zu messen, ob sie das Verstehen des Textbefundes fördern und vertiefen.

Wie oben bereits dargestellt, verweisen die Quellentexte zum vorchristlichen Paulus darauf, dass dieser ein engagierter, eifernder Verfolger der Christen war. Diese heftige Reaktion des Paulus setzt voraus, dass die Grundelemente der Predigt der Christen ihn ausgesprochen stark affiziert haben. Die Begegnung mit den Christen, ihrer Predigt und Praxis, fand nicht allein auf einer kognitiven, sondern zugleich auf einer emotionalen und einer unbewussten Ebene statt, wie es wohl für alle sozialen und religiösen Erlebnisse gilt. Ich vermute, dass der vehement ablehnenden, aggressiven Haltung des Paulus gegen die Christen eine innere Stauung in seiner Person zugrunde liegt, wie sie einerseits die Tiefenpsychologie für andere Fälle in zahlreichen Arbeiten als Motivationsgrund aggressiven Verhaltens erhoben hat und wie sie andererseits auch in Kunst und Literatur zur Darstellung kommt. Die Grundelemente der christlichen Predigt und Praxis dürften Paulus unbewusst angezogen haben. Jedoch aus Angst vor seinen unbewussten Strebungen hat er diese auf die Christen projiziert, um sie dort umso ungestümer attackieren zu können.[312]

Fanatiker unterdrücken oft den Zweifel an der eigenen Lebensanschauung und Lebenspraxis. Falls das für Paulus zutrifft, war sein religiöser Eifer eine Art Gradmesser seiner inneren Stauung, die sich in einer Vision Christi förmlich entlud. Vielleicht kann man dann mit Carl Gustav Jung sagen, dass Saulus unbewusst schon vor seiner Bekehrung Christ war.

> »Daß ihm Christus dabei quasi objektiv als Vision gegenübertrat, erklärt sich aus dem Umstand, daß die Christlichkeit des Saulus ein ihm unbewußter Komplex war. Daher erschien ihm dieser Komplex projiziert, als quasi nicht zu ihm selber gehörig.«[313] Im Moment des Damaskusgeschehens verband sich »der unbewußte Christuskomplex ... mit dem Ich des Paulus.«[314] Weil er sich aber nicht als Christen

habe sehen wollen, sei er aus Widerstand dagegen zeitweilig blind geworden (s. Apg 9,8). Diese Blindheit sei psychogen und erfahrungsgemäß ein (unbewusstes) Nichtsehenwollen. Der »Widerstand ist ... bei Paulus nie ganz erloschen, sondern brach in seinen Anfällen, die man fälschlicherweise als Epilepsie erklärt, zeitweise wieder hervor. Die Anfälle entsprechen einer plötzlichen Wiederkehr des Sauluskomplexes, der durch die Bekehrung so abgespalten wurde wie früher der Christuskomplex.«[315]

Der unbewusste »Christuskomplex« dürfte von den durch ihn verfolgten Christen zum Überkochen gebracht worden sein. Er wollte sich seiner durch externe Bekämpfung entledigen. Das wurde ihm zum Verhängnis. »Als Paulus sich Damaskus näherte, kam es zum katastrophenartigen Durchbruch der lang verdrängten Sehnsucht ... Paulus vollzieht die Flucht aus der peinlichen Lage ins Jenseits der Halluzination.«[316] Aus Saulus wird Paulus.

Die Laufbahn des pharisäischen Eiferers nahm ein abruptes Ende. Paulus ist einer jener Menschen, deren Leben durch eine einzige innere Katastrophe in zwei Hälften zerschnitten wird. Seine Person bricht auseinander. Er stürzt geradezu in Christus hinein und ist, wenn ich hier in paulinischer Terminologie formulieren darf, ein für allemal dem Unheilszusammenhang zwischen Tod, Gesetz und Sünde (vgl. 1Kor 15,56) entronnen. Dabei macht er an sich die ungeheure Erfahrung, ein neues Ich zu erhalten, und gewinnt für die Folgezeit einen maßgeblichen Orientierungspunkt des Denkens. Als einen Lügenmessias hatte Paulus Jesus gehasst und seine Anhänger bekämpft. Aber auf dem Wege nach Damaskus, inmitten einer von ihm selbst gestarteten Verfolgungsaktion, sah er diesen Jesus in himmlischem Licht und wurde unwiderstehlich von der Überzeugung ergriffen, die sein bisheriges Leben über den Haufen warf: Der Gekreuzigte lebt, also ist er der Messias. Dieser Augenblick entschied über sein Leben. Bald tauchte Paulus wieder aus dem Ozean der Bilderwelt[317] hervor, um sich selbst zum Apostel Jesu Christi zu erklären. Die Apostel vor ihm in Jerusalem waren darüber nicht wenig erstaunt.

4.2. Die Geschichte der Selbsttäuschung über die Auferstehung Jesu

Der römische Präfekt Pontius Pilatus ließ Jesus von Nazareth nach dem Zeugnis aller neutestamentlichen Evangelien an einem Freitag – wohl um 30 nChr – am Kreuz hinrichten. Seine männliche Jüngerschar, die von Galiläa aus mit nach Jerusalem zum Passahfest gezogen war – für sie muss man ebenso wie für Jesus eine ekstatische Gesamtdisposition voraussetzen –, verließ ihn vor oder bei der Festnahme fluchtartig und sammelte sich später wieder in Galiläa. Anhängerinnen Jesu, die ebenfalls mit ihm von Galiläa nach Jerusalem zum Passahfest gereist waren, hielten dagegen länger – aber nur von ferne – bei ihrem Meister aus. Zu ihnen gehörte mit Sicherheit Maria aus dem galiläischen Fischerort Magdala.

Die Motive für die Hinrichtung Jesu durch den Römer Pilatus sind klar. Er sah in ihm einen politischen Aufrührer, den er politisch unschädlich machen musste.

Offensichtlich ist Jesus von Teilen der ihm feindlich gesinnten Jerusalemer Priesterschaft in Reaktion auf sein eschatologisch-messianisches Auftreten, das vielleicht den Anspruch seiner eigenen Identität mit dem kommenden Richter-Menschensohn einschloss, als politischer Aufwiegler verleumdet worden.

Prozess, Hinrichtung und Tod Jesu fielen auf ein und denselben Tag. Auf ihn folgte der Sabbat, der in jenem Jahr mit dem ersten Tag des Passahfestes zusammenfiel.[318] Daraus ergab sich für Juden das Problem, wie mit dem Leichnam Jesu zu verfahren war, denn es war nach jüdischer Sitte unstatthaft, einen verstorbenen Gekreuzigten über Nacht[319] und dann auch noch an einem Sabbat, der überdies mit dem ersten Tag des Passahfestes zusammenfiel, am Kreuz hängen zu lassen. Jedenfalls erhielten Juden von Pilatus die Erlaubnis, den Leichnam Jesu vom Kreuz abzunehmen. Entweder beauftragte man von jüdischer Seite Joseph von Arimathäa mit der »Bestattung« Jesu, oder uns unbekannte Juden haben den Leichnam an einem nicht mehr identifizierbaren Ort »beerdigt«. Damit hatte sich die Angelegenheit für die betreffenden jüdischen Oberen und Pilatus erledigt.

Wie Jesus selbst seine letzten Stunden erlebt hat, weiß niemand. Die ihm zugeschriebenen Worte während des Prozesses und am Kreuz sind sicher spätere Bildungen. (Wer soll sie gehört und überliefert haben?)

Der Tod Jesu war für die Jünger ein schwerer Schock, der nach Deutungen verlangte. Die neuen Orientierungen begannen erst in Galiäa. Sie bestanden in Visionen, die sich sogleich mit Weisungen und Interpretationen verbanden. Petrus sah nicht lange nach dem Todesfreitag Jesus in einer Vision, die auditive Züge einschloss, und darauf schloss sich eine Kettenreaktion ohnegleichen an. Er betrieb in Galiläa die Wiederherstellung des Zwölferkreises, der, ganz vom Enthusiasmus geprägt, ebenso wie bereits bei Jesus auf der Erwartung beruhte, dass die 12 Stämme Israels bei Anbruch der Gottesherrschaft voll repräsentiert sein sollten.

In sehnsüchtiger Hoffnung auf das Reich Gottes, dessen Kommen eng mit der Person Jesu verbunden war, hatten sich die Jünger gemeinsam mit diesem nach Jerusalem begeben. Die Kreuzigung Jesu zerstörte ihre Hoffnung scheinbar, die Ostererscheinungen erfüllten, ja übertrafen sie noch. »Die Gottesherrschaft hatte ... begonnen, wenn auch anders, als sie es erwartet hatten.«[320]

Petrus erlebte die Erscheinung Jesu als Wiederannahme des Verleugners, die anderen Jünger erfuhren sie als Begnadigung von Verrätern.

In der Überlieferung Israels lag ein reicher Schatz für die Deutungen der Erscheinungen Jesu bereit[321]: Erhöhungen aus dem Leben heraus[322], Himmelfahrt nach dem Tode[323], Auferweckungen von Märtyrern[324] und Ausgießungen des Gottesgeistes.[325]

Petrus hatte Jesus gesehen und gehört. Damit war der Inhalt der Vision samt Audition den anderen vorgegeben. Die Kunde verbreitete sich blitzartig, dass Gott Jesus nicht im Tod gelassen, ja, ihn zu sich erhöht hatte, und dass dieser demnächst als Menschensohn auf den Wolken des Himmels wiederkommen werde. Dies lässt sich wohl nur so verstehen, dass die Vision des Kephas die Tatsache der Messianität Jesu bekräftigte, die im Jüngerkreis diskutiert worden war.[326] Damit war eine neue Lage geschaffen. Jetzt konnten die Frauen und Männer um Jesus noch einmal nach Jerusalem gehen und dort anknüpfen, wo ihr Meister das Werk unvollendet gelassen hatte, und das Volk sowie seine Oberen zur Umkehr rufen. (Vielleicht verstand man die Gegenwart als allerletzte Bußfrist, die Gott gegeben hatte.) Die Erstvision des Kephas wirkte förmlich »ansteckend«[327], ihr folgten unmittelbar weitere. Ernest Renan hat dies so beschrieben:

»Das Eigenthümliche des Seelenzustandes, in welchem die

151

Ekstase und die Erscheinungen entstehen, ist, daß sie ansteckend sind. Die Geschichte aller großen religiösen Krisen beweist, daß diese Arten von Visionen sich mittheilen; in einer Gesellschaft, in welcher sich Menschen desselben Glaubens finden, genügt es, daß ein Glied dieser Verbindung behauptet, etwas Uebernatürliches zu sehen oder zu hören, damit die andern auch sehen und hören ... Die Begeisterung der einen theilt sich allen mit ...«[328]

Auf einem Fest ereignete sich jene Erscheinung vor den mehr als 500. Auch Frauen waren jetzt unter denen, die Jesus »sahen«.

Die Dynamik des Anfangs lässt sich nicht explosiv genug vorstellen. Es blieb daher auch nicht aus, dass die leiblichen Brüder Jesu (vgl. 1Kor 9,5) in den Strudel mit hineingerissen wurden, nach Jerusalem gingen und Jakobus sogar eine Einzelvision hatte – jener Jakobus, der zu Lebzeiten Jesu von seinem Bruder noch nicht viel gehalten hatte (Mk 3,21; Joh 7,5).

Bei den genannten Vorgängen lief vieles nebeneinander her. Dabei sind neben der Erfahrung des Auferstandenen in der Gegenwart folgende Elemente der Entwicklung historisch klar fassbar: a) Im Brotbrechen der versammelten Gemeinde vergegenwärtigte sich alsbald die Gemeinschaft mit dem so elend hingerichteten und nun umso machtvoller erstarkten Messias Jesus; b) die Erinnerung an Jesu Wirken und sein Wort war unmittelbar lebendig; c) »das in den Gemütern gegenwärtige, eschatologisch-messianische Schriftwort, hier vor allem die messianischen Lieder des Psalters, die man seit jeher auswendig konnte«, sang man jetzt »als Psalmen der gegenwärtigen Erfüllung zu Ehren des erhöhten Messias-Menschensohn.«[329]

Ein neues Stadium erreichte die Bewegung, als sich ihr in Jerusalem griechischsprachige Juden anschlossen. Sie verbreiteten die Jesusbotschaft in die Gegenden außerhalb Jerusalems und lenkten die Aufmerksamkeit des Pharisäers Saulus auf sich. Dieser schritt zur Tat, die sich als äußerst folgenreich erweisen sollte, und unterdrückte die neue Predigt in einer blutigen Verfolgung. Dann aber überfiel ihn urplötzlich in der Gestalt einer himmlischen Person sein eigener Christuskomplex. Er sah Jesus, den Auferstandenen, in seiner Herrlichkeit und hörte ihn zu sich sprechen. Mit diesem Ereignis ist der äußere Punkt der Erscheinungen des Auferstandenen erreicht, aber noch nicht das Ende der Geschichte des ältesten Osterglaubens.

Der älteste Osterglaube hatte als Schau des nun bei Gott befindlichen Jesus begonnen. Dieses Phänomen nennen wir am besten »Vision«, denn Jesus war tot. Der auferstandene Jesus – ontologisch ein Nichts – existierte nur in der Erinnerung und den Phantasien seiner Anhänger. Jedoch griff er den Jüngern zufolge unaufhörlich in die Geschichte ein, rüstete sie sogar mit der Vollmacht der Sündenvergebung aus und sandte sie schließlich in alle Welt. Der Auferstandene als imaginierte Größe besaß eine ungeheure Machtfülle und teilte sie mit den Seinen. Hier reicht der Begriff »Vision« zur Beschreibung nicht mehr. Das zugrunde liegende Phänomen weitet sich ins Pathologische aus; es wird zu einer Halluzination.

Mit der Zeit wurden sich die frühen Christen der Zweideutigkeit visionärer Phänomene bewusst. Deswegen und infolge ihrer eigenen Verwurzelung im Judentum nahm der älteste Auferstehungsglaube konvergenzartig in verschiedenen Gebieten eher eine dingliche Gestalt an.

Paulus betonte bei seiner Mission unter den Heiden, denen die körperliche Auferstehung kulturell fremd war[330], die Christen würden, ebenso wie Christus leiblich auferweckt worden sei, einen diesem entsprechenden geistlichen Leib erhalten. Aber auch in der lk, mt und joh Gemeinde wurde die Lehre von der körperlichen Auferstehung Jesu, wie sie sich auch in der jeweiligen Bearbeitung der Grabesgeschichte durch die verschiedenen Evangelisten niederschlug, zum Schibboleth der Rechtgläubigkeit. Allein die mk Gemeinde macht hier vielleicht eine Ausnahme – dies, obwohl erst der 2. Evangelist die Geschichte vom leeren Grab in die Welt gesetzt und damit den anderen Evangelisten die Möglichkeit eröffnet hat, die Auferstehung Jesu dingfest zu machen. Indes bleibt festzuhalten: Die Vorstellung der Auferweckung Jesu barg von Anfang an die Tendenz in sich, seinen toten Körper in das Auferstehungsgeschehen miteinzubeziehen.

Gewiss hat es auch in der Frühzeit der Kirche Gemeindeglieder gegeben, die die Auferstehung nicht im wörtlichen Sinne – nämlich körperlich – verstanden, sondern symbolisch. Sie waren frühere Heiden und hauptsächlich von Paulus für den neuen Glauben gewonnen worden. Doch wies dieser sie in Korinth in die Schranken und machte ihr künftiges Heil davon abhängig, dass sie – in Entsprechung zum Glauben an die bereits geschehene körperliche Auferstehung Christi – auf eine zukünftige körperliche Auferstehung hoffen. Ohne diese Lehre wäre für Paulus der gesamte christliche

Glaube null und nichtig und der Apostel der Elendste unter allen Menschen (1Kor 15,19).

Die nächste Generation der Bestreiter der körperlichen Auferstehung setzte sich aus christlich-gnostischen Kreisen des späten 1. und des 2. Jh.s zusammen.[331] Aber auch ihre symbolische Interpretation der Auferstehung erfuhr eine schroffe Ablehnung durch die Kirchenväter.[332]

Seit geraumer Zeit vertreten besonders amerikanische Forscher die These, die Gemeinden hinter dem ThEv hätten von Beginn an den Glauben an die körperliche Auferstehung Jesu weder geteilt noch überhaupt gekannt, sondern in Anknüpfung an die älteste, nicht-apokalyptische Schicht der Spruchquelle Q die Lehre Jesu gnostisch-symbolisch gedeutet.[333] Das ist jedoch zweifelhaft. Ein Großteil des ThEv lässt sich nur als Weiterführung früherer apokalyptischer Traditionen verstehen und erweist sich so als Produkt der zweiten oder dritten christlichen Generation.[334] Außerdem wissen wir von Thomasgemeinden vor 70 nChr nichts.

Es muss also dabei bleiben, dass die symbolische Interpretation der Auferweckung Jesu nicht originaler Bestandteil des urchristlichen Auferstehungsglaubens ist. Das konnte sie auch nicht sei, da das frühe Christentum als Teil des palästinischen Judentums Auferstehung überwiegend leiblich verstand. Gleichzeitig enthält der beschriebene Vorgang einen Schuss Ironie, da der wirkliche Ursprung des Auferstehungsglaubens eine Vision ist und deswegen eine große Nähe zu einem nicht-wörtlichen Verständnis von Auferstehung hat.

Zweifellos ist die eine oder andere Einzelheit des soeben dargebotenen historischen Abrisses des ältesten christlichen Auferstehungsglauben nicht über jeden Zweifel erhaben. Das ist nicht nur in dem relativ schmalen Quellenmaterial, sondern auch in der Natur des Geschehens selbst begründet. Martin Hengel schreibt mit vollem Recht:

»In diesen bewegten, für uns dunklen ... Monaten des Anfangs waren vielfältige Bewegungen und Entdeckungen neben- und miteinander, ja z.T. verwirrend ›durcheinander‹ möglich. Die Begegnungen mit dem Auferstandenen bilden zusammen mit der Ausformung frühester Erhöhungschristologie einen verschlungenen Knoten, bei dem wir die einzelnen Fäden nicht mehr fein säuberlich entwirren und chronologisch ordnen können, zumal die von eschatologischem

Enthusiasmus geprägte Vorstellungswelt der ersten Jünger durchaus nicht den Regeln unserer analytischen Methode entsprach.«[335]

Doch ein Loch oder dergleichen, wie oft gesagt wird[336], gibt es hier nicht, sondern ein religiöser Enthusiasmus[337] mit einer ihm eigenen Dynamik bricht sich Bahn.

Am Ende dieses Kurzentwurfs der Geschichte des ältesten christlichen Auferstehungsglaubens will ich zu der These Stellung beziehen, der Auferstehungsglaube hätte sich in Jerusalem nicht zu halten vermocht, wenn das Grab Jesu nicht leer gewesen wäre. Andernfalls hätte die jüdische Führung durch einen Hinweis auf das volle Grab die Christen sofort widerlegen können.[338]

Diese Argumentation ist aus mehreren Gründen nicht stichhaltig:

a) Wir wissen nicht, wie lange die Jünger in Galiläa verharrten und wann ihr öffentliches Auftreten in Jerusalem begann. Sollte ihre Verkündigung, wie Apg 2 voraussetzt, erst 50 Tage nach der Kreuzigung angefangen haben, wäre eine Identifizierung von Jesu Leichnam schon aus klimatischen Gründen nicht mehr möglich gewesen. (Man kannte damals weder DNA noch eine Gebissuntersuchung.)

b) Der Ort des Begräbnisses Jesu war unbekannt.

c) Die Jerusalemer Gemeinde maß dem Ort des Begräbnisses keine Bedeutung bei, denn sonst hätte sich darüber eine Überlieferung erhalten.

5 Kann man trotz der historischen Nicht-Auferstehung Jesu redlicherweise noch Christ sein?

Heute mag man wohl noch Gründe haben, sich einen Christen zu nennen, aber einen Grund dazu hat man nicht mehr.

David Friedrich Strauß

5.1. Das Ergebnis

Damit schließt sich der Kreis. Historische Forschung zeigt mit unumstößlicher Sicherheit: Jesus wurde gar nicht von den Toten auferweckt, obwohl der frühchristliche Glaube dies bekennt und die Kirche darauf gebaut ist. Um an dieser Stelle jede verbliebene Unklarheit auszuräumen, füge ich hinzu: Der Glaube der ältesten Christen einschließlich des Paulus schloss die Behauptung der Faktizität der Auferstehung Jesu ein. Jedoch muss diese angeblich durch Gottes Handeln geschaffene Tatsache fortan als widerlegt gelten. Dann aber kann man sich redlicherweise nicht mehr Christ nennen.

Dies zu erkennen und – mehr noch – daraus die entsprechenden Folgerungen zu ziehen, ist mir sehr schwer gefallen. Immerhin ist damit die Grundfeste der mächtigsten und zahlenmäßig größten Religion dieser Erde zerstört, das christliche Leben nur noch Schein. 2000 Jahre lang übte der Glaube an die Auferstehung Jesu eine ungeheure Wirkung aus, wegen seiner völligen Grundlosigkeit erweist er sich jetzt als welthistorischer Humbug.

Das Beispiel von David Friedrich Strauß, dem überragenden Theologen des 19. Jh.s, hat mich ermutigt, beharrlich und unerschrocken auf Klärung zu dringen. Anhand einiger Zitate will ich im folgenden seinen Weg vom Leben-Jesu-Forscher und Bestreiter der leiblichen Auferstehung Jesu, der jedoch christlicher Theologe blieb, zum unerbittlichen Kritiker der Kirche nachzeichnen, im Anschluss daran die Reaktionen auf Strauß' Herausforderung darstellen und mit einem Resümee den Hauptteil meines Buches abschließen.

5.2. Ein historischer Rückblick

David Friedrich Strauß vollzog zwischen seinem Erstlingswerk »Das Leben Jesu« (1835-36) und dem als Bekenntnis titulierten Buch »Der alte und der neue Glaube« (1872) eine Wandlung, die deswegen besondere Berücksichtigung verdient, weil die historisch-kritischen Ergebnisse davon fast unberührt blieben. Im »Leben Jesu« weiß Strauß bereits um die möglichen ruinösen Folgen seiner Arbeit für den christlichen Glauben, denn er schreibt:

> »Durch die Ergebnisse der bisherigen Untersuchung ist nun, wie es scheint, Alles, was der Christ von seinem Jesus glaubt, vernichtet, alle Ermunterungen, die er aus diesem Glauben schöpft, sind ihm entzogen, alle Tröstungen geraubt. Der unendliche Schatz von Wahrheit und Leben, an welchem seit achtzehn Jahrhunderten die Menschheit sich großgenährt, scheint hiermit verwüstet, das Erhabenste in den Staub gestürzt, Gott seine Gnade, dem Menschen seine Würde genommen, das Band zwischen Himmel und Erde zerrissen zu sein.«[339]

Doch hält er »den inneren Kern des christlichen Glaubens« für völlig unabhängig von den Resultaten seiner eigenen Untersuchung. Dies erläutert er mit den Worten:

> »Christi übernatürliche Geburt, seine Wunder, seine Auferstehung und Himmelfahrt bleiben ewige Wahrheiten, so sehr ihre Wirklichkeit als historischer Fakta angezweifelt werden mag.«[340]

In seiner Schrift aus dem Jahre 1872 sehen die Konsequenzen anders aus. Er schreibt:

> »Im Christentum ist der Stifter der vornehmste Gegenstand der Religion; die auf ihn begründete Glaubensweise verliert ihren Boden, sobald sich ergibt, daß ihm persönlich diejenigen Eigenschaften nicht zukommen, die ein Wesen haben muß, das Gegenstand der Religion sein soll. Im Grunde hat sich dies zwar längst ergeben; denn Gegenstand der Religion, der Anbetung, kann nur ein göttliches Wesen sein und als sol-

ches den Stifter des Christentums zu betrachten, haben Denkende längst aufgehört.«[341]

Zugleich lässt Strauß es nicht gelten, dass der christliche Glaube sich fortan an dem orientieren könne, was Jesus wirklich gesagt habe. Er schreibt:

>»Nun sagt man aber, das habe er selbst doch niemals verlangt, seine Vergottung sei erst später in der Kirche aufgekommen, und wenn sie ihn ernstlich als Menschen betrachten, stellen wir uns auf den Standpunkt, den er selbst eingenommen habe. Aber gesetzt auch, damit hätte es seine Richtigkeit, so ist doch die ganze Einrichtung unserer Kirchen, der protestantischen wie der katholischen, nun einmal auf jenen andern Standpunkt berechnet: der christliche Cultus, dieses Gewand, für einen Gottmenschen zugeschnitten, wird schlotterig und verliert alle Haltung, sobald es einem bloßen Menschen umgelegt wird.«[342]

Strauß setzt seine Ausführungen fort:

>»Es mag demütigend sein für den menschlichen Stolz, aber es ist so: Jesus könnte all das Wahre und Gute, auch all das Einseitige und Schroffe, das ja doch auf die Massen immer den stärksten Eindruck macht, gelehrt und im Leben betätigt haben; gleichwohl würden seine Lehren wie einzelne Blätter im Winde verweht und zerstreut worden sein, wären die Blätter nicht von dem Wahnglauben an seine Auferstehung als von einem derben handfesten Einbande zusammengefaßt und dadurch erhalten worden.«[343]

Im Laufe seiner theologischen Entwicklung gewannen für Strauß die historischen Ergebnisse zunehmend ein eigenes Gewicht. Zugleich erkannte er die kultische Verehrung Jesu als eines Gottmenschen und den Glauben an seine Auferstehung als den traditionell harten Kern des Christentums. Doch riss der Strudel der historischen Kritik nicht nur beide Glaubensgegenstände mit sich in die Tiefe, sondern zugleich auch die ewigen christlichen Wahrheiten, an die Strauß sich zuvor noch geklammert hatte. Es gab sie nämlich nur zusammen mit dem alten Glauben. Der aber war historisch widerlegt.

5.3. Alternativen zu David Friedrich Strauß

Die Verarbeitungen der Anstöße durch Strauß lassen sich einteilen in solche, welche die Historizität der Auferstehung verteidigen, und andere, die trotz der Zustimmung zu seinen historischen Ergebnissen ein Christsein weiter für möglich halten. Ich behandle zunächst die zuletzt genannte Richtung.

5.3.1. Der vergebliche Ausweg der Kerygma-Theologie

Rudolf Bultmann versteht Jesu Tod und Auferstehung im Anschluss an Paulus als »Heilsgeschehen«. Dies ist umso merkwürdiger, als Bultmann gegen den Heidenapostel von der historischen Nicht-Auferstehung Jesu ausgeht und unter Kritik an dessen Aussage in 1Kor 15,3-8 betont, die Auferstehung könne als Tatsache, auf die hin man glaubt, nicht einleuchtend gemacht werden. Er fährt fort:

> »Aber sie kann – und sie kann nur so – geglaubt werden, sofern sie bzw. der Auferstandene im verkündigten Wort gegenwärtig ist ... Das Wort, das dieses verkündigt, gehört selbst mit zu diesem Ereignis und trifft – anders als sonst alle historische Überlieferung – den Hörer als persönliche Anrede. Hört er es als das zu ihm gesprochene, ihm den Tod und dadurch das Leben zusprechende Wort, so glaubt er an den Auferstandenen.
> Die etwaige Rückfrage nach der Berechtigung des Anspruchs der Verkündigung ist schon ihre Ablehnung; sie muß verwandelt werden in die Frage, die der Fragende an sich selbst zu richten hat, ob er die Herrschaft Christi anerkennen will, die seinem Selbstverständnis die Entscheidungsfrage stellt.«[344]

Bultmanns Ausführungen verdienen an folgenden Punkten Beachtung: *erstens* darin, dass die Aussage »Jesus ist von den Toten auferstanden« nicht in dieselbe Kategorie gehört wie beispielsweise der Satz »Goethe ist auferstanden«. Wäre letzteres der Fall, handelte es sich um ein historisches Urteil; demgegenüber geht es bei Jesu Auferstehung um die Behauptung einer eschatologischen Tatsache, um etwas, das die Geschichte übersteigt. *Zweitens* ist es konsequent, dass Bultmann zufolge dieses »Ereignis« verkündigt werden muss. Ja, die Predigt darüber ist selbst Teil des eschatologischen »Ereignisses«. Jesus ist quasi in die Verkündigung hinein auferstanden. Und *drittens* ist es folgerichtig, wenn Bultmann jegliche Rückfrage nach der Berechtigung eines derartigen eschatologischen »Ereignisses« als dessen Ablehnung wertet.

Die beiden letzten Punkte fordern jedoch zum Widerspruch heraus, denn sie belegen den dogmatischen Charakter der Ausführungen Bultmanns. Warum soll denn eine Rückfrage bzw. eine Kritik bereits eine Ablehnung der Verkündigung sein? Beruht eine solche Forderung nicht darauf, dass sich Bultmann gegen Einwände abschottet?

Zwei Fragen schließen sich an:

a) Wie konnte es dazu kommen, dass ein Mann, der sich so sehr um die historische Kritik verdient gemacht hat, nun urplötzlich einer solchen Strategie der Immunisierung gegen unbequeme Fragen das Wort redet?

b) Warum bedient sich Bultmann trotz der Verneinung einer körperlichen Auferstehung Jesu gleichwohl der Wendung »Tod und Auferstehung«? Fordert er damit nicht geradezu ein Missverständnis heraus? Denn die Partikel »und« in dieser Wendung deutet eine Parallelität zwischen Tod und Auferstehung an, die historisch – auch Bultmann zufolge – gar nicht besteht, weil »Auferstehung« nur eine gläubige Interpretation des Todes am Kreuz ist.

Bultmanns Verteidigung (des Todes und) der Auferstehung Jesu als eines »Heilsereignisses« ist daher keine tragfähige Alternative zu David Friedrich Strauß.[345]

5.3.2. Der vergebliche Ausweg der objektiven Visionshypothese

Der Konsequenz aus der historischen Nicht-Auferstehung Jesu stellt sich Hans Graß durch die Einführung der objektiven Visionshypothese. Er schreibt:

> »Wo ... die historische Kritik ernst genommen wird ..., daß man auch mit den kritischsten Möglichkeiten rechnet, bei der

Auferstehung also damit, daß kein leeres Grab und keine Erscheinungen des Auferstandenen in der ›räumlich körperlichen Welt‹ nachweisbar sind, sondern nur Visionen der Jünger; und wo andererseits nicht preisgegeben werden kann, daß Christus als der erhöhte Herr lebt, weil der Glaube und die Kirche ohne einen lebendigen erhöhten Herrn kein Daseinsrecht mehr hätten, da muß eben der Versuch gemacht werden, beides zusammenzudenken. Die objektive Visionshypothese hat diesen Versuch gemacht und zwar auf theologische Weise; denn sie ist im Unterschied zur subjektiven Visionshypothese eine theologische und keine historische Hypothese, weil sie an dem transsubjektiven Ursprung der Ostervisionen und des Osterglaubens und an der transzendenten Wirklichkeit des in diesen Visionen Geschauten und Geglaubten festhält.«[346]

Graß' Versuch, die Grundlage der christlichen Auferstehungsverkündigung zu retten, hat m.R keinen Beifall gefunden. Die Einführung der objektiven Visionshypothese muss man als einen apologetischen Schachzug betrachten, denn eine »Vision ist nun einmal *per definitionem* etwas intersubjektiv nicht Überprüfbares.«[347] Sosehr Graß Sympathie dafür verdient, die historische Kritik ernstzunehmen, verhält er sich zudem *theologisch* widersprüchlich, weil er mit der Visionshypothese »ein innerweltliches Subjekt als unverändertfixe Größe«[348] voraussetzt.

Eine Spielart der objektiven Visionshypothese hat neuerdings Gerd Theißen vorgelegt. Er weist darauf hin, es hänge

»ganz von unserer Konstruktion der Wirklichkeit ab, ob wir es für möglich halten, dass auch durch innerpsychische Prozesse eine objektive Botschaft an Menschen vermittelt werden kann. Um eine Analogie zu nennen: An der ›Objektivität‹ d.h. der faktischen Richtigkeit mancher Informationsübertragungen nach dem Tode von Menschen (von denen Menschen vor allem in Kriegszeiten erzählen) kann m.E. kein Zweifel sein, auch wenn wir das in unseren naturwissenschaftlichen Wirklichkeitskonstruktionen nicht unterbringen – aber auch nicht ausschließen können.«[349]

Gegenüber diesem Votum erheben sich *zum einen* dieselben Argumente wie gegen Graß' objektive Visionshypothese. *Zum anderen* ist zu bezweifeln, dass sachlich auf parapsychologischem Wege ein Zugang zum urchristlichen Auferweckungsbekenntnis angebahnt werden kann. Schließlich zeigen sich Gespenster von Toten ebenfalls, und im Spiritismus gibt es durchaus Botschaften aus dem Jenseits, die wir trotz unserer naturwissenschaftlichen Wirklichkeitskonstruktion auch nicht ausschließen können.

Apologetische Theologen der Gegenwart weisen heute gerne darauf hin: Das naturwissenschaftliche Wirklichkeitsverständnis beruhe auf einem bestimmten Welt*bild* und dürfe bei der Behandlung der Ostertexte nicht ungeprüft vorausgesetzt werden. Hier gilt aber, was Alexander Bommarius anlässlich einer Debatte um die Auferstehung Jesu bemerkte:

> »Auch wenn wir um die Relativität der eigenen Weltbilder wissen – es ist ja in der Tat nur unser ›Bild‹ – müssen wir uns im Leben unter den Bedingungen der Endlichkeit darauf verlassen. Eine ganz andere Frage ist es freilich, wie lange wir uns noch auf dieses Weltbild verlassen werden, eine unbeantwortbare Frage, denn wie lange noch – das wird sich schlicht zeigen.«[350]

Jedenfalls folgt aus der Erkenntnis der Nicht-Voraussetzungslosigkeit des naturwissenschaftlichen Weltbildes nicht automatisch, dass Jesus mit einem neuen von Gott geschaffenen Leib sein Grab verlassen oder dass Gott mit einem »Telegramm vom Himmel« Petrus ein Licht aufgesetzt habe.

5.3.3. Der vergebliche Ausweg des Verständnisses der Auferstehung Jesu als einer Metapher

Hans Kessler versteht die Auferstehung Jesu als

> »*Metapher für ein real eingetretenes Geschehen*, das sich gleichwohl der sinnlichen Anschauung und empirischen Feststellbarkeit entzieht«.[351]

Wenig später schreibt Kessler:

> »Der Auferstehungsvorgang und der Auferstandene ... ist ein
> reales Geschehen und gleichwohl kein von uns aus prüfbares
> ›historisches Ereignis‹.«[352]

Ich verstehe die Stringenz dieser Sätze nicht. Wenn es sich um ein
reales Geschehen handelt, dann muss es möglich sein, dessen Tatsächlichkeit zu überprüfen.

Die Kritik an Kessler richtet sich potenziert auch an Bauke-
Ruegg, der die Auferstehung Jesu als Metapher auffasst, »mit deren
Hilfe nach menschlichem Ermessen widersprüchliche und unerklär-
liche Erfahrungen zur Sprache gebracht werden.«[353]

Es sei betont: Jegliche metaphorische Interpretation der Auferstehung Jesu, die zugleich deren Unhistorizität annimmt, befindet
sich in glattem Widerspruch zur ältesten Kirche. Die ersten Christen
glaubten an ein wirkliches Handeln Gottes am Leib Jesu. Fällt diese
Voraussetzung, ist eine metaphorische Interpretation[354] nur noch
eine Fassade des urchristlichen Auferstehungsglaubens.[355]

5.3.4. Der vergebliche Ausweg des Rückgangs auf den historischen Jesus

Nicht wenige Theologen kompensieren den historischen Ausfall der
Auferstehung durch den Rückgang auf die Verkündigung Jesu und
wollen auf diese Weise den Inhalt des Evangeliums neu gewinnen.
Ich selbst habe, auf diesem Irrweg begriffen, noch vor einem halben
Jahrzehnt geschrieben:

> »Jesus hatte seinen Jüngern die Botschaft von der grenzenlo-
> sen Güte Gottes förmlich vorgelebt – in Wort und Tat. Der
> Mensch hat gegenüber Gott nichts vorzuweisen ... Im Zentrum
> seiner Botschaft steht das Reich Gottes, das sich mit ihm zu
> ereignen beginnt – ganz wie von selbst. Die Gottesherrschaft
> bricht wortwörtlich in die Gegenwart ein, so daß sich fortan
> alles Leben im Angesicht Gottes vollzieht ... Seine Ansage der
> Gottesherrschaft war begleitet von einer Praxis, die den
> Sündern – wir sagen besser: Gottlosen – ohne Vorbedingung
> im Namen Gottes Teilhabe am Reich Gottes eröffnete.«[356]

Ein solches Bild von Jesus mag sicher wichtige humane Impulse geben. Trotzdem ist auf dem Umweg der Jesulogie die Christologie nicht zu retten, denn diese hat ohne die Auferstehung Jesu keinen Bestand. Anders gesagt: Wer sich an dem Bekenntnis zur Auferweckung Jesu durch Gott vorbeimogelt, hat den Glauben der maßgeblichen frühen Christen gegen sich.

Dieses Urteil gilt auch gegenüber Versuchen, ein Christsein auf der Ethik Jesu und der frühen Christen zu gründen. Abgesehen davon, dass es sich hier um Weisungen handelt, die Parallelen in der jüdisch-hellenistischen Umwelt haben[357], unterschlagen solche Ansätze das christliche Spezifikum, die kultische Verehrung Jesu und seine Proklamation als des Herrn des Kosmos. Erst sie haben die Grundlage für die christliche Ethik geschaffen.[358]

Überdies enthält eine Jesulogie oftmals die latente Tendenz, den rekonstruierten Nazarener doch vom Bild des österlichen Christus her zu verstehen. Dies geschieht dort, wo man Jesus zuschreibt, die jüdische Religion »von innen her aufgesprengt«[359] oder geradezu die gesetzesfreie Heidenmission vorbereitet zu haben.[360] Vertreter solcher und ähnlicher Thesen vergessen, dass Paulus, dem Jesus persönlich unbekannt war, dessen Jüngern in Jerusalem die sogenannte gesetzesfreie Heidenmission geradezu aufgezwungen hat.[361]

5.3.5. Die vergebliche Rückkehr zum Glauben an die Historizität der Auferstehung Jesu

Inzwischen gewinnt ein dogmatisches Denken wieder größeren Anhalt in Theologie und Kirche. Dies zeigt sich beispielsweise an der zunehmend verteidigten Historizität der Auferweckung Jesu. Zuweilen verbindet sich diese Rückkehr zum Glauben an die Historizität der Auferweckung Jesu mit einer Kritik an der »typisch moderne(n) rationalistische(n) Verengung des Wirklichkeitsbegriffs«[362] der historischen Kritik, soweit nicht überhaupt unter Bezug auf Gott eine eigene theologische Sicht der Auferweckung entfaltet wird.[363]

Gelegentlich kann man auch wieder folgenden Konflikt erleben, wie ihn Ingo Broer schildert:

Gibt man der historischen Kritik »bei den Wundern und evtl.

auch bei der Jungfrauengeburt zumindest teilweise nach, so wird (ihr) bei der Auferstehung ... kein Pardon gewährt ... Allein bei der Auferstehung soll solche Betrachtung, die bis in weiteste Kreise Eingang gefunden hat, nicht gelten. Die Auferstehung soll, muß und kann – wenigstens nach Meinung vieler Theologen – leisten, was früher die Evangelien insgesamt, insbesondere aber Wunder, Auferstehung und Jungfrauengeburt zusammen leisteten: dem Glauben einen Grund zu geben. Je schwieriger das historische Verständnis der Wunder und der Jungfrauengeburt wurde, um so mehr konzentrierte man sich auf die Auferstehung, und hier wiederum insbesondere auf die Erscheinungen, und meinte, hier den Punkt der Punkte zu finden.«[364]

Indes befindet sich der christliche Auferstehungsglaube trotz neuerer konservativer Tendenzen erst recht in einer schweren Krise, und dies nicht wegen der Ergebnisse der Naturwissenschaften, sondern – in Verbindung mit historischem Wissen – aus Gründen der nüchternen Einsicht. Diese kann sich etwa folgender Überlegungen bedienen:

»Das leibhafte Hervorgehen des Auferweckten aus dem Grabe, die leibhafte Himmelfahrt zu einem bestimmten Orte, welcher Thron Gottes heißt, und die leibhafte Wiederkunft zum Gericht bilden eine einzige, in sich zwingende Folge, an welcher kein Glied abgeändert werden darf, ohne daß alles in Stücke bricht ... Nun sind leibhafte Auffahrt zu einem Himmel, in welchem Gottes Thron steht, und leibhafte Wiederkunft von diesem Himmel her in Begleitung von Engelscharen für uns heute rein dadurch widerlegt, daß es für unser Wissen vom Kosmos einen solchen Himmel nicht gibt.«[365]

5.3.6. Resümee: Letzte Ausweichmanöver

Die mancherorts – besonders im Protestantismus – betriebene Aufweichung der Jungfrauengeburt bei um so härterer Verteidigung der Auferstehung als eines unentbehrlichen Requisits bedeutet keine Änderung der Lage. Dies ist wohl nur das letzte Rückzugsgefecht eines Glaubens, der schlaff und müde bloß noch dahinsiecht, aber in der »Auferstehung« den letzten Rettungsanker ergreift. Dieses moderne Christentum ist ungläubig und gläubig zugleich, widersprüchlich und erweist sich spätestens dann als ein inhaltsleerer Name, wenn man seine Vertreter direkt fragt, ob Jesus zum Gericht wiederkommt, ob er Gebete erhört und ob es Gott überhaupt gibt. Auch hierauf fallen die Antworten dann verschieden aus, angefangen von dem Tadel, dass man so zu fragen wage, bis hin zu der Auskunft, dass Gott im Werden existiere. An solche wolkigen Antworten müssen sich notwendigerweise noch mehr Fragen anschließen.

Liberale kirchlich gebundene Theologen halten mir vor, ich sei historischer oder aufklärerischer Fundamentalist, betriebe religiösen Raubbau und säte immer nur Zweifel. Nun gehört die »Fähigkeit zu zweifeln und insbesondere die, den Zweifel längere Zeit zu ertragen, ... zu den seltensten auf diesem Planeten. In Wahrheit ist der Mensch jenes Säugetier, das die Ungewissheit sehr schlecht verträgt und eine tiefe Sehnsucht nach festen Überzeugungen hat.«[366] Gerade weil unsere Menschennatur so beschaffen ist, verstehe ich die Anklage auf historischen bzw. aufklärerischen Fundamentalismus positiv. Und gerade weil die Auferstehung Jesu so zweifelhaft ist, kann sie nicht mehr Grundlage unseres Lebens sein, auch wenn wir es noch so sehr wünschten. Ich möchte lieber in einem auf solidem Fundament gebauten Haus wohnen als in einem modernen priesterlichen Luftschloss, dessen laufende Kosten der Staat bezahlt. Nehmen wir historisches Wissen und uns selbst ernst, so folgt daraus: Wir können keine Christen mehr sein, selbst wenn wir es wollten, denn Jesus ist nicht von den Toten auferstanden. Wir *sind* keine Christen mehr.[367] Wer es trotzdem von sich behauptet, täuscht sich selbst.

Die Legende vom heiligen Grab. In der Grabeskirche wird ein vermeintlich Auferstandener am falschen Ort verehrt[368]

Auf der höchsten Potenz steht jetzt in den Frommen der Glaube. Denn es wird jetzt sogar selbst auch der Glaube geglaubt.

Ludwig Feuerbach

Vor genau 100 Jahren besuchte Kaiser Wilhelm II. das Heilige Land. Viele verlachten und bespöttelten damals seine Jerusalemreise, die vor allem politischen Zielen diente. Der Kaiser wollte nämlich die am Suezkanal stehenden Engländer darauf aufmerksam machen, dass mit ihm und seinem deutschen Reich auch im Nahen Osten fortan zu rechnen sei. Aber er verfolgte mit seiner Wallfahrt auch einen religiösen Zweck. Er empfahl sich nämlich dadurch als Protektor sowohl der evangelischen als auch der römisch-katholischen Kirche. Gleichzeitig wollte Wilhelm mit seiner Palästinareise Sympathie für die jüdische Bevölkerung Jerusalems bekunden. Diese revanchierte sich prompt durch den Bau eines Triumphbogens für den Monarchen, auf dem mit hebräischen und deutschen Buchstaben ein biblischer Psalmvers stand: »Gesegnet sei, der da kommt! Im Namen des Herrn grüßen wir Euch aus dem Hause des Ewigen«. Der Kaiser gedachte aber auch seiner christlich-abendländischen Herkunft und stiftete zwei Kirchen: die katholische Dormitiokirche auf dem Zionsberg, die an der Stelle steht, wo die Jungfrau Maria entschlafen sein soll, und die nahe bei der Grabeskirche gelegene deutsch-lutherische Erlöserkirche, mit deren Konstruktion man bereits 1893 begonnen hatte. Ihr 45 Meter hoher neuromanischer Glockenturm war vom Kaiser selbst entworfen worden. Für eine der Glocken hatte er sogar ein Wort des Propheten Jesaja als Aufschrift ausgewählt: »Tröstet, tröstet mein Volk und redet mit Jerusalem freundlich.« Die Erlöserkirche wurde am Reformationsfest 1898 feierlich eingeweiht, und Wilhelm II. ritt mit großem Pomp in Jerusalem ein. Ein seidener Kreuzrittermantel bedeckte dabei seine weiße Ulanenuniform.

800 Jahre zuvor hatten sich bereits andere politische Aspiranten als Verteidiger des Heiligen Landes empfohlen. Die Kreuzritter, an deren Beispiel Wilhelm II. erinnern wollte, unternahmen seit Ende des 11. Jh.s zweihundert Jahre lang Kriegszüge ins Heilige Land, um dort christliche Besitzrechte wiederherzustellen. Der erste Kreuzzug wurde ausgelöst durch den Aufruf von Papst Urban II. im Jahre 1095. Er forderte den christlichen Adel auf, Jerusalem von den ungläubigen Muslimen zu erlösen und das Heilige Grab in Jerusalem zu befreien. Etwa 100.000 Menschen – davon ungefähr acht Prozent Adlige und Ritter, der Rest Idealisten, einfaches Volk und zum Teil Kriminelle – zogen in einem beispiellosen Akt höherer Seeräuberei in zwei Schüben ins Heilige Land. Ihr gewaltiges Aufgebot charakterisierte der berühmte englische Historiker Edward Gibbon wie folgt: »Es waren die Dümmsten und Wildesten, die ihre Andacht mit einer brutalen Zügellosigkeit von Plünderung, Prostitution und Trunksucht mischten.« Jerusalem wurde wieder christlich, als das Kreuzfahrerheer es am 15. Juli 1099 eroberte. Das Gemetzel war furchtbar. Leidtragende waren die dort ansässigen Muslime und Juden. Letztere verbrannte man bei lebendigem Leibe in ihren Synagogen. Die christliche Herrschaft über Jerusalem dauerte aber nur knapp 100 Jahre: Sie fand ihr Ende durch den Sultan von Ägypten und Syrien, Saladin, im Jahre 1187. Er war toleranter als die Eroberer und ließ die christliche Bevölkerung in Frieden. Doch befahl er, alle christlichen Spuren auf dem Tempelberg zu verwischen. Fortan blieb der Platz auch nach weiteren vergeblichen Kreuzzügen in muslimischem Besitz. Schon seit dem Jahre 691 ziert ihn der Felsendom, das früheste und bedeutendste islamische Heiligtum in Jerusalem. Es hat die Jahrhunderte fast intakt überstanden.

Die gewaltsame christliche Wiederaneignung von Orten, die von Ungläubigen in Besitz genommen waren, hat eine lange Geschichte. 800 Jahre vor Beginn des ersten Kreuzzugs legte Kaiser Konstantin (306-337 nChr), der sich auf dem Sterbebett christlich taufen ließ, unter maßgeblicher Einwirkung seiner frommen Mutter Helena die eigentliche Grundlage für die Verehrung der heiligen Stätten im Heiligen Land. Zu jener Zeit beschritt man christlicherseits den Weg, heidnische Tempel in Kirchengebäude umzuwandeln, damit der Kern der jeweiligen Städte mit Gotteshäusern angereichert werde. Wie das in Palästina vonstatten ging, schildert der Kirchenvater und Günstling Konstantins, Euseb von Cäsarea (ca. 260-340 nChr). Er erzählt in seiner Schrift »Über das Leben des seligen Kaisers Konstantin«, wie im Jahre 326 nChr unter einem Tempel der Venus das Grab Christi wieder aufgefunden worden sei. Es heißt dort:

> Diese Heil bringende Höhle hatten einige Gottlose und Verworfene bei den Menschen gänzlich in Vergessenheit bringen wollen, von dem Wahne geleitet, dadurch wohl die Wahrheit verbergen zu können ... (Aber nach der Zerstörung des Venustempels) zeigte sich wider alle Erwartung das hehre und hochheilige Denkmal der Auferstehung (III, 26-28).

Daraufhin gab Konstantin unverzüglich den Befehl,

> ein gotteswürdiges Bethaus rings um die Grotte des Erlösers, mit reicher, wahrhaft königlicher Pracht, zu bauen (III, 29).

Es konnte nicht ausbleiben, dass bald danach weitere Sensationsfunde folgten: Konstantins Mutter Helena entdeckte unter kräftiger Mithilfe des Jerusalemer Bischofs Kyrill das Kreuz, an dem Jesus gestorben war, in unmittelbarer Nähe seines Grabes wieder. Denn – so die Überlieferung – der Heilige Geist gab ihr ein, sich auf die Suche nach dem Kreuzesholz zu begeben. Sie habe drei Kreuze gefunden, ohne dass das echte für sie erkennbar gewesen sei. Aber der Heilige Geist habe sie natürlich nicht im Stich gelassen und ihr auf dem mittleren Kreuz die Kreuzesinschrift geoffenbart, durch die es zweifelsfrei als das Kreuz Jesu identifizierbar war.

Dies alles führte zu einer wahren Springflut von Neuentdeckungen und Wiedererkennungen derjenigen Orte, an denen Jesus während seines letzten Jerusalemaufenthaltes gewesen sein soll. Das Kreuzesholz von Jerusalem vervielfältigte sich sprunghaft, denn Splitter von ihm wurden in alle Welt zerstreut, die, addiert, das Material für Hunderte von Kreuzen liefern würden. Die Wiederentdeckung des Felsens Golgatha, auf dem Jesus nach den Berichten des Neuen Testaments gekreuzigt wurde, schloss sich unmittelbar an; den Felsen verlegte man, unter Bezug auf biblische Hinweise, in die direkte Nähe des Grabes Jesu, so dass er sich bald im Bereich der Grabeskirche befand. Beide Orte, das Grab Jesu und Golgatha, wurden zu Heiligtümern in orientalischem Sinne: Golgatha als Mittelpunkt der Welt, das Grab als eine seit Weltbeginn heilige

Stätte, schließlich Tod und Auferstehung als Offenbarung des geheimnisvollen Sinnes beider Orte. Mit dem Bau der Grabeskirche und infolge der mit ihr verbundenen Deutungen nahm der Pilgerstrom nach Jerusalem ungeahnte Ausmaße an und wurde auch durch die muslimische Eroberung Palästinas im 7. Jh. nicht wirklich beeinträchtigt.

Religiöses Bedürfnis verlangte von Anfang an danach, Orte des Heiligen Landes und die in der Bibel erzählte Geschichte miteinander in Beziehung zu setzen. Dabei spielte es keine Rolle, dass diese Identifizierungen in vielen Fällen auf tönernen Füßen standen. So sind z.B. weder der Ort der Himmelfahrt Jesu auf dem Ölberg, wo sich sogar ein Fußabdruck Jesu erhalten haben soll, noch der Ort des Heimgangs der Maria tatsächlich identifizierbar. Der Schwindel mit Reliquien kam hinzu. Ein makabres Beispiel hierfür ist die besondere Vorliebe deutscher Adliger im 15. Jh., die Überreste derjenigen Säuglinge aufzuspüren, die König Herodes – in der Hoffnung, unter ihnen befinde sich auch das Jesuskind – dem Evangelium nach Matthäus zufolge umgebracht haben soll. Diese Säuglinge waren allerdings schon deshalb nicht auffindbar, weil Herodes den Kindermord von Bethlehem nie begangen hat. Doch boten geschäftstüchtige Händler den gierigen Pilgern Säuglingsleichen zum Kauf an, die in Ägypten einbalsamiert und dann in Mengen nach Jerusalem exportiert wurden.

Irgendwie haben es menschliche Sehnsucht und menschliche Forschungstätigkeit in einer seltsamen Union doch noch geschafft, die beiden wichtigsten heiligen Orte, den der Geburt und den des Begräbnisses Jesu, mit den Angaben der Bibel zu versöhnen. So soll die Geburtskirche in Bethlehem, deren Bau ebenfalls auf die fromme Helena zurückgeht, über der Höhle der Geburt Jesu errichtet worden sein. Doch ist das sicher falsch, da Jesus gar nicht in Bethlehem geboren wurde. Die diesbezüglichen Aussagen der Heiligen Schrift sind Postulate der biblischen Vf.: Der Messias *musste* in Bethlehem geboren werden, deshalb *wurde* er dort auch geboren. Es handelt sich um Prophezeiungen aus dem Alten Testament, deren Erfüllung nachträglich einfach behauptet wurde. Man funktionierte sie also kurzerhand zu Geschichte um.

In der Grabeskirche, von orthodoxen Christen »Auferstehungskirche« genannt, verehren christliche Pilger aller Bildungsschichten das ursprüngliche Grab Jesu, auch wenn dieser Lokalisierung zuweilen eine gewisse Konkurrenz durch das von dem Engländer Gordon entdeckte »Gartengrab« erwuchs. Denn dass Jesus in zwei verschiedenen Gräbern bestattet worden sei, das mochte wohl auch der frömmste Pilger nicht glauben. Doch muss gegenüber beiden Fundorten mit aller Klarheit eingewandt werden, dass es zur Zeit Konstantins gar keine jerusalemische Überlieferung über Golgatha und das Grab Jesu gab. Wie der oben angeführte Fundbericht aus der Feder des Kirchenvaters Euseb eindeutig zeigt, war ein Wissen um die Lokalisierung dieses Grabes im 4. Jh. gar nicht mehr vorhanden.[369] Dies ist nicht erstaunlich, wenn man sich die Zeit zwischen dem Leben Jesu und der Hinwendung Konstantins zum Christentum vergegenwärtigt.

Die älteste Quelle zum Grab Jesu, ein Brief des Apostels Paulus an die Korinther aus den fünfziger Jahren des 1. Jh.s, verrät keinerlei Kenntnis von dessen Lage. Paulus spricht im Anschluss an Überlieferung davon, Jesus sei nach seinem Tod begraben worden. Diese Aussage bekräftigt die Tatsächlichkeit des Todes Jesu und lässt sich schwerlich dahingehend verwerten, dass den Christen der Ort des Begräbnisses Jesu bekannt gewesen sei.

Außerhalb der paulinischen Briefe finden sich vor dem Jahre 70, dem Datum der Zerstörung Jerusalems, überhaupt keine Hinweise auf das Grab. Der älteste Evangelist, Mk, berichtet davon, dass die Frauen, die das Grab leer fanden, von ihrer Entdeckung niemandem etwas gesagt haben. Das darf dahingehend gedeutet werden, dass Mk seinen Lesern erklärt, warum sie von einem leeren Grab vorher nichts erfahren haben. Erst die aus der zweiten Hälfte des 1. Jh.s stammenden Evangelien nach Mt, Lk und Joh, die allesamt den Bericht des Mk verarbeiten, sprechen von einer Ausbreitung der Kunde vom leeren Grab Jesu unter den Jüngern. Aber diese Berichte stehen in keinerlei historischem Zusammenhang mit dem, was nach dem Tode Jesu wirklich in Jerusalem geschehen ist.

Auch jegliche Hinweise auf eine Verehrung des Grabes oder auf Wallfahrten nach Jerusalem fehlen für die Zeit bis zur Mitte des 2. Jahrhunderts. Das ist auf dem Hintergrund der Tatsache zu verstehen, dass nach dem ersten jüdischen Aufstand mit der Zerstörung des Tempels im Jahre 70 nChr nicht nur der jüdischen Gemeinde, sondern auch der jungen Kirche der bisherige Mittelpunkt genommen worden war: Angesichts der Entweihung des heiligen Ortes hatte Jerusalem nunmehr wenig zu bieten. Die Situation wurde für Juden und Judenchristen noch schwieriger, als Kaiser Hadrian im Jahre 135 nach dem zweiten jüdischen Aufstand das seit 70 in Trümmern liegende Jerusalem als römische Kolonie namens Aelia Capitolina neu aufbaute und den beschnittenen Juden bei Todesstrafe verbot, sie zu betreten.

Ein erstes sichtbares Interesse für Jerusalem finden wir dann in der zweiten Hälfte des 2. Jh.s bei Bischof Melito von Sardes, der sich auf einer Palästinareise ein Verzeichnis der alttestamentlichen Bücher besorgte.[370] In einer erst vor einigen Jahrzehnten wieder gefundenen Predigt »Vom Passah« klagt er das Volk Israel des Gottesmordes an, geht indes an keiner Stelle auf das Grab Jesu ein. Man hat aus seiner Bemerkung, dass Jesus inmitten von Jerusalem gekreuzigt worden sei, geschlossen, er habe auch dessen Grab besichtigt; die Grabestradition müsse also in der Gemeinde vorhanden gewesen sein. Aber die Aussage über die Kreuzigung Jesu inmitten Jerusalems darf nicht zu archäologischen Folgerungen missbraucht werden[371], denn sie ist rhetorisch bedingt: Der Heidenchrist Melito will zeigen, dass die Juden sich nicht einmal gescheut hätten, Jesus inmitten der Stadt umzubringen.[372]

Trotz all dieser Erkenntnisse haben in den letzten Jahren die Pilgerreisen nach Jerusalem noch zugenommen, und die Besucherzahlen belaufen sich zur Zeit auf ca. zwei Millionen pro Jahr. Das Gros dieser Wallfahrer sind Christen. Jerusalem, eine Stadt mit rund einer halben Million Einwohnern, von denen nur 2,5% den christlichen Konfessionen angehören, hat eine Bedeutung darin, dass es nach Mekka und Medina die drittwichtigste Stadt für den Islam ist. Mohammed ist der Überlieferung zufolge von Jerusalem aus, obwohl er es nie besucht hat, mit seinem Streitross in den Himmel entschwunden. Jerusalem bleibt aber vor allem der heimliche Mittelpunkt der gesamten Christenheit, die inzwischen mehr als zwei Milliarden Menschen umfasst. Mitglieder praktisch aller verschiedenen Christengemeinschaften sind in Jerusalem vertreten: von den Orthodoxen über die Katholiken bis hin zu den unterschiedlichen protestantischen Kirchen. In Jerusalem wird heute jede Lebens- und Leidensstation Jesu identifiziert, und jeden Freitag findet eine Prozession auf der *Via Dolorosa* zum angeblichen Ort der Kreuzigung Jesu statt, obwohl inzwischen feststeht, dass Jesus diesen Weg niemals gegangen ist. Das in der Grabeskirche zu besichtigende Grab Jesu dient den meisten Christen heute wie zur Zeit Konstantins als handfester Beweis für Jesu Auferstehung, obwohl durchschlagende Gründe endgültig erwiesen haben, dass dieser Ort als Begräbnisstätte Jesu eine reine Erfindung des 4. Jh.s ist. Und nicht nur dies: Jesus ist gar nicht auferstanden, so dass man sagen muss: Hier wird ein nur vermeintlich Auferstandener am falschen Ort verehrt. Zugleich gilt: Auch der christliche Glaube braucht offenbar Magie und Nähe zum Heiligen, auch wider bessere Erkenntnis. Im Zweifelsfall siegt die religiöse Gewissheit über das nüchterne Gewissen, und das wird vermutlich auch erst einmal so bleiben. Allerdings ist der christliche Glaube damit für den Menschen in der Moderne zu einem Aberglauben geworden, den man nur noch verstehen, aber nicht mehr akzeptieren kann.

EXKURS 2
Maria Magdalena – Vertraute des auferstandenen Jesus und Gegnerin des Petrus

Maria Magdalena ist in der gnostisch-christlichen Literatur bevorzugt Empfängerin von Zuwendungen des Auferstandenen und Gegenstand kritischer Nachfragen aus dem Jüngerkreis. Indes stellt sich die Frage nach dem Alter dieser Quellen und nach ihrem Verhältnis zu den neutestamentlichen Schriften. Im folgenden seien die wichtigsten Texte vorgestellt.

Sophia Jesu Christi und Dialog des Erlösers

In der *Sophia Jesu Christi*[373] gehört Maria Magdalena zu jenen sieben Frauen, denen zusammen mit den 12 Jüngern der Erlöser Jesus in Galiläa auf dem Berg erscheint (90,10). Sie wird als einzige Frau mit Namen genannt und stellt zweimal eine Frage. Aus all dem folgt eine besondere Wertschätzung ihrer Person.

Im Dialog des Erlösers[374] kommt Maria Magdalena wiederum als einzige Frau zu Wort, und zwar 14mal als Fragende oder als Diskussionspartnerin. Sie gilt infolge ihrer klugen Antworten als Schriftauslegerin, die »vollständig verstanden hat« (139,13). Leider ist der Text oftmals so stark zerstört, dass weitere Aussagen ohne detaillierte Analysen nicht möglich sind.[375]

Gnostisches Philippusevangelium

Spruch 32
Es waren drei, die allezeit mit dem Herrn wandelten: Maria, seine Mutter, und ihre Schwester und Magdalene, die man seine Gefährtin nennt. Denn (eine) Maria ist seine Schwester und seine Mutter und seine Gefährtin.[376]

Hier liegt offenbar das JohEv zugrunde, denn nur dort (Joh 19,25) ist davon die Rede, dass Maria, die Mutter Jesu, unter dem Kreuz anwesend war. Die Vorstellung von Maria Magdalena als der Ge-

174

fährtin Jesu erinnert an die enge Verbindung von Simon und Helena[377] und ist auf dem Hintergrund gnostischer Syzygienvorstellungen zu verstehen, in denen die Sophia Paargenossin Jesu ist.

Spruch 55

Die Sophia, die man die »Unfruchtbare« nennt, sie ist die Mutter der Engel. Und die Gefährtin von Christus ist Maria Madgalena. Der Herr liebte sie mehr als alle anderen Jünger, und er küsste sie oftmals auf ihren Mund. Die übrigen Jünger ..., sie sagten zu ihm: »Weshalb liebst du sie mehr als uns alle?« Es antwortete der Erlöser, er sprach zu ihnen: »Weshalb liebe ich euch nicht so wie sie?«[378]

Dieser Spruch zeigt eine deutlich joh Färbung, indem Maria Magdalena gewissermaßen die Rolle des Lieblingsjüngers einnimmt, den wir nur aus dem JohEv kennen. Der Kuss auf den Mund ist ganz im Rahmen der gnostisch-valentinianischen Zeremonie des Brautgemachs zu verstehen, einer »Form der rituell gestalteten ›Erlösung‹ ... Sie gilt als das ›Heiligste der Heiligen‹ und steht über den anderen Sakramenten.«[379] Man vgl. dazu eine weitere Schrift aus dem Fund von Nag Hammadi:

Zweite Apokalypse des Jakobus

(Jakobus über Jesus:) Und er küsste meinen Mund, umarmte mich und sagte: »Mein Geliebter, siehe, ich werde dir offenbaren solche Dinge, die weder die Himmel noch ihre Archonten erkannt haben. ... Nun aber strecke deine Hand aus! Nun umarme mich!« Und sogleich streckte ich meine Hände aus, und ich fand ihn nicht so, wie ich dachte (, dass er sein werde). Aber danach hörte ich ihn sagen: »Verstehe und umarme mich!« Darauf verstand ich, und ich fürchtete mich. Und (zugleich) freute ich mich in großer Freude.[380]

Der Kuss auf den Mund und die Umarmung könnten auch hinsichtlich des Jakobus auf eine Art »Lieblingsjüngerkonzeption« hindeuten.[381]

Noch ein weiterer Zug kennzeichnet das Bild von Maria Magdalena in den gnostischen Texten, nämlich der Gegensatz zu Petrus.

Für Maria findet sich dieses Motiv sehr deutlich im Evangelium der Maria, im ThEv und in der Pistis Sophia.

Ich gehe die genannten Texte der Reihe nach durch:

Evangelium der Maria[382]

Das kleine Werk (18 Seiten), von dem knapp die Hälfte in koptischer Übersetzung Ende des 19. Jh.s wieder entdeckt wurde, besteht aus zwei Teilen, die ein Redaktor zusammengearbeitet hat. Der erste (nur 8,11-9,15 sind erhalten) ist mutmaßlich ein Dialog Jesu mit seinen Jüngern. Sie stellen nach dessen Weggang verzweifelte Fragen:

> Wie sollen wir zu den Heiden gehen und das Evangelium vom Reich des Menschensohnes predigen? Wenn sie diesen nicht verschonten, wie werden sie uns schonen? (9,7-12).

Der erste Teil schließt mit dem erfolgreichen Trost der Maria Magdalena für die Jünger (9,12-20), denn diese wandten darauf »ihre Herzen zum Guten und begannen über die Worte des Retters zu diskutieren« (9,20-24).

Der zweite Teil (10,1-19,2 [11-14 sind nicht erhalten]) wird eingeleitet durch eine Bitte des Petrus an Maria Magdalena:

> (Petrus:) Schwester, wir wissen, dass der Erlöser dich mehr liebte als die übrigen Frauen. Sage uns die Worte des Erlösers, an die du dich erinnerst, die du kennst – wir (aber) nicht, und die wir auch nicht gehört haben (10,1-7).

Darauf teilt Maria den Jüngern mit, was verborgen ist. Sie hat es in einer Vision empfangen. (Leider ist der allergrößte Teil dieses Abschnitts nicht erhalten.)

Andreas indes glaubt der Maria nicht (17,11-15), und Petrus ruft aus:

> Sprach er denn mit einer Frau, unbemerkt von uns, nicht öffentlich? Sollen wir umkehren und alle auf sie hören? Hat er sie mehr als uns erwählt? (17,18-22).

Doch die Antwort der Gescholtenen und die Entgegnung Levis an die Adresse des Petrus sichern die Autorität der Maria Magdalena ab:

> (Levi:) Petrus, du bist von jeher aufbrausend. Nun sehe ich, wie du dich gegen die Frau ereiferst wie die Widersacher. Wenn der Erlöser sie aber würdig gemacht hat, wer bist du denn, dass du sie verwirfst? Sicherlich kennt der Erlöser sie ganz genau. Deshalb hat er sie mehr als uns geliebt (18,7-14).

Da die Schlusssätze des Werkes auf griechisch erhalten sind (Rylands Papyrus Nr. 463 [Anfang des 3. Jh.s]), legt sich nahe, dass dies auch die Originalsprache war. Aus dem Alter des Papyrus folgt eine Abfassung wohl im 2. Jh., als in der christlichen Gnosis die Bedeutung der Maria Magdalena als besonderer Offenbarungsträgerin erkannt wurde. Doch ist zu betonen: Neutestamentliche Schriften lieferten die Bausteine auch für das Evangelium der Maria.[383]

Thomasevangelium

Logion 114

(1) Simon Petrus sagte zu ihnen: »Mariham (= Maria) soll von uns gehen. Denn die Frauen sind des Lebens nicht würdig!« (2) Jesus sagte: »Siehe, ich werde sie ziehen, damit ich sie männlich mache, damit auch sie zu einem lebendigen Geist werde, der euch Männern gleicht. (3) Denn jede Frau, wenn sie sich männlich machen wird, wird in das Königreich der Himmel eingehen.«[384]

Erläuterung

Das Logion steht in einem Kontrast zu Th 22,5: »Wenn ihr das Männliche und das Weibliche zu einem einzigen macht, damit das Männliche nicht männlich ist und das Weibliche nicht weiblich ist (, werdet ihr in das Königreich eingehen).« Denn dort ist von der Auflösung der Geschlechtlichkeit die Rede, hier in Logion 114 von einer Verwandlung des Weiblichen ins Männliche. Logion 114 (vgl. 27,1; 79,3) spiegelt Diskussionen innerhalb gnostischer Gemeinden über die Rolle der Frau und über die Rolle des Geschlechtlichen wider.

Das umfangreiche gnostische Werk Pistis Sophia besteht aus vier Teilen und geht auf zwei Vorlagen zurück, deren griechische Originale aus dem 3. Jh. stammen. In ihnen stellen die Jünger und vor allem Maria Magdalena (sowie Maria, die Mutter Jesu, Martha und Salome) dem auferstandenen Jesus Fragen und erhalten ausführliche Belehrung. Maria Magdalena hat hier eine herausragende Bedeutung und bestreitet fast allein den Dialog mit Jesus, der ausschließlich auf der Grundlage des Neuen Testaments und gnostisch-valentinianischer Lehren geführt wird. Jesus preist Maria als diejenige selig, »deren Herz mehr als alle deine Brüder auf das Himmelreich gerichtet ist« (I,17).

Doch fällt eine Beschwerde des Petrus an die Adresse Jesu auf, die Maria Magdalena betrifft:

> I,36: »Mein Herr, wir werden diese Frau nicht ertragen können, da sie uns die Gelegenheit nimmt und niemand von uns hat reden lassen, sondern vielmals redet.«

Die Reaktion der Gescholtenen ist ebenfalls an Jesus gerichtet:

> I,72: »Ich fürchte mich vor Petrus, weil er mir droht und unser Geschlecht hasst.«

Für einen modernen Betrachter ist dieser Ausspruch geradezu sensationell, denn er bezeichnet Petrus unmissverständlich als einen Sexisten.[386] Eingebettet ist der Streit zwischen Maria Magdalena und Petrus in einen Konflikt um das Rederecht der Frau in der Kirche, deren Oberhaupt Petrus ist.

Ergebnis

Die obigen Texte aus der Sophia Jesu Christi, dem Dialog des Erlösers, aus PhilEv, ThEv, Evangelium der Maria und aus der Pistis Sophia spiegeln gnostisch-kirchliche Diskussionen im 2. Jh. wider und können nicht als zusätzliche Quellen für die erste christliche Generation benutzt werden.

Nach Susanne Heine wird Maria Magdalena in den ältesten Auferstehungstexten wie 1Kor 15 und Lk 24,34 nicht genannt, weil hier

>>Christophanie und Leitungsfunktion ... eng verknüpft sind ... Sie leitete keine Gemeinde und geriet über die ersten institutionellen Autoritätskonflikte innerhalb der christlichen Gemeinschaftsbildungen ins Hintertreffen. Das schließt aber nicht aus, daß sie als Nachfolgerin Jesu und als pneumatische Persönlichkeit eine geistliche Autorität besessen hat<<.[387]

Selbst dieses behutsam gewonnene Urteil dürfte aus den genannten Gründen für die Frühzeit zu optimistisch sein. Die Tradition von Maria Magdalena ist, was die Passion Jesu angeht, wohl historisch, ihre Erstzeugenschaft der Auferstehung lässt sich aber nicht bestätigen. Dennoch behält Susanne Heine in folgendem Recht:

>>In jedem Fall hat Maria Magdalena eine theologisch-symbolische Bedeutung. Die Auseinandersetzung zwischen Großkirche und Gnosis belegt, daß die Frage nach der Rolle der Frauen in den Gemeinden ein integrierender Bestandteil dieses Kampfes war. Maria Magdalena steht ... dafür, daß Geistempfang, Begnadigung durch den Erlöser, Glaube und Weitergabe dieses Glaubens in Verkündigung und Lehre, samt den dazugehörigen gemeindlichen Funktionen, nicht auf Männer beschränkt sind.<<[388]

EXKURS 3
Eine religionsgeschichtliche Analogie zum Verhältnis von Erscheinung und leerem Grab. Zu Mk 16,1-8

Darüber, wie in der Antike aus Erscheinungen eines Gestorbenen Folgerungen zum Verbleib des Leichnams gezogen wurden, informiert die folgende Analogie.

Herodot[389] berichtet in Buch IV 14 der Historien folgendes über Aristeas aus Prokonnesos:

> Aristeas, so berichtet man, war seiner Herkunft nach nicht geringer als einer seiner Mitbürger. Er kam nach Prokonnesos in eine Walkerei und starb in der Werkstatt. Der Walker schloss den Arbeitsplatz und ging weg, um die Angehörigen des Toten zu benachrichtigen. Als sich das Gerücht vom Tode des Aristeas schon in der ganzen Stadt verbreitet hatte, geriet ein Mann aus Kyzikos, der aus Artake (ein Hafen, der ungefähr 8 km von Kyzikos entfernt ist [G.L.]) kam, mit denen in Streit, die die Nachricht verbreiteten. Er berichtete, er selbst sei ihm auf dem Wege nach Kyzikos begegnet und mit ihm ins Gespräch gekommen. Er widersprach mit aller Kraft. Darauf fanden sich die Angehörigen in der Walkerei ein mit allen Geräten, die sie zur Bestattung brauchten, um ihn zu holen. Als man den Raum öffnete, fand man Aristeas weder tot noch lebend darin. Nach sieben Jahren erschien Aristeas wieder in Prokonnesos und dichtete jenes Epos, das in Griechenland Arimaspea heißt. Danach verschwand er zum zweiten Mal.[390]

Herodot gibt eine mündlich erzählte Geschichte wieder (»so berichtet man«). Eine Analogie zur Geschichte Jesu besteht darin, dass man trotz des Todes den Leichnam dort, wo er zu erwarten gewesen wäre, nicht findet, der Tote hingegen jemandem erschienen ist. Offenbar haben Anhänger des Aristeas, der zu seinen Lebzeiten vielleicht ein Priester Apollos war, diese Geschichte nach seinem Tod erzählt. Primär war seine »Erscheinung« vor ihnen. Daraus erschlossen sie die Nicht-Auffindbarkeit seines Leichnams. Die Geschichte ist ein anschauliches Beispiel dafür, wie religiöse Phantasie assoziiert und »Folgerungen« zieht. Wie Gegner möglicherweise darauf reagierten, sei aus Herodot IV 94f erläutert. Herodot berichtet von dem Thrakerstamm der Geten, dass sie annehmen, nach dem Tode zu dem Dämon Salmoxis zu gelangen. »Sie glauben, es gebe keinen anderen Gott als ihren eigenen« (94,4). Nun hat Herodot aber von den Griechen am Hellespont und am Pontos erfahren, dass dieser Salmoxis ein Mensch gewesen sei, der seine Landsleute auf folgende Weise täusche:

> *95,2-5:* Da aber die Thraker noch ein recht erbärmliches und rohes Leben führten, baute dann Salmoxis, der ionische Lebensweisen und Sitten kannte, die vernünftiger waren als die der Thraker – er hatte ja unter Griechen gelebt und nicht gerade bei dem schlechtesten Gelehrten der Griechen, dem Pythagoras –, einen Saal, in den er die vornehmsten Bürger zum Mahl einlud und bewirtete. Dabei lehrte er sie, daß weder er noch seine Gäste noch deren Nachkommen sterben würden, sondern an den Ort kämen, wo sie ewig weiterleten und alle Güter in Fülle hätten. Während er aber solche Gastmähler gab und solche Reden führte, ließ er sich ein unterirdisches Gemach bauen. Als es fertig war, machte er sich den Thrakern unsichtbar. Er stieg nämlich in dieses Gemach hinab und lebte drei Jahre darin. Die Leute sehnten sich nach ihm und betrauerten ihn wie einen Toten. Im vierten Jahr erschien er wieder bei den Thrakern, und dann glaubten sie an die Lehre des Salmoxis. Soweit der Bericht.[391]

Die Geschichte ist wohl eine gegnerische Reaktion auf die Unsterblichkeitsansprüche des Salmoxis und seiner Anhänger. Eine ähnliche Kritik an Aristeas findet sich beim Kirchenvater Gregor von Nazianz. Er vergleicht ihn mit Trophonius und anderen, die sich zum Zwecke der Selbstvergöttlichung in Zellen verbergen.[392] Man darf vermuten, dass Zeitgenossen ähnliches über ihn verbreiteten, wie die obige Erzählung gegen die Anhänger des Salmoxis illustriert. Und schließlich wird klar, warum eine Kritik des leeren Grabes Jesu nicht lange auf sich warten ließ.

Eine kaum zu überschätzende Rolle spielen in der katholischen Frömmigkeit die vielfachen Erscheinungen der Gottesmutter, von denen es aber keine wissenschaftlichen Dokumentationen gibt.[394] Wir befinden uns hier also von vornherein auf schwankendem Boden, müssen aber trotzdem versuchen, eine Schneise durch das Dickicht üppig wuchernder Privat- oder Volksfrömmigkeit zu schlagen.

Ich zitiere zunächst ausführlich aus den Berichten zweier Frauen, Elisabeth von Schönau und Anna Katharina Emmerick, um einen allgemeinen Eindruck von Marienerscheinungen zu vermitteln.

Die Marienerscheinungen vor Elisabeth von Schönau

Elisabeth von Schönau (1129-1164) hatte nicht nur zahlreiche Christuserscheinungen. Sie schaute oftmals auch Maria. Von adliger Herkunft, trat sie im Alter von zwölf Jahren in das Benediktinerkloster Schönau ein. Elisabeth war oft krank, und ihre Ekstasen wurden häufig von schmerzhaften Anfällen begleitet. Ihr Bruder, Ekbert von Schönau, hat ihre Aufzeichnungen zusammengestellt und dabei, wie sich an einigen Stellen zeigt, auch eigene Gedanken und Interessen einfließen lassen.

In einer ihrer Visionen sah Elisabeth die Auferstehung Marias aus dem Grab und ihre Aufnahme in den Himmel:

> In dem Jahr, in dem mir vom Engel des Herrn das Buch der Gotteswege verkündigt wurde, an dem Tag, an dem die Kirche die Oktav der Aufnahme unserer Herrin feiert, war ich zur Stunde des Gottesdienstes in der Entrückung des Geistes, und es erschien mir nach ihrer Art jene, meine Trösterin, die Himmelsherrin.
>
> Da fragte ich sie, wie ich von einem unserer Älteren vorher ermahnt worden war, und sagte: »Meine Herrin, möge es deiner Wohlwollenheit gefallen, uns zu würdigen, darüber Auskunft zu geben, ob du nur im Geiste in den Himmel aufgenommen wurdest oder auch im Fleische.«

Dies aber sagte ich deshalb, weil, wie man spricht, sich darüber in den Büchern der Väter nur mit Zweifel Geschriebenes findet.

Und sie sagte mir: »Was du fragst, kannst du noch nicht wissen. Es wird aber so sein, dass durch dich dies geoffenbart werden wird.«

Daher wagte ich während des ganzen Zeitraumes dieses Jahres nicht, darüber entweder von dem Engel, der mir vertraut ist, noch von ihr, wenn sie sich mir zeigte, etwas weiteres zu erfragen. Es legte mir aber jener Bruder (= Ekbert), der mich zu dieser Nachforschung drängte, einige Gebete auf, mit denen ich von ihr die Offenbarung erlangen sollte, die sie mir versprochen hatte. Und als nach Ablauf eines Jahres das Fest ihrer Himmelfahrt wiedergekommen war, war ich durch eine vieltägige Krankheit schwach, und wie ich zur Zeit des Gottesdienstes im Bett lag, kam ich mit heftiger Anstrengung in eine Entraffung des Geistes. Und ich schaute an einem weit entfernten Ort ein mit viel Licht umflossenes Grab und etwas wie eine Frauengestalt darin, und herum stand eine große Menge von Engeln. Und nach einem Augenblick wurde sie aus dem Grab aufgerichtet und zugleich mit jener Menge der Dabeistehenden wurde sie in die Höhe erhoben. Und als ich aufblickte, siehe, da kam ihr von der Himmelshöhe ein über alle Vorstellungen verklärter Mann entgegen, der in der Rechten ein Kreuzzeichen trug, an dem auch eine Fahne erschien. Ich erkannte, dass er der Herr und Heiland selbst war und eine unendliche Menge von Engeln mit ihm. Und sie so froh empfangend, brachten sie sie mit großem Chorgesang in die Himmelshöhe hinweg. Und nachdem ich dies so erblickt hatte, schritt meine Herrin nach kurzer Zeit zur Lichtpforte, in der ich sie üblicherweise sehe, blieb stehen und zeigte mir ihre Verklärung.

In derselben Stunde war der Engel des Herrn bei mir ... und ich sagte zu ihm: »Mein Herr, was bedeutet diese große Vision, die ich schaute?«

Und er sagte: »Gezeigt wurde dir in dieser Vision, wie sowohl im Fleisch als auch im Geist unsere Herrin in den Himmel aufgenommen wurde.«[395]

Später berichtet Elisabeth davon, Maria habe ihr gesagt, alle Apostel des Herrn seien bei ihrem Begräbnis dabei gewesen: »Alle waren da und übergaben mit großer Ehrerbietung meinen Leib der Erde.«[396]

Die Marienerscheinungen vor Anna Katharina Emmerick

Als zweites seien die Marienerscheinungen vor der seit Dezember 1812 stigmatisierten Augustinernonne Anna Katharina Emmerick (1774-1824) genannt, die durch die literarische Bearbeitung des Konvertiten Clemens Brentano (1778-1842) Berühmtheit erlangten. Anna Katharina Emmerick berichtet, wie sie die junge Maria und ihre Mutter Anna geschaut habe:

Als ich gestern abend zu Nacht gebetet hatte und kaum eingeschlafen war, trat eine Person an mein Bett, und ich erkannte in ihr eine Jungfrau, die ich schon früher oft gesehen hatte. Sie sprach ganz kurz zu mir: »Du hast heute viel von mir gesprochen, nun sollst du mich auch sehen, damit du dich nicht in mir irrest.« – Ich fragte sie aber: »Habe ich auch wohl zuviel geredet?«

Da erwiderte sie kurzweg: »Nein!« und verschwand. – Sie war noch im jungfräulichen Stande, war schlank und anmutig; sie hatte den Kopf mit einer weißen Kappe bedeckt, welche im Nacken, zusammengezogen mit einem Zipfel endigend, niederging, als seien ihre Haare darin verschlossen. Ihr langes, sie ganz bedeckendes Kleid war von weißlicher Wolle, die anschließenden Ärmel erschienen nur um die Ellbogen etwas kraus gebauscht. Hierüber trug sie einen langen Mantel von bräunlicher Wolle wie von Kamelhaaren.

Kaum hatte ich mich mit Rührung über diese Erscheinung gefreut, als plötzlich in ähnlicher Kleidung eine bejahrte Frau mit etwas gebeugterem Haupte und sehr eingefallenen Wangen vor mein Lager trat, sie war wie eine schöne, hagere, etwa 50 Jahre alte Jüdin. – Ich dachte schon: »Ei, was will denn die alte Judenfrau bei mir?« Da sprach sie zu mir: »Du brauchst nicht zu erschrecken, ich will mich dir nur zeigen, wie ich gewesen bin, da ich die Mutter des Herrn geboren, damit du dich nicht irrst.« Ich fragte sogleich: »Ei, wo ist denn das liebe Kindlein Maria?« Und sie erwiderte: »Ich habe sie jetzt nicht bei mir.« – Da fragte ich weiter: »Wie alt ist sie denn jetzt?« Und sie antwortete: »Vier Jahre«; und ich fragte abermals: »Habe ich dann auch recht geredet?« Und sie sprach kurz: »Ja!« Ich aber bat sie: »Oh, mache doch, daß ich nicht zuviel sage!« Sie antwortete nichts und verschwand.

Nun erwachte ich und überdachte alles, was ich von der Mutter Anna und der Kindheit der heiligen Jungfrau gesehen, und alles ward mir klar, und ich fühlte mich ganz glückselig. Am Morgen wieder entschlummert, sah ich ein neues, sehr schönes und zusammenhängendes Bild. Ich glaubte es nicht vergessen zu können, aber der kommende Tag fiel mit so vielen Störungen und Leiden über mich, daß ich nichts mehr davon übrig habe.[397]

Die Vorgänge im Himmel nach der Geburt der Maria hat Anna Katharina Emmerick folgendermaßen »gesehen«:

Im Augenblicke, als das neugeborene Kind Maria auf den Armen der heiligen Mutter Anna ruhte, sah ich es zugleich im Himmel vor dem Angesichte der allerheiligsten Dreifaltigkeit dargestellt und von unbeschreiblicher Freude aller himmlischen Heerscharen begrüßt. – Da erkannte ich, daß ihr alle ihre Seligkeiten, Schmerzen und Geschicke auf eine übernatürliche Weise bekannt gemacht wurden. Maria ward von unendlichen Geheimnissen unterrichtet, und doch war und blieb sie ein Kind. Dieses ihr Wissen können wir nicht verstehen, weil unser Wissen auf dem Baume der Erkenntnis gewachsen ist. Sie wußte alles dieses, wie ein Kind die Brust seiner Mutter weiß, und daß es an ihr trinken soll. Als mir die Anschauung verschwand, wie das Kind Maria so durch die Gnade zum Himmel unterrichtet ward, hörte ich es zum ersten Male weinen.[398]

Die Geburt Jesu hat Katharina so geschaut:

Ich sah den Glanz um die heilige Jungfrau immer größer werden, das Licht der Lampe, welches Joseph angezündet hatte, war nicht mehr sichtbar. Sie kniete in einem weiten, gürtellos um sie her ausgebreiteten Gewande, das Angesicht gegen Morgen gewendet, auf ihrem Ruheteppich.

In der zwölften Stunde der Nacht ward sie im Gebete entzückt. Ich sah sie von der Erde emporgehoben, so daß ich den Boden unter ihr sah. Sie hatte die Hände auf der Brust gekreuzt. Der Glanz um sie her mehrte sich, alles, selbst das Leblose, war in freudiger innerer Bewegung, das Gestein der Decke, der Wände, des Bodens der Höhle ward wie lebendig in dem Lichte. – Nun aber sah ich die Decke des Gewölbes nicht mehr, eine Bahn von Licht öffnete sich über Maria bis in den höchsten Himmel mit steigendem Glanze.

In dieser Lichtbahn war eine wunderbare Bewegung von Glorien, die sich durchdringend und nähernd deutlicher in der Form himmlischer Geisterchöre erschienen. – Die heilige Jungfrau aber in Entzückung emporgetragen, betete nun zur Erde niederschauend ihren Gott an, dessen Mutter sie geworden war, der als ihr neugeborenes hilfloses Kind vor ihr an der Erde lag.

Ich sah unseren Erlöser als ein leuchtendes, ganz kleines Kind, das mit seinem Lichte allen umgebenden Glanz überstrahlte, auf dem Teppich vor den Knien der heiligen Jungfrau liegen. Es war mir, als sei es ganz klein und werde vor meinen Augen größer. Alles dieses aber war nur eine Bewegung von so großem Glanze, daß ich nicht bestimmt sagen kann, wie ich es gesehen.

Die heilige Jungfrau war noch eine Zeitlang so entzückt, und ich sah, wie sie ein Tuch über das Kind legte, aber sie faßte es noch nicht an und nahm es noch nicht auf. Nach einer geraumen Zeit sah ich das Jesuskind sich regen und hörte es weinen, da war es, als komme Maria zu sich, und sie nahm das Kindlein, welches sie mit dem darübergedeckten Tuche einhüllte, von dem Teppich auf und hielt es in den Armen auf ihre Brust. Sie saß nun und verhüllte sich ganz mit dem Kinde in ihrem Schleier, und ich glaube, Maria säugte den Erlöser. Da sah ich um sie her ganz menschlich gestaltete Engel vor dem Kinde anbetend auf dem Angesicht liegen.

Es mochte wohl eine Stunde nach der Geburt sein, als Maria den heiligen Joseph rief, der noch im Gebete lag.[399]

Der subjektive Charakter von Marienerscheinungen

Die Marienvisionen von Anna Katharina Emmerick und von

Elisabeth von Schönau sind Erzeugnisse der blühenden Phantasie hochsensibler römisch-katholischer Frauen und ganz auf der Grundlage der katholischen Marientraditionen – Verehrung der Mutter Marias (Anna), Auferstehung und Himmelfahrt Marias – gewonnen. Sie belegen nachdrücklich, wie eine (imaginäre) Bilderwelt auf Menschen einstürmen kann, wenn *erstens* bestimmte äußere Bedingungen wie Schlafentzug, Krankheit etc. gegeben sind und *zweitens* diese religiöse Bilderwelt durch einen institutionellen Rahmen sowie durch intensive Beschäftigung mit dem Gegenstand religiöser Verehrung gegenwärtig ist. Schon legt sich der begründete Verdacht nahe, dass diese Visionen ausschließlich subjektiv zu nennen sind und mit einer anderen Wirklichkeit nichts zu tun haben: Die Maria, die von den Visionärinnen geschaut wurde, ist außerhalb ihrer Einbildungen nicht existent.

Berühmte Marienerscheinungen der Neuzeit

Im folgenden seien die berühmtesten Marienerscheinungen der Neuzeit genannt.[400] Dazu gehören die Erscheinungen von Lourdes im Jahre 1858, Fatima in Portugal 1917 und die seit 1981 in Medjugorje im ehemaligen Jugoslawien. Doch stellen sie nur einen kleinen Ausschnitt aus einer ganzen Fülle ähnlicher Erscheinungen dar. Ein im Jahre 1993 erschienenes Buch führt allein 997 Erscheinungen an, die in direktem oder indirektem Zusammenhang mit Maria stehen, und im Internet gibt es inzwischen mehrere Websites zu Erscheinungen der Maria in der Gegenwart. Dabei ist die Dunkelziffer der nicht erfassten Erscheinungen naturgemäß unbekannt.

Die Anzahl der Erscheinungen nimmt unaufhörlich zu: Zeigte sich Maria im 18. Jh. nur dreißigmal, so im 19. Jh. schon knapp 200mal und im 20. Jh. gut 450mal. Zwischen 1930 und 1950 untersuchten kirchliche Behörden allein in Westeuropa etwa 300 Muttergottes-Erscheinungen, die zum größten Teil einfachen Dorfkindern zuteil geworden sein sollen. Maria legte ihnen zumeist Gebet, Buße und Rosenkranzgebet ans Herz.

Hinzuweisen ist noch darauf, dass die einzelnen Empfängerinnen von Marienerscheinungen sich gegenseitig oft nicht anerkennen.

Theologische Begründungen der Marienerscheinungen

Was ist der Grund für die ständig steigende Anzahl der Marienerscheinungen? Kirchlich-theologische Kreise verweisen gerne auf
die Gegenwart als Endzeit. Das erste Kommen Jesu sei in Niedrig-
keit geschehen; daher sei Maria im Verborgenen geblieben. Das
zweite Kommen Jesu aber werde in Herrlichkeit erfolgen, und seine
Mutter bereite dies vor. Ihre vielfachen Erscheinungen seien dafür
ein sprechendes Zeichen.[401]

Es liegt auf der Hand, dass ein solches Verständnis keine größere
Plausibilität hat als das unzähliger Sekten der Gegenwart, welche –
oft im Widerspruch zueinander – die Bibel als Fahrplan für die letzten Dinge vor der Wiederkunft Christi lesen.

Gründe für die starke von Maria ausgehende Faszination

Wie die oben erwähnte Statistik zur steigenden Zahl der Marienerscheinungen zeigt, kann man förmlich von einem beginnenden
marianischen Tropenklima sowohl in Westeuropa als auch in Nord-
amerika sprechen. Dies ist in Südamerika schon seit längerer Zeit zu
beobachten. Dort hat es im Jahre 1531 mit einer Erscheinung vor
dem Indianer Juan Diego in Guadalupe seinen Anfang genommen.

In der westlichen Welt lassen sich folgende Gründe für die starke
von Maria ausgehende Faszination anführen:

a) Die tiefe Sehnsucht der Gläubigen nach einer persönlichen
Begegnung mit dem Göttlichen wird offenbar sowohl durch die zu-
nehmende Entzauberung der Welt als auch durch die Modernisie-
rungstendenzen des katholischen Glaubens eher verstärkt als ge-
mindert.

b) Gott Vater und Göttin Mutter lassen sich als Abbild und als
himmlische Entsprechung der irdischen Familie auffassen, die es zu
bewahren gilt. Erst dann ist die Welt wieder in Ordnung.

Drei tiefenpsychologische Faktoren treten hinzu:

c) Maria wird zur Projektion von weiblichen Idealvorstellungen
über Gott. Als Inbegriff der liebevollen und barmherzigen Mutter
entspricht sie der allgemein menschlichen Sehnsucht nach Geborgenheit und tritt dem gerechten Vatergott ergänzend zur Seite.

d) Als von Gott erwählte demütige Jungfrau dient sie dazu,
Frauen zur Entsexualisierung ihres Körpers und zur Demut anzu-

halten. Jedenfalls lädt die Gipsfigur in der Grotte von Lourdes zu dieser Deutung geradezu ein. Dort sieht man eine Maria mit niedergeschlagenen Augen und mit einem bis zur Unerkennbarkeit eingehüllten Körper.

e) Aber auch Männer finden aus tiefenpsychologischen Gründen Gefallen an einer solchen ihrer Sexualität beraubten, reinen Heiligen. In Phantasien stilisieren sie Maria zur reinen Jungfrau, um der eigenen sexuellen Probleme Herr zu werden.

Gründe für die offizielle Anerkennung von Marienerscheinungen

In manchen Fällen ist der Grund für die kirchliche Anerkennung der betreffenden Visionen überdeutlich. Eine Anerkennung erfolgt in der Regel dann, wenn die Vision kirchliche Dogmen abstützt. So erblickte am 11. Februar 1858 die vierzehnjährige Bernadette Soubirous in einer Grotte bei Lourdes eine »junge, wunderschöne Dame, ganz vom Licht umflossen«. Sie war »bestürzt«, berichtete Bernadette später, und glaubte an eine »Täuschung«. Doch es war keine. Nach der Vernehmung durch den örtlichen Bischof befahl dieser der Seherin, die »wunderschöne Dame« nach ihrem Namen zu fragen. Nach dreimaliger Bitte stellte sich die Dame vor als »die unbefleckte Empfängnis«. Zweifellos stärkte dies die damals vier Jahre alte päpstliche Definition dieses Dogmas und förderte damit zugleich die offizielle kirchliche Anerkennung der Marienerscheinung von Lourdes. Bernadette sagte folgerichtig später, die Dame sei ihr erschienen, um die Worte des Papstes zu bestätigen. So bekam dieses Dogma himmlische Rückendeckung. Die unbefleckte Empfängnis und die päpstliche Unfehlbarkeit beleuchten beide dasselbe Prinzip: Die Jungfrau konnte nicht sündigen und der Papst sich nicht irren.

Folgende Episode aus der Gegenwart[402] belegt, wie ernst katholische Würdenträger den Marienspuk nehmen: In einer Predigt, die der Kölner Kardinal Meisner im Jahre 1990 in Fatima hielt, erklärte er, dort habe Portugal der Maria Raum und Heimat gegeben. Von Fatima aus habe sie beginnen können, Christus wieder nach Europa zu tragen und den bedrängten Jüngern ihres Sohnes in den gottlosen kommunistischen Staaten Osteuropas zu Hilfe zu kommen. Meisner wörtlich: »Ich bin gekommen, um den Portugiesen zu danken, dass sie Maria für dieses Bekehrungswerk in Fatima Aufnahme gewährt haben.«

Dazu bemerkt Josef Hanauer völlig zu Recht:

> »Phrasen, nichts als Phrasen. Kardinal Meisner behauptet, Maria habe von Fatima aus Christus wieder nach Europa getragen. Wo war denn Christus vorher? Der Kardinal dankt Portugal, weil es Maria für das Bekehrungswerk in Fatima Aufnahme gewährt habe. Ähnlich könnte man auch Jugoslawien danken, daß es Maria in Medjugorje Aufnahme gewährt hat.«[403]

Bedrückend ist die Tatsache, dass Millionen von römisch-katholischen Gläubigen das Wort des Kardinals für bare Münze nehmen.

Ertrag

Die angeführten Beispiele sind nur ein Bruchteil aus der Fülle von Marienerscheinungen. Kirchliche Kommissionen haben viel Zeit und Energie darauf verwandt, ihre Authentizität zu prüfen. Beispielsweise muss eine Zahl von unerklärbaren Heilungen am betreffenden Ort nachgewiesen werden, damit die kirchliche Anerkennung folgen kann. So sind in Lourdes von der katholischen Kirche 65 Fälle als wunderbare Heilungen anerkannt worden, während die Ärzte etwa 1300 als unerklärbar bezeichnet haben. Das internationale Ärztekomitee von Lourdes, dem 25 Mediziner aus dem Raum der Europäischen Union angehören, tritt regelmäßig einmal im Jahr zusammen, um eine kritische wissenschaftliche Prüfung der Unterlagen über Heilungen in dem französischen Wallfahrtsort in den Pyrenäen vorzunehmen. Mit anderen Worten, die Kirche verhält sich gegenüber den sog. Wunderheilungen ausgesprochen zurückhaltend.

Um die kirchliche Begutachtung ist es mir freilich nicht zu tun, da sie aus anderen Gründen ohnehin auf tönernen Füßen steht. Beispielsweise beansprucht die römische Kirche die Vollmacht, darüber zu entscheiden, ob die betreffenden Erscheinungen auf übernatürliche, von Gott gewirkte Offenbarungen zurückgehen oder nicht. Selbst ein kritischer Theologe wie Karl Rahner spricht sich energisch dafür aus und verteidigt z.B. auch die These, es gebe »eine echte, wirklich von Gott stammende Vorherverkündigung der Zukunft ... Es genügt hier, auf die Vorhersage Christi von der Zerstörung Jerusalems hinzuweisen«. Rahner fährt fort: »Wer eine solche Möglichkeit grundsätzlich bestreiten wollte, würde gegen den katholischen Glauben verstoßen.«[404]

Nun liegt es mir fern, grundsätzlich die Möglichkeit einer von Gott eingegebenen Prophezeiung zu bestreiten. Doch muss ihre Überprüfung durch die Kritik erlaubt sein; und hier versagt der von Karl Rahner gegebene Hinweis auf die angebliche Vorhersage Christi von der Zerstörung Jerusalems. Denn sämtliche Vorhersagen Jesu dieser Art[405] wurden Jesus erst nach der faktischen Zerstörung Jerusalems in den Mund gelegt.[406] Entsprechend sind zunächst sämtliche Marienvisionen daraufhin zu untersuchen, ob sie als subjektive Aussagen in bildhafter Form Sinn ergeben. Und dies scheint in allen oben angeführten Fällen geboten.

Es ist Selbsttäuschung, wenn so verdienstvolle Kritiker heutiger Marienvisionen wie Karl Rahner und Josef Hanauer die durch Heilige Schrift und kirchliche Tradition bezeugte »übernatürliche« Offenbarung der Auferstehung Christi von bloß »natürlichen« Erscheinungen unterscheiden und sich so von vornherein im Besitz eines untrüglichen Maßstabs wähnen. Nein, Marien- *und* Christusvisionen haben einen subjektiven Charakter gemeinsam. Beide entspringen der Schau von Personen, denen keine äußere Wirklichkeit zukommt.

BEIGABE 1
Jesus ohne Chance[407]

Nicht um dessen willen, was er war, sondern um dessen willen, was er nicht war, nicht um des Wahren willen, das er lehrte, sondern um einer Vorhersage willen, die nicht eingetroffen, also nicht wahr gewesen ist, hat man Jesus zum Mittelpunkt einer Kirche, eines Cultus, gemacht.

David Friedrich Strauß

Fragen, die so beginnen: »Was wäre gewesen, wenn ...?«, regen die Phantasie an. Was wäre beispielsweise aus Europa geworden, hätte Luther sich kirchentreu verhalten und klein beigegeben? Genauso oft wird die Frage gestellt: »Was würde Jesus dazu sagen?« Sie ist mir noch in guter Erinnerung bei Martin Niemöllers ohnmächtigem Protest gegen die Wiederbewaffnung der Bundesrepublik Deutschland in den fünfziger Jahren. Und was würde Jesus heute sagen? Zugespitzt gefragt: Hätte er heute überhaupt noch eine Chance? Die Frage ist spannend, weil angesichts der Globalisierung und der neuen Medien sich ungeahnte Aussichten auf Verbreitung seiner Stimme und Botschaft zu eröffnen scheinen. Böte unsere Zeit ihm nicht eine einmalige Möglichkeit, zu allen Menschen dieser Welt zu reden, so wie er dies als Auferstandener seiner Kirche aufgetragen hat?

Nun ist der auferweckte Jesus dafür kein geeigneter Bezugspunkt, denn man erkennt ihn bekanntlich nur im Glauben. Zudem wird der Auferstandene jeden Sonntag von der Kanzel her gepredigt und ist der kirchlichen Lehre zufolge im verkündigten Wort heute gegenwärtig. Er redet ja angeblich durch den Mund des hierfür ordinierten Personals. Die Frage, ob Jesus heute eine Chance hätte, muss sich demnach auf den Jesus zwischen Geburt und Tod, auf den historisch wirklichen Jesus, beziehen und nicht auf den Jesus der Verkündigung.

Diesen historischen Jesus hat die Wissenschaft erst nach erbitterten Auseinandersetzungen vom Christus des Dogmas befreien können, und Albert Schweitzer hat die Geschichte dieses Kampfes packend nacherzählt.[408] An deren vorläufigem Ende steht die Einsicht, dass das meiste von dem, was in den Evangelien steht, Jesus erst nachträglich in den Mund gelegt wurde. Indes reicht der Rest von ungefähr 15 Prozent aus, um den Umriss seines Tuns und seiner Botschaft zu rekonstruieren.

Jesu Auftreten ist von seiner Erwartung des Reiches Gottes nicht zu trennen. Er wirkte am Rande der Gesellschaft unter Ausgestoßenen. Die von ihm vollzogenen exorzistischen Heilungen deutete er als Zeichen des anbrechenden Reiches Gottes, denn in ihnen wurden der Satan und die Dämonen bereits besiegt. Dies lief parallel mit einer Auslegung des Willens Gottes, die er auf das Gebot der Feindesliebe zuspitzte, und einer gleichnishaften Rede vom Reich Gottes. Alles in allem war Jesus ein Rebell gegen Gewohnheit und Herrenmacht, ein Unruhestifter. Sein Wirken war von einem unübersehbaren Zug nach unten zu den Armen und Verachteten getragen mit einem gleichzeitigen Aufbegehren nach oben. Als Nonkonformist, der eine große Schar von Jüngern um sich sammelte, ging er unbeirrt seinen Weg bis hin nach Jerusalem, wo er aber, ans Kreuz geschlagen, in einem vorläufigen Fiasko endete.

Ein solcher Jesus hätte in den beiden großen Kirchen, die in der Nachfolge der Apostel zu stehen beanspruchen, keine Chance. Das folgt notwendig aus ihrer Identität, denn sie sehen sich vom auferstandenen Herrn her legitimiert. Außerdem hat, plakativ gesagt, der Apostel Paulus, dem Jesus nie persönlich begegnete, das Christentum gegründet. Für diesen ehemaligen Pharisäer, der Christus in einer Vision gesehen hatte, war Jesus der Messias nicht trotz, sondern wegen seines Kreuzestodes. Paulus deutete den Terror des Kreuzes als Sühne für die Sünden der Menschen, obwohl Jesus sich gerade nicht als Zahlmeister für die Verfehlungen anderer verstand. Und derselbe Paulus gewann dem Tod Jesu geradezu kosmische Dimensionen ab, indem er ihn geschehen sein ließ, um die Sünde des ersten Menschen Adam rückgängig zu machen. Der historische Jesus selbst bleibt somit die gewaltigste Macht gegen das Christentum, welches ihn in der Nachfolge des Paulus bis heute zu seinem Grund macht.

Dies lässt sich besonders eindrücklich am Apostolischen Glaubensbekenntnis erweisen, das jeden Sonntag in fast allen Kirchen gesprochen wird. In dem Jesus betreffenden Teil heißt es:

Ich glaube an Jesus Christus, seinen (Gottes) eingeborenen

Sohn, unseren Herrn, empfangen durch den Heiligen Geist, geboren von der Jungfrau Maria, gelitten unter Pontius Pilatus, gekreuzigt, gestorben und begraben, hinabgestiegen in das Reich des Todes, am dritten Tage auferstanden von den Toten.

Keine Frage: In diesen Sätzen fehlt der Jesus aus Fleisch und Blut zwischen Geburt und Tod, und dies aus gutem Grund. Er hatte, so wie er als Mensch war, keinerlei Bedeutung. Man kommt um den Verdacht nicht herum: Nicht um dessen willen, was er war, sondern um dessen willen, was er nicht war, haben Paulus und seine Nachfolger Jesus zum Mittelpunkt der Kirche – eines Kultus – gemacht.

Nun besteht die Ironie dieses Vorgangs religiöser Selbsttäuschung darin, dass die Bibel selbst die Mittel für seine Aufdeckung bereitstellt. Denn die Kirche musste ein Interesse daran haben, Weltenherrn und Wanderprediger als ein und dieselbe Person dingfest zu machen. Ohne diese begriffliche Fixierung und historische Verankerung des mythischen Christus keine Autorität und Macht für die Kirche auf dieser Erde! Daher bewahrte sie in ihren Reihen auch die Traditionen vom historischen Jesus und nahm sie – dogmatisch geschönt – in den Kanon heiliger Schriften auf. Das gereichte ihr in der Neuzeit unter den Gebildeten zur Schande, weil man erkannte: Jesus hat diese Kirche nicht gewollt. Er hat ihr gar nicht die Binde- und Lösegewalt zugeschrieben, die ihre Vertreter bis heute für sich beanspruchen.

Seitdem reißen die Versuche nicht ab, doch noch zwischen historischem Wissen und lieb gewonnenem Glauben zu vermitteln.

Der eine besteht darin zu erklären, es komme nicht darauf an, ob ein Wort von Jesus stamme oder nicht. Doch lässt ein solches Vorgehen die notwendige Ernsthaftigkeit vermissen. Wem alles gleich gültig ist, der erklärt in Wirklichkeit für gleichgültig, was Jesus einst wirklich gesagt und getan hat. Er nimmt Abschied von Jesus.

Ein anderer Versuch will den historisch widerlegten Glauben offensichtlich als »Religion light« vermitteln. Der evangelische Kirchentag im Jahre 2001 liefert dafür ein Beispiel. Seine Losung: »Du stellst meine Füße auf weiten Raum« (Psalm 31, Vers 9) soll angeblich Freiheit verheißen und zugleich Hoffnung auf Orientierung zu Beginn des 3. Jahrtausends ausdrücken. Doch treiben die Veranstalter mit diesem Text aus Psalm 31 als Losung nur Schindluder. »Weiter Raum« heißt dort nämlich Rettung vor den Feinden, und ihnen wünscht der Beter folgendes: »die Gottlosen sollen zuschanden werden und hinabfahren zu den Toten und schweigen« (Vers 18). Das ist etwas anderes, als was die Losung des Kirchentags suggeriert. Jesus fände in dieser Mischung von »Religion light« und Ahnungslosigkeit keinen Raum.

Ein weiterer Vermittlungsversuch und zugleich ein Weg, das Image der Kirche aufzuputzen, wird vielerorts unter der Überschrift »Kirche mit Zukunft« beschritten. Hier geht es aber nicht um die Nachfolge Jesu als des Rebellen, sondern darum, eine flexible und effektive Organisation zu schaffen. Man will so aus der defensiven Haltung herauskommen, ein neues Wir-Gefühl erzeugen und gegen den Trend wachsen. Also Orientierung an der Mitgliederzahl statt am Priestertum aller Gläubigen. Die »Kirche der Zukunft« beschwört ihren eigenen Auftrag, ihre eigene Botschaft, die dann an der Durchsetzungskraft des Evangeliums orientiert ist. Zu deutsch: Der auferstandene Herr sendet seine Kirche in die Welt. Der nachdenkliche Mensch sieht sich düpiert, sobald er erkennt, dass alte Inhalte angeboten werden, diesmal nur in neuen Kleidern.

Man wird zweierlei zur Umbildung des Menschen Jesus zum himmlischen Christus sagen müssen: Im Christentum vor der Aufklärung geschah sie infolge einer Selbsttäuschung. Im modernen Christentum grenzt dasselbe Manöver an Betrug, weil die Funktionäre wissen, was sie wider bessere Einsicht tun. Jesus hätte auch unter ihnen keine Chance. Die Sache ist aber ernster, als sie vielleicht ahnen. Da für das Christentum schlechthin aller Halt in Fiktionen liegt, muss der Mensch im Augenblick ihrer Aufdeckung in ein solches Nichts sinken, wie er es noch nie erlebt hat. Als Verteidiger dieser fingierten Welt werden kirchliche Theologen mitschuldig an einer Krise des Nihilismus, der den Westen seit dem 19. Jh. ergriffen und Nietzsche zu dem prophetischen Ausspruch getrieben hat: Gott ist tot.

Das bringt mich am Schluss zur Frage, ob Jesus *in der Zukunft* nicht doch noch eine Chance hätte. Vielleicht ist eine Botschaft wie die seine der einzige Weg, im Verein mit der Vernunft den totalen Kollaps des Lebens auf unserer Erde aufzuhalten. Gewiss, Kultur und Bildung waren ihm nicht einmal vom Hörensagen bekannt. Schon deswegen konnte er sie nicht verneinen. Aber er war verwurzelt in etwas Tieferem, das er in kindlicher Naivität Gott nannte und auf das heute, nach dem Tode Gottes, die Bezeichnung Lebensfülle passen könnte. Dies gab ihm die prophetische Energie, welcher auch die Vernunft bedarf, um Einsichten wirklich in die Tat umzusetzen. Ein solcher Jesus der Zukunft wäre weder durch Dogmen dingfest zu machen noch durch Herrschaft aufs Kreuz zu legen. Kein Begriff wäre imstande, ihn festzunageln.

*Die Hingabe, zumal die mit Gefahren und Opfern verbundene,
an das zeitlich bedingte Wahre und Gute ist etwas unbedingt
Herrliches.*

Jacob Burckhardt

Seit 1000 Jahren versucht die Menschheit, dem Tod seinen
Schrecken zu nehmen. Sie hat es nicht geschafft.

Das Thema »Tod und Unsterblichkeit« zieht sich wie ein roter
Faden durch das gesamte ausklingende Jahrtausend. Im Hinblick
auf den Tod versteht sich das von selbst: Mit ihm waren die Menschen im Prozess des Werdens und Vergehens von fünfzig Generationen naturgemäß immer konfrontiert. Aber auch die Unsterblichkeit, der Versuch, den Tod zu überwinden, beschäftigte die Gemüter
aller Epochen – bewusst oder unbewusst – vom Mittelalter bis in die
Neuzeit. Wohl kein anderer Bereich des menschlichen Lebens ist so
von emotionalen Aspekten bestimmt. In unserer Zeit hat erst die
Psychoanalyse wieder zur Geltung gebracht, dass der Schrecken vor
dem Tod eines der Hauptmotive ist, das den Menschen antreibt. Die
Hoffnung, das Unumgängliche zu überwinden, hat die Menschheit
das ganze Jahrtausend hindurch so beschäftigt wie kaum etwas
anderes.

Mittelalter

Wenn die Literatur des Mittelalters hundertfach den Satz wiederholte, wir lebten in einer alternden Welt, die rasch ihrem Ende ent-
gegeneilt, so beruhte das vor allem auf persönlicher Erfahrung. Die
durchschnittliche Lebenserwartung eines Menschen lag bei höch-
stens 35 Jahren. Auch wer die ersten zehn Jahre glücklich überstanden hatte, konnte nicht damit rechnen, älter als 40 bis 50 zu werden
– diese Lebenserwartung galt bis zum 19. Jh. Der Tod war täglich
präsent und jedermann vertraut. Das kleine Kind stand am Sterbe-

bett seiner Eltern; die Toten ruhten rund um die Kirche, wo die Gemeinde nicht nur am Sonntag zusammenkam. So waren die Verstorbenen auch nach ihrem kurzen Dasein noch lange gegenwärtig, und der Tod blieb ein Stück des gemeinsamen Lebens. Der christliche Glaube wies im Mittelalter das Ziel, an dem sich menschliches Leben ausrichtete: den Himmel. Gott stand jenseits der Menschen, von denen jeder fest eingebunden war in die Gemeinschaft der Gläubigen. Das leere, schale Bewusstsein von der Vereinzelung war den Leuten kaum vertraut. Und da die irdische Kirche das Reich Gottes bereits verkörperte, war der Trennung zwischen Diesseits und Jenseits kein Raum gegeben. Der Mensch bejahte die Erde, so schlecht es ihm auch gehen mochte. Aber nur deshalb, weil das Erdenleben für ihn vor allem eine Durchgangsstation zum ewigen Leben darstellte. Himmel und Unsterblichkeit waren Überhöhungen des irdischen Daseins. Das uneingeschränkte Ja zum Erdenleben als solchem konnten die Menschen erst aussprechen, als im Ausgang des Mittelalters die Antike wiedergeboren wurde – in Italien, wo sie fast ein Jahrtausend vorher zu Ende gegangen war.

Renaissance

Im übrigen Europa dauerte das Mittelalter noch an, während sich in den italienischen Städten des 15. Jh.s bereits ein neuer kultureller, geistiger und politischer Stil entwickelte, der mit einem Aufschwung der Naturwissenschaften einherging. Immer mehr verlor die mittelalterliche Ausrichtung auf das Jenseits an Überzeugungskraft, das beschauliche Leben im Kloster galt nicht mehr als die beste Vorbereitung auf den Himmel. Dagegen erfuhr das tätige Leben in der Welt nun eine deutliche Aufwertung. Dichter und Denker, Kaufleute und Kleriker hielten es für mindestens ebenso rein und wertvoll wie die Einsamkeit des Mönchs. Davon zeugt schon die Bezeichnung dieser neuen Epoche: Renaissance meint, die Menschheit sei nach langem Tod wiedergeboren worden, auferstanden.

Der Reichsritter und Humanist Ulrich von Hutten spricht aus, was viele seiner Mitstreiter bewegt: »Es ist eine Lust zu leben!« Und der florentinische Staatsmann Machiavelli ruft: »Dieses Land scheint geboren, die Toten immer wieder aufzuerwecken, wie man es in der Dichtkunst, der Malerei und der Bildhauerei sieht!« Zukunftsvisionen wie die des englischen Lordkanzlers Thomas Morus und des Erasmus von Rotterdam wurzelten in der Überzeugung, die Kultur sei fähig, die gesamte Menschheit über die Spaltungen hinweg zu versöhnen.

Die Krönung der neuen Hinwendung zum Erdenleben stellte Kolumbus' Amerikafahrt dar. Die Entdeckung des neuen Kontinents galt als das größte Ereignis seit der Erschaffung der Welt, alles bisher Bekannte erschien plötzlich gering gegenüber den neuen, mannigfachen Völkerschaften und Sprachen jenseits des Meeres. Auch die Geographie geriet aus den Fugen. Während das Mittelalter der Überzeugung war, dass sechs Siebtel der Erde aus Land bestünden – die gesamte Wasserhalbkugel der Erde vom Pazifik zum Atlantik war unbekannt –, nahm die Erde nunmehr ungeahnte Ausmaße an. War für den mittelalterlichen Menschen einst das Leben Pilgerweg, der Tod Eintritt zur himmlischen Heimat, kam die Renaissance schon auf der Erde ans Ziel und fand die Unsterblichkeit im Hier und Jetzt.

Reformation

Diese begeisterte Hinwendung des Menschen zu sich selbst und zur Erforschung der Natur kehrte die Reformation wieder um zu einer gänzlich religiösen Weltsicht. Martin Luther stellte die Frage nach dem gnädigen Gott und, damit verbunden, wie es der eigenen Person im Himmel ergehen würde, in einer vorher nie dagewesenen Radikalität. Die sich seit dem 14. Jh. abzeichnende Umschichtung des Persönlichkeitsbegriffs fand in dem Reformator und seinen Anhängern ihre religiöse Vertiefung. Andererseits ist Luther noch sehr Mensch des Mittelalters und kann die Freuden der Auferstehung plastisch ausmalen: »Da soll dir der Himmel Joachimsthaler und Gold regnen, die Elbe voll eitel Perlen und Edelstein fließen, die Erde allerlei Lust bringen ...« Auch der reformatorische Glaube ist Mittel zur Überwindung der eigenen Sterblichkeit und der Himmel – ebenso wie in den mittelalterlichen Zeugnissen – Überhöhung und Erfüllung des eigenen Unsterblichkeitswunsches.

Neuzeit

In der Neuzeit führen die Denker den Faden der Renaissance und des Humanismus weiter. Sie verarbeiten die Erkenntnisse der Naturwissenschaften, deren bedeutendste wohl das neue kopernikanische Weltbild war, und kämpfen für die Selbstbestimmung des Individuums. Dabei änderten sich die Einstellungen zu Tod und Unsterblichkeit: Die vorher vorhandene Hoffnung auf ein ewiges Leben in Körpern wurde fortan ersetzt durch die aus der platonischen Philosophie bekannte Vorstellung von der Unsterblichkeit der Seele. Gleichzeitig schälte sich die Vernunft unwiderruflich als autonom heraus und befreite die Menschen von den letzten Residuen kirchlicher Bevormundung. Immanuel Kant, der Vorbereiter des deutschen Idealismus, hat dies klar herausgearbeitet, zugleich aber an der Unsterblichkeit der Seele als einem Postulat der praktischen Vernunft festgehalten. Nach Kant mag man über das Jenseits künftig vielleicht noch vielerlei meinen, nichts aber definitiv wissen: Hier steht der Mensch an einer Grenze, die er nicht überschreiten kann. Dieses eigentümliche Schwanken zwischen der Feststellung einer Autonomie der Vernunft und einer gleichzeitigen Annahme einer Unsterblichkeit der Seele prägte das 18. und 19. Jh. in Deutschland und Europa, auch wenn sich am Rande der Aufklärung betont antichristliche Stimmen erhoben und die Unsterblichkeit der Seele vollständig aufgegeben wurde. Zugleich trieben neue naturwissenschaftliche Erkenntnisse sowie die technische Revolution und die mit ihr verbundenen sozialen Umwälzungen die Vorstellungen der Menschen von Tod und Auferstehung weiter voran. Die sozialistisch-kommunistische Variante des deutschen Idealismus verlagerte das Jenseits ausschließlich auf die Erde. Karl Marx und Friedrich Engels versprachen – auch hierin wieder christliche Gedanken aufgreifend – die Erfüllung himmlischer Wünsche noch in dieser Gesellschaft. Heinrich Heine brachte die Stimmung der Zeit auf den Punkt:

Ein neues Lied, ein besseres Lied,
O Freunde, will ich euch dichten!
Wir wollen hier auf Erden schon
Das Himmelreich errichten ...
Ja Zuckererbsen für jedermann,
Sobald die Schoten platzen!
Den Himmel überlassen wir
Den Engeln und den Spatzen.

Die endgültige Wendung allein zur Erde, verbunden mit antichristlicher Polemik, vollzog Friedrich Nietzsche mit seinem Zarathustra: »Ich beschwöre euch, meine Brüder, bleibt der Erde treu und glaubt denen nicht, welche euch von überirdischen Hoffnungen reden! Giftmischer sind es, ob sie es wissen oder nicht.« Der Philosoph brandmarkt die Hoffnung auf Unsterblichkeit als eine ins Unendliche und Unverschämte gesteigerte Selbstsucht, als »das bisher größte und bösartigste Attentat auf die vornehme Menschlichkeit«.

Moderne

Schließlich nimmt Bertrand Russell die naturwissenschaftlichen Erkenntnisse zum unwiderruflichen Ende unseres Sonnensystems in einer fernen Zukunft zum Anlass, darüber nachzudenken, wie der Seele »auf dem festen Grund unerbittlicher Hoffnungslosigkeit« eine sichere Wohnstatt zu bereiten sei. Die Existenzphilosophen des 20. Jh.s verstärken die uneingeschränkte Bejahung des Diesseits und bekräftigen den Eindruck, der Glauben an die eigene Unsterblichkeit jenseits des Todes sei endgültig gescheitert.

Unsere Zeit prägt das widersprüchliche Nebeneinander einer konsequenten Diesseitigkeit einerseits und einer Flut von Religiosität, Esoterik und Spiritismus aller Art andererseits. Dass gerade Letztere sich über den Bereich jenseits des Todes erstaunlich gut informiert zeigen, entspringt offenbar, ebenso wie die »Lebensverlängerungs-Projekte«, mit denen US-Wissenschaftler klinisch tote Körper in einer fernen Zukunft wieder aufwecken oder Gehirne in alle Ewigkeit am Leben erhalten wollen, wieder dem alten, mittelalterlichen Wunsch, dem Tod seinen Schrecken zu nehmen – ohne dass man die Frage bedenkt, ob es nicht ausgesprochen langweilig wäre, ewig zu leben. So oder so: Ob wir ein seines himmlischen Zieles beraubtes Leben ohne Unsterblichkeitsmythen aushalten können, wird zur Schicksalsfrage werden, die das dritte Jahrtausend der Menschheit bestimmt.

Wenn der wissenschaftliche Theologe tatsächlich betet, dann verrät er seine Lehre, widerspricht sich selbst, schadet seinen Abhandlungen, in denen es keinen wahren Gott gibt, da alle Götter als gleichwertig behandelt werden. Es ist müßig, sie zu beschreiben und scharfsinnig zu kommentieren; er kann ihnen kein Leben einhauchen, nachdem er ihnen das Mark ausgesogen hat, sie miteinander verglichen und, um ihr Elend voll zu machen, so lange gerieben und poliert hat, bis nur noch blutleere, für den Gläubigen nutzlose Symbole übriggeblieben sind. Es ist müßig, noch anzunehmen, dass in diesem Stadium der Gelehrsamkeit, Desillusionierung und Ironie noch irgend jemand da wäre, der wahrhaft glaubt. Wir alle sind Möchtegern-Gläubige; wir sind alle religiöse Geister ohne Religion.

Émile M. Cioran

Dogmatischer Glaube

Im Mittelpunkt des christlichen Glaubens steht Jesus als der neue Mensch. Seine Person ist der Angelpunkt eines Mythos von kosmischem Ausmaß. Dieser setzt ein bei der Schöpfung der Welt durch Gott, erfährt eine tragische Zuspitzung im Sündenfall Adams und findet eine Lösung im neuen Menschen, Jesus Christus. Dessen Sühnetod, der Gott gnädig stimmt, rettet alle, die daran glauben, vor der Vernichtung und macht sie selbst zu neuen Menschen. Sie haben fortan wieder Anteil an der Ebenbildlichkeit Gottes und bilden die neue Menschheit, »wo kein Grieche noch Jude, keine Beschneidung noch Vorhaut, kein Barbar, Skythe, Sklave, Freier (mehr) ist, sondern alles und in allen Christus« (Kol 3,11). Mit der Wiederkunft Jesu Christi auf den Wolken des Himmels vollendet sich das kosmische Drama: das Alte vergeht, alles ist neu. Die in Christus Lebenden sind mit Christus vereinigt worden. Alles ist in Gott zurückgekehrt.

Kritik am Glauben in der Neuzeit

Der so beschaffene christliche Glaube wurde seit der Aufklärung gnadenlos demontiert und dies aus gutem Grund. Die Annahme eines Schöpfers erwies sich als problematisch, seitdem feststand, dass der Kosmos sich seit Jahrmilliarden als explodierendes Ungeheuer in die Unendlichkeit schleudert. Die Religionskritik entlarvte das Gotteswort der Bibel als Menschenrede, die Wünschen entspringt, und das Fundament biblischer Heilslehren, die Auferstehung Jesu, löste sich in einem Nebelschleier auf. Wenn nämlich am Anfang des Christentums lauter Visionen standen, entsteht die Frage, worauf der Glaube überhaupt gründet. Er kann doch schwerlich selbst geglaubt werden, sondern muss einen Bezugspunkt haben. Schließlich trug auch die lange Blutspur des kirchlichen und staatlichen Umgangs mit Ketzern zur Destruktion des Christentums bei.

Kritik am kirchlichen Glauben findet auch in der Alltagssprache einen Niederschlag. Glauben kann hier als bloße Meinung verstanden werden. »Ich glaube« heißt dann so viel wie: »Ich weiß nicht genau«. Ferner zeigt sich ein illusionärer Beigeschmack des Glaubens dort, wo jemand einem anderen seinen Glauben lassen will, d.h. darauf verzichtet, ihn in einem konkreten Fall von dem an sich richtigen Gegenteil zu überzeugen. Der Volksmund sagt dazu: »Wer's glaubt wird selig, wer's nicht glaubt, kommt auch in den Himmel«.

Die Relativierung des Glaubens in der Neuzeit ist somit eng mit der wissenschaftlichen Kritik am christlichen Mythos verbunden. Wissen war fortan – wenigstens von seinem Anspruch her – rational begründet, Glauben hingegen der Irrationalität zugeordnet. Diese Beziehung wurde dort schlagend bestätigt, wo es Führern gelang, Massen von Menschen zum Glauben an sich fortzureißen. Allerdings stellt sich die Frage, ob nicht in der Fähigkeit zum Glauben ein enormes, gegebenenfalls auch positiv zu wertendes Potential steckt, und ob nicht zuweilen Wissen ins Negative umschlagen kann.

Die neuzeitliche Wissenschaft trat mit dem Programm an, die Welt zu entzaubern. Die Rolle, welche sie nun in unserer Gesellschaft spielt, entspricht einer zunehmenden Intellektualisierung und Rationalisierung. Praktisch bedeuten diese für uns zwar nicht eine eigene Kenntnis aller unserer Lebensbedingungen. Angesichts der Fülle der dazu nötigen Informationen ist das auch gar nicht denkbar. Jedoch bedeuten Intellektualisierung und Rationalisierung, die uns zuweilen gar nicht mehr bewusst sind – so selbstverständlich sind sie geworden –, »das Wissen davon oder den Glauben daran: daß man, wenn man *nur wollte*, es jederzeit erfahren *könnte*, daß es also prinzipiell keine geheimnisvollen unberechenbaren Mächte gibt, die da hineinspielen.«[411] Entsprechendes gilt für die Geisteswissenschaften, von denen die wissenschaftliche Theologie ein Teil ist. Durch genauere philologische Arbeit, bessere Hypothesen und vor allem neue Textfunde hat sich die Wissenschaft ein immer genaueres Bild bestimmter Epochen erarbeitet, das freilich niemals abgeschlossen ist. Wir können nicht arbeiten, ohne zu hoffen, dass andere weiter kommen werden als wir. Prinzipiell geht dieser Fortschritt sowohl im Bereich der Naturwissenschaft als auch im Bereich ihrer Schwester, der Geisteswissenschaft, ins Unendliche.

Theologie und der anhaltende Zauber des Glaubens

Indes muss nach einem Vierteljahrtausend Erfahrung mit der neuzeitlichen Wissenschaft einschränkend angemerkt werden, dass es ihr nie gelang, den Zauber des Glaubens vollständig zu bannen. Dieses Urteil gilt auch für weite Teile der akademischen Theologie, die sich der Forderung nach Wissenschaftlichkeit gestellt hat. Um Glauben und Vernunft in ein harmonisches Verhältnis zu bringen, interpretierten manche ihrer Vertreter die christliche Botschaft »religionslos«, aus der Situation »nach dem Tode Gottes« heraus oder entmythologisierten sie kurzerhand.

So äußerte sich Bischof John A. T. Robinson in seinem Bestseller »Gott ist anders« im Anschluss an den Biologen Julian Huxley:

> »Die Hypothese ›Gott‹ hat heutzutage keinen Nutzwert mehr für die Erklärung der Natur, sie steht nur allzu oft einer besseren und genaueren Erklärung im Wege. Gott lässt sich heute eher mit einem kosmischen Fabelwesen vergleichen als mit der Gestalt eines Herrschers.
>
> Für einen gebildeten Menschen wird der Glaube an einen solchen Gott bald ebenso unmöglich wie der Glaube daran, dass die Erde eine Scheibe ist, dass Fliegen aus dem Nichts entstehen, dass Krankheit eine göttliche Strafe ist oder dass der Tod etwas mit Zauberei zu tun hat. Götter wird es allerdings immer geben, einmal, weil ganz bestimmte Leute an

ihnen interessiert sind, oder weil träge Gemüter ihnen Unterkunft in ihrem Denken gewähren, oder sie werden von Politikern als Werkzeuge gebraucht, oder sie dienen als Refugium für unglückliche oder einfältige Menschen.«[412]

Kein Geringerer als Dietrich Bonhoeffer schrieb im Gefängnis Ähnliches, wie aus den später unter dem Titel »Widerstand und Ergebung« publizierten Aufzeichnungen deutlich wird: Der aus allen anderen Bereichen hinausgedrängte Gott habe im hintersten Schlupfwinkel, im privaten Bereich der individuellen Bedürfnisse des Menschen, im Raum der Religion, Zuflucht gefunden. Bonhoeffer fährt fort:

»Es sind nur noch einige ›letzte Ritter‹ oder ein paar intellektuell Unredliche, bei denen wir ›religiös‹ landen können. Sollten das etwa die wenigen Auserwählten sein? Sollen wir uns eifernd, pikiert oder entrüstet ausgerechnet auf diese zweifelhafte Gruppe von Menschen stürzen, um unsere Ware bei ihnen abzusetzen? Sollen wir ein paar Unglückliche in ihrer schwachen Stunde überfallen und sie sozusagen religiös vergewaltigen?«[413]

Bonhoeffers Empfehlung lautet, diese religiöse Voraussetzung mutig über Bord zu werfen und die mündige Welt als von Gott gegebene Tatsache anzuerkennen. Daher gelte:

»(W)ir können nicht redlich sein, ohne zu erkennen, daß wir in der Welt leben müssen – ›etsi deus non daretur‹[414]... Gott selbst zwingt uns zu dieser Erkenntnis. So führt uns unser Mündigwerden zu einer wahrhaften Erkenntnis unserer Lage vor Gott. Gott gibt uns zu wissen, daß wir leben müssen als solche, die mit dem Leben ohne Gott fertig werden.«[415]

All diese Denkexperimente, die weiter zu beschreiben hier nicht der Ort ist, haben ganz gegen den Willen derer, die sie unternahmen, eins erreicht: Sie vertrieben das Christentum aus der Kirche oder hetzten das christliche Ross als erschöpften Klepper fast zu Tode. Offenbar war der mündige, säkulare Mensch von Anfang an ein Retortenbaby im Hirn von Wissenschaftlern, die das Leben interpretieren, aber nicht kennen. Der von ihnen ausgetriebene religiöse

Glaube verbündete sich alsbald mit anderen abergläubischen Helfershelfern und eroberte die leer gefegten Häuser von Kirche und Gesellschaft zurück.

Hartnäckigkeit des Glaubens

So glaubt heutzutage ein Drittel aller erwachsenen Amerikaner, Kontakt zu den Toten zu haben, ein Viertel glaubt an Reinkarnation. Entführungen durch Außerirdische sind ernsthafter Gesprächsstoff, und in diesen Kreisen gilt die Doktrin, dass die Kraft oder Intensität, mit der etwas empfunden wird, ein Anhaltspunkt für den Wahrheitsgehalt der Existenz von Gespenstern, Dämonen oder Ufos ist. Mag es in den europäischen Breiten auch nicht so krass zugehen wie in Amerika, so ist doch auch bei uns die säkulare Welle dahin. Der Alptraum eines Roboters namens Homo Faber, der ohne religiöses Gefühl ist, weil es nur stört, war nur Episode. Der neue, nachsäkulare Mensch erfüllt sich, wenngleich bescheidener und häppchenweise, den Urtraum vom neuen Menschen, wenn auch unter veränderten Bedingungen. Jedenfalls hat er wieder etwas, was die Rationalität übersteigt und Sinn gibt: eine Religion. Im modernen Individualismus verankert, bewegen sich seine Glaubensformen in relativer Distanz zu den organisierten Kirchen und geben ihnen manche Nuss zu knacken.

Der neue Mensch glaubt wieder, auch wenn die Inhalte unzusammenhängend, ja geradezu vagabundierend sind, an die Existenz Gottes, nicht aber an das Dogma von der unbefleckten Empfängnis; an viel Esoterisches, aber nicht an Astrologie; an die Heilung durch den Glauben, aber nicht an die Erlösung durch den Glauben allein; an ein Fortleben nach dem Tode, nicht aber an eine leibliche Auferstehung. Man hat zahlreiche Namen für diesen Glauben gefunden: »Religion à la carte« oder auch »Cafeteria-Religion«. Einen großen Vorteil gegenüber dem eingangs beschriebenen christlichen Mythos bietet er immerhin: Er ist gewaltfrei gegenüber Andersgläubigen.

Gründe für die Hartnäckigkeit des Glaubens

Sein Aufkommen ist durch verschiedene Gründe bedingt. Der eine wurde bereits genannt: die Fähigkeit und der Wunsch des Menschen zu glauben. Der andere besteht im zunehmenden Erschlaffen der Wahrheitsfrage in den akademischen Disziplinen im Zeichen der Postmoderne. In einem Buch mit dem Titel »Kritisches Denken für ein neues Zeitalter« aus dem Jahre 1995 heißt es zum Beispiel:

> »So etwas wie eine objektive Wahrheit gibt es nicht. Wir machen uns unsere eigene Wahrheit. So etwas wie eine objektive Wirklichkeit gibt es nicht. Wir machen uns unsere eigene Wirklichkeit. Es gibt spirituelle, mystische oder innere Möglichkeiten des Wissens, die unseren gewöhnlichen Möglichkeiten des Wissens überlegen sind. Wenn ein Erlebnis wirklich zu sein scheint, dann ist es wirklich. Wenn einem eine Idee richtig vorkommt, dann ist sie richtig. Wir sind außerstande, Wissen über das wahre Wesen der Wirklichkeit zu gewinnen. Die Wissenschaft an sich ist irrational oder mystisch. Sie ist nur irgendein Glaube, Glaubenssystem oder Mythos, der nicht mehr gerechtfertigt ist als irgendwelche anderen, solange sie für jemanden von Bedeutung sind.«[416]

Selbst unter Wissenschaftlern macht sich in einer Mischung von Resignation und Trotz die Sicht breit, alle Anschauungen seien gleich willkürlich. Dies fördert zweifellos den religiösen Glauben, zumal der noch ganz andere Potentiale hat. Aber die Entstehung des neuen Glaubens hat auch darin einen Grund, dass das Wissen selbst seine Grenzen kennt. Echte Wissenschaft korrigiert sich eben unaufhörlich selbst.

Nun steht fest, dass der Mensch kein rein rationales Wesen ist, sondern Tiefenschichten besitzt, die sich schon immer in Kunst und Poesie widerspiegeln. Und hierhin gehört auch die menschliche Fähigkeit und Kraft zum Glauben. Diese Schichten des Menschen sind einfach da. Sie bedürfen nicht nur der Kontrolle, sondern auch der Betätigung.

Die frühesten Wurzeln des Glaubens[417]

In der Anfangsperiode unserer Existenz stoßen wir auf Formen des Erlebens, die sich ähnlich im Glaubensbereich finden. Es handelt sich um eine sehr frühe Phase, die den Menschen wesentlich prägt: die embryonale Periode und die Zeit unmittelbar nach der Geburt. Als Ungeborener, erst recht in den ersten Lebensmonaten, besitzt der Mensch Erlebnisqualitäten und beherrschen ihn Erlebnisformen eigener Art. So ungebrochen und unmittelbar wie hier sind sie im späteren Leben kaum mehr möglich.

Eine wichtige Prägung erfährt der menschliche Charakter durch die psychosoziale Wechselwirkung in der Familie, d.h. im Umgang mit Menschen als den Objekten seiner Liebe. Indes scheiden im Erleben der embryonalen Periode und der ersten drei Säuglingsmonate diese psychosozialen Beziehungen aus. Im Mutterleib herrscht ein hohes Maß an Geborgenheit und Entspannung, eine unmittelbare Einheit. Diese Phase setzt sich in den ersten Säuglingsmonaten fort. Das Neugeborene ist nicht in der Lage, die äußere Welt, damit auch die Mutter und ihre Brust, von sich selbst zu trennen. Die viel zitierte Subjekt- und Objektschranke, die Schranke zwischen Ich und Du, meinem Körper und deinem Körper, ist nicht nur aufgehoben, sondern sie existiert überhaupt noch nicht. Das Erleben dieser Phase *primärer Einheit* muss vorgestellt werden als eine in sich geschlossene, paradiesische Welt. In ihr bleiben keine Wünsche und Sehnsüchte offen; Bedürfnisse kommen nicht auf; Leid, Versagung, Kränkung, Verzicht, Konkurrenz oder Enttäuschung sind unbekannt. Andere Bezeichnungen dafür lauten »primäre Liebe«, »Urvertrauen«, »Ur-Wir«.

Zwischen den Erlebnisqualitäten dieser Phase der primären Einheit und dem religiösen Erleben besteht eine enge Beziehung. Sie wurde erstmals angesprochen in dem Disput zwischen Sigmund Freud und Romain Rolland mit dem Vorwurf, Freud habe die eigentliche Quelle der Religion nicht recht gewürdigt. Diese sei ein besonderes Gefühl, das ihn, Rolland, nicht zu verlassen pflege. Er habe es von vielen anderen bestätigt gefunden und dürfe es bei Millionen von Menschen voraussetzen. Rolland spricht von der Empfindung der Ewigkeit, des Unbegrenzten, der religiösen Energie. Das Gefühl der Einheit mit dem All und des Aufgehens im Ozean hat in der Psychoanalyse den Ausdruck »ozeanisches Gefühl« erhalten. Vom Inhalt her scheint der Begriff nicht zufällig gewählt, spricht er doch das Leben des Ungeborenen im mütterlichen Fruchtwasser an.

Auch der erwachsene Mensch kennt das Gefühl der Verschmelzung, der hingebungsvollen, unmittelbaren Nähe etwa im Erleben der Natur, in der Musik, unter Einfluss großer Verliebtheit, vielleicht noch verstärkt in der seltenen ekstatischen Überhöhung, die Abraham Maslow »peak experience« (Gipfelerfahrung) genannt hat. Hier klingt deutlich die Urerfahrung der allerersten Erlebnisphase des Menschen an, und das Einheitsgefühl kann den Betreffenden vorübergehend ganz erfüllen.

Der Weg zur eigenen Religion ist immer – auch für den neuen Menschen – durch den Wunsch geprägt, diese Einheit der Urbeziehung wiederherzustellen. Hinter der Glaubenssehnsucht verbirgt sich in wesentlichen Teilen die Sehnsucht nach der schon einmal erlebten primären Einheit im Mutterleib.

Menschen, die infolge vorzeitiger Ablösung von der Mutter als Säugling in dieser Einheitsphase gelitten haben, haben Schwierigkeiten, Urvertrauen in diese Welt zu entwickeln. Die Sehnsucht, die gestörte Einheit wiederherzustellen oder nachzuholen, ist bei ihnen besonders ausgeprägt. Sie haben eine ausgeprägte Bereitschaft zum Glauben oder zu einer symbiotischen Vereinigung mit einem anderen Menschen und bilden jene Gruppe psychisch besonders Anfälliger, deren unstillbare Glaubenssehnsucht in einer gierigen, fast suchthaften Unstetigkeit nach Glaubensinhalten der einen oder anderen Art sucht. Sie neigen dazu, sich wahllos und stark, aber selten dauerhaft zu binden.

Entsprechend dem, was gerade über die primäre Einheit gesagt wurde, finden sich in der Mystik aller Schattierungen ergreifende Beschreibungen, wie die Seele den verloren geglaubten Weg zur Ureinheit zurücklegt. In tollkühner Spekulation ist für Spinoza die »geistige Liebe zu Gott ein Teil der unendlichen Liebe, mit der Gott sich selber liebt«, und das Gebet »ein Teil des unendlichen Gesprächs, das Gott mit sich selber führt«.

Verschiedene Gründe für den Glauben

Darum verlangt das Wissen, die Rationalität selbst, nach einer Kraft, die diese irrationale Seite des Menschen bezeichnet. Sie heißt Glauben.

Der Mensch lebt nicht von der Wissenschaft und den Fakten allein. Er hat neben seiner Vernunft, durch deren Gebrauch die moderne Welt erst erbaut werden konnte, eine Glaubenssehnsucht, die seinem Gefühl entspringt. Diese teilweise vagabundierende Züge annehmende Seite des Menschen fühlt sich in den Kirchen nicht mehr zu Hause, da hier teils eine völlige Verflachung und Moralisierung aller Glaubensinhalte zu beobachten ist, teils die vorgetragenen Lehren sich in einem zu starken Widerspruch zum allgemeinen Wissen befinden.

Bis heute wird diese Glaubenssehnsucht wohl auch durch die Angst vor dem Tod akut. Zu ihm ist jedes Lebewesen auf dieser Erde mit der Geburt verdammt, und dieser Bedrohung schwerster Art stemmt sich der Mensch mit der Hoffnung auf Unsterblichkeit entgegen.

Das gilt aber nicht nur für uns, sondern auch für die meisten Menschen der letzten zwei Jahrtausende und besonders für die ersten Christen. Denn so erklärt sich am besten ihre Behauptung, Jesus sei auferstanden und werde sie in sein ewiges Reich nehmen, wo der Tod keine Macht mehr ausübe. Zweifellos war diese Aussicht auf Unsterblichkeit ein wichtiges Motiv, den christlichen Glauben anzunehmen, und dieses Spähen über die Grenze des Todes hinaus mag heutzutage selbst manchen skeptischen Zeitgenossen davon abhalten, mit der Kirche vollständig zu brechen. Denn sie sichert schon durch Taufe und Abendmahl ihren Gläubigen ein ewiges Leben zu. Auch wenn diese das nur noch fünfprozentig glauben, halten sie sich so eine Spalte zur Ewigkeit offen.

Wo es um letzte Dinge geht, um meinen eigenen Tod, kann ich jedoch zu Rechnereien keine Zuflucht nehmen und muss Farbe bekennen. Die allgemein zugänglichen wissenschaftlichen Erkenntnisse zur Entstehung des Auferstehungsglaubens im frühen Christentum und über unsere Welt erweisen die Endlichkeit von Körper und Geist als unumstößliche Tatsache. Sie entlarven einen persönlichen Gott außerhalb von uns als egoistisches Wunschgebilde und lassen unsere Erde als Bestandteil des sich immer weiter ausdehnenden Universums, als die eine, verschieden gestaffelte Wirklichkeit ansehen, in der Diesseits und Jenseits zusammenfallen.

Wer die Augen weit öffnet, sieht in der uns umgebenden Welt ein Fressen und Gefressen-Werden sowie Naturkatastrophen und Tragödien von fast kosmischem Ausmaß. Manchmal erscheint die Erde wie ein Alptraum. Über die Jahrmillionen hin durchzittern sie Absurditäten. Nicht nur der uns umgebenden kleinen Welt, auch der anderen Seite der so genannten Schöpfung, von der die Erde nur ein Tropfen ist, müssen wir ins Auge sehen und uns gegen den Sog der Panik behaupten, um nicht wahnsinnig zu werden. Denn wer verleiht meinem Leben angesichts dieses kosmischen Schreckens noch ein Ziel, wenn die Wissenschaft als Wert vermittelnde Instanz ausfällt und das Tor in den eingangs geschilderten Mythos besser verschlossen bleibt?

Gnostische Vertiefung des Glaubens

An dieser Stelle ist ein Blick auf die Gnostiker hilfreich. Es geht um eine Bewegung innerhalb und außerhalb der ältesten Kirche, die von den damaligen katholischen Bischöfen aufs ärgste bekämpft und mit Hilfe des staatlichen Armes ausgerottet wurde. Die gnostischen Schriften zeigen bereits eine innere Abkehr von unhaltbar gewordenen christlichen Dogmen. Sie haben ein modern anmutendes Verständnis des Menschen, der nicht mehr blind an die Autorität Gottes glaubt, sondern diesen erst dann erkannt hat, wenn er sich selbst erkennt. Sie nehmen die Einsicht vorweg, dass jede Gotteserkenntnis auf einer Projektion beruht und dass Menschen sich Gott nach ihrem Bilde schaffen. Die Gnosis bedeutet eine radikale Vermenschlichung der Religion, die wegweisend ist. In ihrem Mittelpunkt steht die Frage nach dem Menschsein:

Wer waren wir? Was sind wir geworden? Wo waren wir? Wohinein sind wir geworfen? Wohin eilen wir? Wovon sind wir befreit? Was ist Geburt? Was ist Wiedergeburt?[418]

Originaltexte dieser Bewegung waren bis Mitte des vergangenen Jh.s kaum vorhanden. An ihre Stelle mussten notgedrungen die Referate der Kirchenväter treten. Sie gingen mit den Gnostikern nicht gerade freundlich um und berichteten von ihnen aus dem einzigen Grunde, um sie zu widerlegen. Man kann sich vorstellen, dass ihnen dabei nicht wenige Verzerrungen unterliefen, denn die Angegriffenen konnten sich nicht mehr wehren.

Mit der Entdeckung einer gnostischen Bibliothek von ca. 51 Originalquellen in koptischer Übersetzung Ende 1945 in Oberägypten hat sich die Lage völlig geändert. Wir erhalten den Eindruck davon, wie eine gnostische Bibel hätte aussehen können. Immerhin enthält die Bibliothek alle Gattungen des Neuen Testaments: Evangelien, Apostelgeschichten, Briefe sowie Offenbarungen – freilich mit einem anderen Inhalt.

Hier nun einige Proben aus diesem sensationellen Fund:

Einer, wenn er das Wissen hat, ist von oben. Wenn er gerufen wird, hört er, antwortet er und wendet sich zu dem, der ihn ruft, und steigt zu ihm auf. Und er erkennt, in welcher Weise er gerufen wird. Weil er Wissen hat, tut er den Willen dessen, der ihn gerufen hat; er wünscht, ihm zu gefallen, er empfängt Ruhe. Der Name des Einen kommt zu ihm. Der, der auf diese Weise erkennen wird, weiß, woher er kommt und wohin er geht. Er erkennt wie jemand, der, indem er betrunken war und von seiner Trunkenheit ernüchtert worden und wieder zu sich selbst zurückgekehrt ist, das in Ordnung gebracht hat, was das Seine ist.[419]

Der Text schildert eindrucksvoll die Entdeckung des unbewussten Selbst, das mit dem von oben stammenden göttlichen Einen identisch ist und zugleich das Eigene des Gnostikers bezeichnet. Diese Selbsterkenntnis führt zu einer Stärkung des Selbst, denn so kann das Eigene in Ordnung gebracht werden. Der Gnostiker hat einen klaren Blick zurückgewonnen, der ihm infolge seiner eigenen Selbstvergessenheit, seiner Trunkenheit, genommen worden war.

Zum Thema der Gotteserkenntnis als Selbsterkenntnis füge ich ohne Kommentar eine weitere Passage aus derselben Schrift an.

Evangelium der Wahrheit

Wenn diejenigen, die durch alle diese Dinge (der verwirrenden Träume) gegangen sind, aufwachen, sehen sie nichts ... Dies ist die Art derer, welche die Unwissenheit von sich geworfen haben wie Schlaf ... Sie ließen sie hinter sich wie einen Traum in der Nacht. Das Wissen des Vaters ermessen sie als Licht. In dieser Art und Weise hat jeder gehandelt, als er schlief zu der Zeit, da er unwissend war. Und dies ist die Art, wie er gekommen ist zur Erkenntnis, als ob er aufgewacht wäre. Gut für den Menschen, der zu sich zurückkehren wird und aufwachen wird![420]

Ein weiterer neugefundener gnostischer Text bemerkt zur Selbsterkenntnis:

Wer sich nämlich nicht selbst erkannt hat, hat gar nichts erkannt. Wer sich aber selbst erkannt hat, hat auch schon die Erkenntnis der Tiefe des Alls. Deswegen nun hast du, mein Bruder Thomas, gesehen, was verborgen vor den Menschen ist, nämlich das, woran sie Anstoß nehmen, wenn sie es nicht kennen.[421]

Daher heißt der Gnostiker geradezu »der Mensch, der sich selbst erkannt hat«.[422]

Dessen Verhalten beschreibt ausführlich ein anderes neugefundenes Dokument:

Testimonium Veritatis

Keiner aber kennt den Gott der Wahrheit außer allein der Mensch, der alle Dinge der Welt verlassen wird, nachdem er dem ganzen Ort (= der Welt) entsagt hat ... Er hat sich aufgerichtet wie eine Kraft, er hat die Begierde niedergehalten an jedem Ort in sich ... er hat sich zu sich selbst gewandt ..., nachdem er sich selbst geprüft hat ... Er hat in sich zu schweigen begonnen bis zu dem Tag, an dem für würdig erachtet wird, oben aufgenommen zu werden. Er verwirft für sich Gerede und Streitgespräche; und er hält den ganzen Ort aus; und erträgt sie; und er hält alle schlimmen Dinge aus. Und er ist geduldig mit jedem; er macht sich jedem gleich, und ebenso trennt er sich von ihnen ... Er hat Zeugnis abgelegt für die Wahrheit ... die Kraft, und er ging in die Unvergänglichkeit, den Ort, von dem er hervorgekommen ist, nachdem er die Welt verlassen hatte, die das Aussehen der Nacht hat ... Dieses nun ist das wahre Zeugnis: Wenn der Mensch sich selbst erkennt und Gott, der über der Wahrheit ist, dann wird er gerettet werden, und er wird gekrönt werden mit der unvergänglichen Krone.[423]

Man könnte diesen Text überschreiben mit: »Wie der Mensch er selbst wird und Reife erlangt.« Die Individuation gelingt aber nur, wenn er eine Gelassenheit und Geduld entwickelt und warten kann.

Es wird wie von selbst gehen. Diese Selbsterkenntnis lohnt aber, denn sie schenkt dem Menschen eine Krone, die Erleuchtung symbolisiert und Unvergänglichkeit verleiht. Mit anderen Worten, die Erkenntnis eröffnet Zugang zu gottähnlicher Macht.

Der Zugewinn an Kraft als Folge der Selbsterkenntnis und – darüber hinaus – deren ekstatischer Charakter ist Inhalt von

Thomasevangelium Logion 2

Jesus sagte: »Der Suchende soll nicht aufhören zu suchen, bis er findet. Und wenn er findet, wird er in Erschütterung geraten; und wenn er erschüttert ist, wird er in Verwunderung geraten, und er wird König über das All werden.«[424]

Als letzter Text sei ein weiteres Logion aus dem ThEv zitiert, das die Identität von Gotteserkenntnis und Selbsterkenntnis betont, den damit geschenkten Reichtum (indirekt) benennt und zugleich die gnostische Umprägung eines christlichen Jesuswortes dokumentiert:

Logion 3

Jesus sagte: »Wenn jene, die euch (ver-)führen, zu euch sagen: ›Siehe, das Königreich ist im Himmel‹, so werden euch die Vögel des Himmels zuvorkommen. Wenn sie zu euch sagen: ›Es ist im Meer‹, so werden euch die Fische zuvorkommen. Aber das Königreich ist innerhalb und außerhalb von euch. Wenn ihr euch erkennt, dann werdet ihr erkannt werden; und ihr werdet wissen, dass ihr die Söhne des lebendigen Vaters seid. Wenn ihr euch nicht erkennt, seid ihr in Armut, und ihr seid die Armut.«[425]

Ich fasse zusammen: In diesem Abschnitt begegneten wir Gnostikern, die streng vom Menschen aus und von den ihm innewohnenden Kräften denken. Sie vermeiden den Dualismus von Gott und Mensch und benutzen – freilich wohl unbewusst – mythische Sprache, um Vorgänge im Menschen auszudrücken. Im Grunde kennen sie nur Selbsterkenntnis als Weg zum Heil und zur Heilung. Aber auch die den modernen Menschen so abstoßenden Aussagen über den Sühnetod Jesu, das Endgericht am Ende der Tage sowie über die allein selig machende Kirche finden ihre scharfe Kritik. Sie bereiteten der Einsicht den Weg, dass es in der Religion der Zukunft vor allem um den Menschen und die in ihm wohnenden Kräfte gehen kann.

Einige dieser Gruppen nannten sich »Angehörige des nicht wankenden Geschlechts«.[426] Durch diese Selbstbezeichnung erhoben sie den Anspruch, einen Zustand andauernder Standfestigkeit, Beständigkeit und Stetigkeit erreicht zu haben, und zwar als Folge eines verschütteten menschlichen Potentials, das sie durch Erkenntnis zurück gewannen. All das hat mit Esoterik oder Aberglauben wenig zu tun. Die Möglichkeit, sich diesem Tieferen zu öffnen, steht jedermann offen, so rationalistisch und säkular die Person auch sein mag. Es geht hier schlicht darum, einen Grund zu finden, der trägt, um dem Terror des Lebens und der Schöpfung zu widerstehen. Der Theologe Paul Tillich hatte Ähnliches im Blick, da er von dem Mut zum Sein sprach und sogar Gott wieder ins Spiel brachte. Er hält ihn geradezu für den Grund unseres Seins:

»Der Name dieser unendlichen Tiefe und dieses unerschöpflichen Grundes allen Seins ist Gott. Jene Tiefe ist es, die mit dem Wort Gott gemeint ist.«

Sich an Zweifler richtend, fährt er in seiner Rede fort:

»Ihr könnt euch dann nicht mehr Atheisten oder Ungläubige nennen, denn ihr könnt nicht mehr denken und sagen: das Leben hat keine Tiefe, das Leben ist seicht, sein Sein selbst ist nur die Oberfläche. Nur wenn ihr das in voller Ernsthaftigkeit sagen könnt, wäret ihr Atheisten, sonst seid ihr es nicht. Wer um die Tiefe weiß, der weiß auch um Gott.«

So gesehen, gewinnen dann auch herkömmlich dogmatisch verstandene Vokabeln wieder eine Bedeutung, wenn wir sie als solche ansehen, die sie wirklich sind: nicht Beschreibungen übernatürlicher Vorgänge und Zustände, sondern menschliche Versuche zur Bewältigung von Krisensituationen.

Die Worte »Auferstehung« bzw. »auf(er)stehen« und »Glaube« gehören hierher.[427]

a) Das deutsche Wort »Auferstehung« hat mit »stehen« oder

auch »widerstehen« zu tun und gewinnt von hierher eine wichtige Bedeutung für eine Lebenskrise, wenn einem der Boden unter den Füßen weggezogen wird und alles wackelt. Es erweist sich dann als lebenswichtig, Grund unter die Füße zu bekommen und wieder aufstehen bzw. der Not widerstehen zu lernen.

b) Aber auch das Wort »Glaube« bezieht sich, rein menschlich verstanden, auf eine ähnliche Krisensituation. Von seiner hebräischen Wurzel her bedeutet es »bestehen« oder »bleiben« oder »standhalten«. Das dazugehörige Substantiv bedeutet »Treue«. Daraus erklärt sich, dass im Deutschen »glauben« auch mit »trauen« wiedergegeben werden kann. Dem entspricht »trust« im Englischen.

Entkleidet man einmal die Vokabeln »auf(er)stehen« und »glauben« ihrer dogmatischen Verhüllung und versteht sie anthropologisch, so stehen sie für fundamentale menschliche Verhaltensweisen.

Aber wie verhält sich die Gotteserfahrung dazu? Ich sagte schon, dass der Gottesbegriff an sich große Schwierigkeiten bereitet. Keinesfalls kann er einen seriös zu nehmenden Anhalt in der Bezeichnung Gottes als Vater bzw. Väterchen (»Papa«), wie er im frühen Christentum und bei Jesus vorkommt, finden. Das wäre zu anthropomorph und auch zu egoistisch gedacht. Sagen wir es anders: Wer Gott seinen eigenen Vater nennt und mit ihm persönlichen Umgang zu pflegen meint, ist zu ungebildet, um den projektiven Charakter dieses familiären Gottesverhältnisses zu durchschauen.

Gott, radikal verstanden, bezeichnet vielmehr die Vollkommenheit des Lebens. Gnostiker setzen das Phänomen »Gott« mit dem Ganzen gleich, das wiederum ein großes Geheimnis ist und alles übersteigt. An diesem Ganzen aber haben wir alle Anteil. Von ihm sind wir schlechthin abhängig, und ebenso ist es abhängig von uns. Diese Abhängigkeit ist der Erfahrung zugänglich. Sie wurzelt in besonderen Situationen und ist insofern etwas Besonderes. Sie entsteht in Hoch-Zeiten des Glücks, der Kunst, der Musik und überall dort, wo die Raum-Zeit-Beschränkung und die Subjekt-Objekt-Trennung zeitweise aufgehoben sind. Solch ein Erleben kann dann aber auch z.B. im autogenen Training, in der Meditation und auf andere Weise eingeübt und sprichwörtlich als Erfahrungsschatz gehütet werden. Insofern überschneiden sich hier Erfahrung als etwas sich Wiederholendes und Erfahrung als etwas Besonderes.

In säkularer und nachsäkularer Zeit ist diese Erfahrung zuweilen bei so genannten Glaubenslosen zu beobachten, während Glaubende in tiefe Depressionen fallen. Sie drängt zur Sprache und will sich in ihrem Erleben von Geborgenheit, Angst und Glück mitteilen. Dies scheitert aber oft. Dann bleibt es bei der ernüchternden Einsicht von Faust: »Gefühl ist alles, Name ist Schall und Rauch«. Gerade geboren, droht dem Glauben des neuen Menschen also eine ähnliche Verdunstungsgefahr wie zuvor dem christlichen Mythos. Und doch will er sich zu etwas erheben, was vorher Gott genannt wurde. Er muss lobpreisen und beten können, selbst wenn es das, zu dem er beten möchte, gar nicht gibt. Daher findet sich auch der neue Mensch selbst nach dem Tode Gottes in einer Situation vor, die ihm den Dank gegenüber einer Instanz über sich hinaus abfordert.

Rainer Maria Rilke sieht das ganze Leben als einen Ruf zur Rühmung an: »Dass ich dereinst, an dem Ausgang der grimmigen Einsicht, Jubel und Ruhm aufsinge zustimmenden Engeln«. Die »grimmige Einsicht« bezeichnet das Sterben ohne traditionelle christliche Vertröstung; die Engel als die Mächte des Daseins rufen Menschen zum Dennoch eines Lebens in Würde auf.

Ertrag

Für den neuen Menschen gilt beides: die moderne Wissenschaft, die ihn kränkt, weil sie den christlichen Mythos destruiert hat, und der Glaube, der als vagabundierende Sehnsucht gegen die Evidenz immer wieder seine Hand zu etwas Höherem hin ausstreckt.

Der als Sehnsucht nach der primären Einheit und den eigenen Ursprüngen verstandene Glaube bedeutet Wachstum und Entfaltung der in jedem Menschen in unterschiedlichem Maße vorhandenen Lebens- und Liebeskraft. Er bezieht aus der Einsicht in die Endlichkeit eines jeden Lebens seine Fähigkeit, sich ganz in dieser Erde zu verwurzeln und im Gesamtkosmos das verloren gegangene Zuhause des Himmels zu finden. Die Kräfte des entschwundenen Himmels sind die Potenzen dieser Erde. Auf einen Punkt gebracht, bedeutet dieser Glaube eine Stärkung des Urvertrauens auf eine Einheit hin, auf die der Name Gott passt. Ob er damit entsprechend dem eingangs zitierten Spruch aus dem Kolosserbrief gleichzeitig in Gott zurückkehrt und damit kirchlich eingebunden werden kann, ist eine Frage, die erst die Zukunft beantworten wird.

Die Auferstehung Jesu – in Auseinandersetzung mit zwei neueren dogmatischen Entwürfen (Dalferth und Ringleben)[428]

Nicht die historische, sondern die systematische Theologie macht die Krisis offenbar, in der sich die protestantische Theologie befindet.

Gerhard Ebeling

Einführung

Eigentlich verspüre ich keine Neigung mehr, mich zur Frage der Auferstehung Jesu zu äußern. Denn den meisten, die an dieser Frage Interesse haben, sind meine einschlägigen Thesen bekannt. Außerdem ist die Diskussionsatmosphäre unerfreulich, und dort, wo in neueren Beiträgen meine Thesen Gegenstand der Darlegungen sind, wird mir immer gleich bescheinigt, sachlich nichts Neues beizutragen.[429]

Außerdem habe ich vor allem wegen meiner Auferstehungsthesen und der damit verbundenen Negierung der Wiederkunft Christi berufliche Nachteile in Kauf nehmen müssen: mir sind Forschungsmittel gekürzt, meine einzige Assistentenstelle ist entzogen und überhaupt sind mir jegliche Prüfungsrechte aberkannt worden.[430] All das geschah, weil die Konföderation evangelischer Kirchen in Niedersachsen beim Wissenschaftsministerium in Hannover vorstellig wurde, meine Entlassung aus dem Staatsdienst verlangte und, als dieser Wunsch abgelehnt wurde, schließlich erfolgreich meine Ausgliederung aus den theologischen Studiengängen durchsetzte. Meine Kollegen haben dieses Ansinnen mitgetragen und theologisch weiter begründet. In meinem Buch »Im Würgegriff der Kirche« (1998) sind die entsprechenden Dokumente abgedruckt und kommentiert. Der vorläufige Ertrag des theologischen und juristischen Tauziehens ist die Einsicht, dass auch ein evangelischer Theologieprofessor für Neues Testament ein konfessionsgebundenes Staatsamt innehat. Die von ihm betriebene Theologie muss glaubensgebunden sein, d.h., wenn er in seinen Forschungen zu Ergebnissen kommt, die in den meisten Punkten dem Bekenntnis der Kirche widersprechen, hat er kein Recht mehr, im bekenntnisgebundenen Fach »Neues Testament« tätig zu sein. Anders gesagt: Da die Auferstehung Jesu ein zentrales Bekenntnis der Kirche ist, war in meinem Fall die Aussage, Jesus ist nicht auferstanden, ein entscheidender Grund, die genannten Sanktionen gegen mich zu verhängen.

Angesichts dieses Hintergrundes fällt es mir immer schwerer, mich mit Argumenten von Kollegen auseinanderzusetzen, die zumindest indirekt an den juristischen Maßnahmen gegen mich beteiligt waren. Denn damit hatten sie von vornherein sichergestellt, dass ihre Auffassung obsiegte.

Ansatz und Methode

Zunächst werde ich meinen eigenen Zugang zur Frage der Auferstehung Jesu entfalten, dann die ältesten Auferstehungstexte betrachten und in einem Schlussteil meinen eigenen »Glauben« formulieren.

Mein eigener Zugang zur Auferstehungsproblematik sei in Abgrenzung von der Vorgehensweise Ingolf Dalferths entwickelt. Da er Argumente vorträgt, die in der Systematik weit verbreitet sind, steht das Folgende stellvertretend für die Auseinandersetzung der historischen Theologie mit der Dogmatik. Der Streit zwischen beiden zieht sich durch die neuere Theologiegeschichte hindurch.[431] Dalferth erhebt im Namen der kritischen Theologie Einspruch gegen »historische, empirische, wissenschaftliche Engführungen des Wirklichkeitsverständnisses«. Er fährt begründend fort:

> »Das Leben umfasst mehr, als die Wissenschaften auf ihre methodisch abstrahierende ... und präparierende Art und Weise erfassen. Und ›Gott‹ steht für mehr als das, was das Leben umfaßt. Auf dieses Mehr zielt die Theologie.«[432]

In diesem Zusammenhang ist für Dalferth

> »historisches Fragen (für sich) genommen noch nicht einmal eine Annäherung an das, um das es im Auferweckungsbekenntnis geht. Solches Fragen ist theologisch unzureichend, weil es gerade das methodisch ausblendet, worum es dem

christlichen Bekenntnis zentral geht: die *Auferweckung* des Gekreuzigten.«[433]

Um ein evtl. Missverständnis auszuschließen, lässt Dalferth ausdrücklich historische, psychologische, physikalische und wissenssoziologische Fragen zu, doch nur mit dem Ziel, »die Wahrnehmung der Wirksamkeit Gottes in den Erfahrungen der Zeit«[434] zu präzisieren. Und weiter besteht er darauf, dass unter Absehung von Gott die dem christlichen Auferweckungsbekenntnis zu Grunde liegenden Erfahrungen nicht zu erklären und zu verstehen seien.[435]

Indes hinterlassen die Ausführungen Dalferths bei mir vorwiegend Ratlosigkeit. Ich brauche nicht darüber belehrt zu werden, dass das Leben mehr umfasse als Wissenschaft. Diese Einsicht ist jedermann evident. Die Frage stellt sich aber, wieso und kraft welchen Erkenntnisprivilegs Dalferth und alle, die seiner Meinung sind, ihrer Disziplin den Rang einer Wissenschaft zugestehen. Auf sie trifft eher der Ausdruck »Meinerei« zu, die unverzüglich von der Universität verschwinden wird, sobald die Macht der Kirchen ihr nicht mehr die Stange hält. In ihr ist nämlich »Gott« eine unhinterfragbare Größe, obwohl diese in den modernen wissenschaftlichen Disziplinen gar nicht mehr vorkommt, und das mit Recht.

Im Gegensatz zu Dalferth ist Theologie für mich nur dann eine wissenschaftliche Disziplin, wenn sie die wissenschaftlichen Normen der modernen europäischen Universität einhält und von Erkenntnisprivilegien jeglicher Art – auch von dem Privileg der Erkenntnis Gottes – Abschied nimmt. Theologie ist insofern eine geschichtliche Disziplin, als sie das Christentum mit Hilfe der historisch-kritischen Methode untersucht. Und für die historische Methode gelten drei Voraussetzungen: die Kausalität, die Berücksichtigung von Analogien und die Erkenntnis von der Wechselbeziehung der historischen Phänomene zueinander. Ihre Arbeitsweise folgt dem methodischen Atheismus der Neuzeit (»als ob es Gott nicht gäbe«), der freilich von einem dogmatischen Atheismus zu unterscheiden ist. Befreit von den übernatürlichen Voraussetzungen und ausgerüstet mit einem Instrumentarium historischer Kritik, hat die so verstandene Theologie als wissenschaftliche Disziplin geradezu eine kopernikanische Wende für *alle* Kirchen- und Religionsgemeinschaften zur Folge. Sie hat sich in den geisteswissenschaftlichen Disziplinen behauptet und völlig neue Einsichten geliefert.

Die historische Methode ist Teil des emanzipatorischen Prozesses wissenschaftlicher Neugierde. Sie will Sinngebungen nachvollziehen, d.h. verstehen, muss sich aber, will sie denn Objektivität anstreben und die Welt entzaubern, gerade deshalb von allen ihr begegnenden fremden Ansprüchen emanzipieren:

a) vom Anspruch des kanonischen Status bzw. der Heiligkeit bestimmter Schriften,

b) vom Anspruch einer Offenbarung, da Offenbarung kein wissenschaftlicher Begriff ist,

c) vom Anspruch, zwischen Rechtgläubigkeit und Ketzerei in einem Sinn zu unterscheiden, der über die Rekonstruktion und Wahrnehmung *historischer Ansprüche* hinausgeht. Denn hier stehen sich essentiell nicht entscheidbare dogmatisch-theologische Urteile einander gegenüber.

Die historische Methode verweigert eine Antwort auf die religiöse Wahrheitsfrage und kann nur verschiedene Wahrheitsansprüche miteinander vergleichen. Sie ist darin ideologiekritisch. Als geschichtswissenschaftliches und philologisches Instrument ist sie den Methoden der Geisteswissenschaften in all ihren Ausprägungen verpflichtet. Entscheidend bei der Übernahme neuer Methoden aus den Nachbardisziplinen, wie Soziologie, Psychologie und Ethnologie, ist deren Überprüfbarkeit und Fruchtbarkeit in der Aufhellung geschichtlicher Phänomene. Ihre Voraussetzungen müssen revidierbar bleiben und können immer nur durch ihre erklärende und deutende Wirkung, aber nicht durch kirchlichen Machtwillen in Geltung gehalten werden.

Rede ich hier an Dalferth und seinen Vorgängern vorbei? Um sicherzustellen, dass dies nicht der Fall ist, sei betont: Wenn Dalferth den Wahrheitsanspruch der christlichen Rede von Gott als unabdingbare Voraussetzung theologischer Reflexion einführt, dann soll er sich zunächst einmal dem Befund stellen, dass die Bibel – schon sichtbar an ihren verschiedenen Gottesbezeichnungen – eine Vielzahl unterschiedlichster Gottesbilder enthält. Auf welchen Gott will man sich denn einigen, wenn es um Wahrheitsansprüche geht, die wissenschaftlich diskutierbar sein sollen? So haben Juden und Christen jedenfalls dasselbe heilige Buch, das Alte Testament bzw. die hebräische Bibel, und damit denselben Gott. Wie aber verhält sich dieser zum Gott des Neuen Testaments, der dem christlichen Bekenntnis zufolge seinen Sohn in die Welt gesandt hat? Ist nicht schon die Existenz verschiedener Religionen – Judentum einerseits, Christentum andererseits – mit derselben Bibel und demselben Gott ein starkes Argument gegen den Wahrheitsanspruch der christlichen Religion? Als weiterer Einwand kommt die Existenz des Islam hinzu, dessen Gottesgedanke einerseits auf der Bibel fußt und andererseits auf arabischen Elementen.

Der systematische Theologe Dalferth mag angesichts dieses Befundes mit einer höheren Einsicht oder Offenbarung argumentieren. Aber dasselbe werden der jüdische oder muslimische Theologe auch tun, und beide werden nachdrücklich die christliche Lehre von der Dreieinigkeit Gottes zurückweisen.

Zusätzlich kompliziert sich die Sache für Kirche und Israel mit Blick auf Gnostiker jüdischen und christlichen Ursprungs. Die degradierten nämlich in einer Art Protestexegese den alttestamentlichen Gott kurzerhand. So heißt es in einer Ende 1945 bei Nag Hammadi in Oberägypten entdeckten Schrift mit dem Titel »Zweiter Logos des großen Seth« :

> Und dann ertönte eine Stimme des Weltherrschers zu den Engeln: »Ich bin Gott, und es gibt keinen außer mir« (Jes 45,5). Ich aber lachte voller Freude, als ich seine eitle Herrlichkeit prüfte.[436]

Statt dessen führten diese Gnostiker göttliche Wesen ein, die über dem alttestamentlichen Gott stehen. Dies haben sie in zahlreichen Texten mit großer Plausibilität getan, während Juden und Christen mit guten Gründen am Gott des Alten Testaments festhielten, aber unter sich wegen des verschiedenen Verständnisses Jesu verfeindet blieben.

Demnach gilt: Der Wahrheitsanspruch der christlichen Rede von Gott erliegt ebenso wie der Wahrheitsanspruch der jüdischen, der muslimischen und der gnostischen Rede von Gott historischer Relativität. Er ist ausschließlich ein Urteil oder ein Bekenntnis der jeweiligen Glaubensgemeinschaft. Das muss gegenüber Dalferth und anderen kirchlich gebundenen Theologen betont werden, die, wenn sie »Gott« sagen, unter der Hand immer den christlichen Gott meinen und unverzüglich einen Wahrheitsanspruch der Rede von ihm erheben.

Das tut auch Joachim Ringleben in seinem Buch »Wahrhaft auferstanden«, das eine in vielen Einzelheiten mit Dalferth übereinstimmende Position vertritt. Ringleben schreibt:

»Zuletzt geht es bei der Erörterung der Auferstehung Jesu Christi um die Frage, ob Gott in Christus wirklich selber in die Welt gekommen ist und von sich aus Gemeinschaft mit uns Menschen hergestellt hat ... Darum ist der Glaube an die Auferstehung wesentlich eins mit dem Glauben an Gottes Gottheit ... An die Auferstehung zu glauben, ist nicht schwerer, als überhaupt an Gottes Wirklichkeit zu glauben.«[437]

Hier verlegt der Dogmatiker das zunächst historisch zu lösende Problem der Auferstehung Jesu in den Bereich der Gottesfrage. Die Empirie bleibt außen vor. Es sei daran erinnert, dass in der Geschichte der Bibelkritik der Hinweis auf Gott regelmäßig dazu diente, die Vernunft zum Schweigen zu bringen. David Friedrich Strauß hat das einmal so karikiert:

»Von irrigen und widersprechenden Berichten, von falschen Meinungen und Urtheilen kann in der Bibel keine Rede sein. Sie mag erzählen oder lehren, wogegen unsere Vernunft sich noch so sehr sträubt: wo Gott spricht, da steht der menschlichen Vernunft einzig bescheidenes Schweigen an.«[438]

Ringlebens Ausführungen werfen überhaupt zahlreiche allgemeine Fragen auf. Er postuliert einseitig, dass die Theologie in all ihren Disziplinen immer neu lernen müsse, »auf die Schrift im Ganzen zu hören«[439]. Dem entspricht die harmonisierende Behandlung des Osterzeugnisses bzw. der Ostererzählungen des Neuen Testaments. Ringleben zufolge soll man »den Unterschied zwischen den Ostererscheinungen der Evangelien und der Erscheinung vor Paulus nicht übertreiben oder gegeneinander ausspielen.«[440] Weiter berücksichtigt er an keiner Stelle Berichte von Erscheinungen des auferstandenen Jesus außerhalb des Neuen Testaments[441] – ein Vorgehen, das ausschließlich durch das Dogma vom Neuen Testament[442] begründet ist. Gleichzeitig sagt er, dass die Urgemeinde die Ostererscheinungen begrenzt habe.[443] Diese auf einer zaghaften Anleihe bei der historischen Forschung beruhende Aussage sollte um die weitere ergänzt werden, dass Paulus dem lk Werk zufolge gar kein Osterzeuge war – der Bericht von seiner Hinwendung zum christlichen Glauben (Apg 9) steht in einer Reihe von drei Bekehrungsgeschichten[444] – und dass die Urgemeinde dem Anspruch des Paulus, ein vollwertiger Osterzeuge gewesen zu sein, äußerst skeptisch gegenüberstand. Letzteres sei hier nochmals betont, da Ringleben in Verkennung des historischen Sachverhalts behauptet:

> »Die den Christusverfolger Saulus zum Apostel machende Erscheinung des Auferstandenen an ihn vor Damaskus (I Kor 9,1; Gal 1,15f.; Phil 3,8) hat ihn in den Augen der Jerusalemer Urgemeinde und ihrer ›Säulen‹ *völlig* als Apostel legitimiert (I Kor 15,8f.).«[445]

Schließlich konstatiert Ringleben, theologisch abwegig sei

> »jede enge Fixierung auf das Thema dergestalt, daß man über das isolierte Mirakel der Wiederbelebung eines Leichnams streitet ... oder über die ... scheinbar hart realistische Frage, ob das Grab Jesu leer gewesen sei oder nicht.«[446]

Aber wenn er sagt, dass der Leichnam Jesu »weder entwendet wurde noch auch natürlich verwest ist«[447] und

> »daß sich an Jesus in einer Art ›Zeitraffung‹ antizipatorisch auch im Leiblichen vollzogen hat, was sich im Eschaton mit den Leibern aller Gestorbenen begeben wird«[448],

dann setzt er das leere Grab doch voraus.[449]

Es nimmt daher nicht wunder, dass der Göttinger Systematiker Dietz Lange die Gedankenführung seines Kollegen kritisiert hat. Ringlebens Behauptung,

> »daß aus dem Grab Erwecktwerden nicht einfach identisch ist mit der Wiederbelebung eines Leichnams, der aus dem Grab hervorkommend sich den Jüngern zeigte«[450],

erweist er durch die Folgerung als absurd: dann müsste man sich

> »wohl den ›geistlichen Leib‹ als eine durch chemische Veränderung entstandene quasi physikalische Substanz denken.«[451]

Genug der Einzelkritik. Ein historisch denkender Mensch wird den tollkühnen Ausführungen Ringlebens schwerlich etwas abgewinnen können. Daher möchte ich ihnen auch nicht unter ihren eigenen dogmatischen Bedingungen begegnen, sondern nur noch auf den hohen – um nicht zu sagen: den uneinlösbaren – Anspruch hinweisen, den Ringleben erhebt: Die Auferstehung Jesu habe »eine objektive Bedeutung ... für die Geschichte der Welt, ja mit Jesu Tod zusammen« sei sie »deren Wendepunkt ... und zugleich ein Ereignis auch von kosmischer Bedeutung.«[452]

Aus der Welt der Dogmatik gilt es nun, in niedere Gefilde zu steigen und einen Blick auf die Quellen zu werfen, der in die Tiefe geht.

Die ältesten christlichen Auferstehungstexte[453]

Ich beginne mit dem ältesten Bericht der neutestamentlichen Evangelien zur Auffindung des leeren Grabes durch Frauen, Mk 16,1-8. Vorweg sei betont, dass sich allein an diesem Text die Frage entscheidet, ob dem leeren Grab ein historischer Wert zukommt. Denn die Berichte der anderen drei Evangelien verarbeiten die Erzählung des MkEv und verändern diese gemäß ihren Intentionen. Insbesondere fällt auf, dass *alle* die Nicht-Erzählung der Kunde vom leeren Grab, wie sie sich bei Mk (16,8) findet, in ihr gerades Gegenteil verkehren.

Die Erzählung Mk 16,1-8[454] besteht aus drei Teilen: Die Frauen sind zunächst auf dem Wege zum Grab (V. 2-4), dann im Grab (V. 5-7), und schließlich fliehen sie vom Grab (V. 8). Eigentlich entdecken sie gar nicht das leere Grab, sondern den Jüngling, dessen Verkündigung: »Jesus wurde auferweckt« (V. 6), den Mittelpunkt der Geschichte bildet. Demnach steht fest, dass die Geschichte kunstvoll aufgebaut ist.

Wie ist es um die Historizität des Erzählten bestellt?

Oftmals wendet man eine *Subtraktionsmethode* an, um zum historischen Kern vorzustoßen. Da sich recht viele unglaubwürdige Elemente in dem Text finden, bleibt dann häufig nur der Befund übrig, dass drei namentlich genannte Frauen das Grab Jesu am dritten Tag besucht haben, zuweilen aber auch, dass das von Ihnen vorgefundene Grab leer war.

Merkwürdigerweise hat man bisher ein Argument gegen die Historizität des Erzählten noch nicht recht gewürdigt. Am Ende der Geschichte heißt es, die Frauen hätten entgegen dem Befehl des Jünglings den Jüngern nichts von dem Geschehenen weitererzählt.

Begründung: »Denn sie fürchteten sich« (V. 8). Dieser Vers ist das Ende des MkEv. Es ist sicher, dass der Vf. sich dabei etwas gedacht hat, denn auch in der Antike wurden Anfang und Ende eines literarischen Werkes mit besonderer Sorgfalt gebildet. Was folgt daraus für die Interpretation?

Mk gibt mit dem Schluss zu verstehen, dass die Kunde vom leeren Grab bisher unbekannt geblieben ist, denn die Frauen haben geschwiegen. Er selbst erzahlt als erster davon.

Daraus folgt: der erste Bericht vom leeren Grab ist etwa in das Jahr 70, der mutmaßlichen Abfassungszeit des MkEv, zu versetzen – vierzig Jahre nach dem Tode Jesu. Es leuchtet ein, dass damit der historische Wert dieses Berichts vom leeren Grabes Jesu gleich Null ist.

Das gleiche Resultat ergibt sich aus der Betrachtung des ältesten Textes zur Auferstehung Jesu, 1Kor 15,3-5.[455] Hier erinnert Paulus die Adressaten zunächst daran, was er ihnen bei der Gründung der Gemeinde überliefert hat (V. 1.3a), und betont, dass er dies selbst – wohl bald nach seiner Bekehrung (etwa 34 nChr) – empfangen habe (V. 3b). Es ist nun ein großer Glücksfall für die historische Rekonstruktion, dass der Apostel im Anschluss daran in V. 3c-5 diese auch in chronologischem Sinne vorpaulinische Überlieferung noch einmal zitiert.

In dieser Tradition, die aus einem parallel gebauten Zweizeiler besteht, geht es um einen je doppelten »Beweis«: einerseits aus den Schriften, auf die jedoch nur allgemein verwiesen wird, und andererseits aus einer bestätigenden Tatsache. Dabei bekräftigt die Aussage über das Begräbnis Jesu die Tatsache seines Todes, und die Aussage über die Erscheinung vor Kephas die Tatsache der Auferstehung. Die Erscheinung vor Kephas ist offenbar der Grund für das Bekenntnis: »Jesus wurde auferweckt«.

Was ergibt sich daraus für das Problemfeld »Auferstehung Jesu«?

Am Anfang stand eine umstürzende visionäre Erfahrung des Kephas, an die sich fast ansteckend Einzel- und Gruppenvisionen anschlossen. Ihr Inhalt war der himmlische Jesus, den Gott zu sich erhöht hatte. Also hatte Gott – so die theologische Folgerung – den schmählich am Kreuze Hingerichteten von den Toten erweckt. Da Primärquellen aus dem unmittelbaren Jüngerkreis fehlen, müssen viele Einzelheiten und Deutungsmuster offen bleiben. Ich habe bereits in meinem Auferstehungsbuch aus dem Jahre 1994 die Vision des Kephas als missglückte Trauerarbeit zu verstehen gesucht.[456]

Jedoch ziehe ich aus dieser Einsicht heute andere Konsequenzen.[457]

Die Erscheinung Jesu geschah vom Himmel und nicht in der Gestalt einer Begegnung mit einem himmlischen Wesen auf dieser Erde, wie es die neutestamentliche Osterlegende zeichnet. In dieser verzehrt Jesus vor den Augen der Jünger Fisch und Brot, bietet seine eigene Berührung an und kehrt erst 40 Tage nach seiner Auferstehung in den Himmel zurück. Mit anderen Worten, ein Großteil der neutestamentlichen Ostergeschichten ist späteren Datums und dient beispielsweise in der Betonung der Körperlichkeit des auferstandenen Jesus der Abwehr der These, Jesus sei nur geistig auferstanden. Für die früheste Zeit zwischen Karfreitag und Ostern tragen diese Legenden demnach nichts aus.[458]

Wissenschaftlich ergiebiger ist die Untersuchung der Ostererfahrung des Paulus, weil wir von ihr Primärquellen von dem Betroffenen selbst zur Verfügung haben. Sie kann eindeutig aus anderen Belegstellen seiner Briefe als Vision verstanden werden. Man vgl. besonders 1Kor 9,1: Paulus hat den Herrn gesehen. Dieser Sachverhalt wird in der protestantischen Bibelforschung und Dogmatik oft abgestritten, und die Geschichte der Verständnislosigkeit gegenüber Phänomenen wie Visionen und Auditionen muss erst noch geschrieben werden. Visionen waren bei Paulus nicht auf das »Damaskusereignis« beschränkt. Auch in späterer Zeit war sein Leben von visionären Erfahrungen begleitet[459], die er oft mit einer Krankheit bezahlen musste.[460]

Wie konnte es zu der Christusschau des Paulus kommen, zumal er selbst Jesus persönlich gar nicht gekannt hat? War damit nicht von vornherein ein ganz anderes Bild des Auferstandenen als bei den Jüngern mitgegeben? Wie war dann Paulus überhaupt in der Lage, die persönlichen Jünger Jesu von der »Echtheit« seiner eigenen Christusvision zu überzeugen? Solche und ähnliche Fragen türmen sich nur so auf, wenn man die früheste Zeit der christlichen Bewegung historisch zu verstehen sucht.

Ein wichtiger Schlüssel zum Verständnis der Ostererfahrung des Paulus liegt in seiner Tätigkeit als Christenverfolger. Im Alter von etwa 30 Jahren nahm sein Leben durch das sogenannte Damaskusereignis eine entscheidende Wende.

Wie konnte dies geschehen?

Führen wir das Gedankenexperiment durch, man hätte Paulus vor der Damaskusvision analysieren können, so dürfte die Analyse eine starke Strömung zu Christus hin aufgewiesen haben, ja, die

Annahme seiner unbewussten Christlichkeit[461] liegt dann nicht mehr so fern. Die vehement aggressive Haltung des Paulus gegen die Christen, sein Eifer, mag damit zusammenhängen, dass die Grundelemente der von ihm verfolgten Christen ihn unbewusst angezogen haben. Jedoch aus Angst vor seinen unbewussten Strebungen hat er diese auf die Christen projiziert, um sie dort um so ungestümer attackieren zu können.

Mit der Vision Christi ergab sich für Paulus eine Umschichtung. Der mit der Verfolgung aufgestaute Schuldkomplex wurde durch die Gewissheit, in Christus zu sein, abgelöst. Der Verfolger stürzte in Christus förmlich hinein und erlebte dies als Befreiung, Erleuchtung und Leben. Dabei machte Paulus die ungeheure Erfahrung, ein neues Ich zu bekommen, das mit Christus identisch war. Dieses fremde, ihm geschenkte Ich kam seit der Damaskusvision immer mehr zum Durchbruch und überstand auch die Verzögerung der Wiederkunft Jesu. Zeitvorstellungen überholend, kam Paulus am Ende seines Lebens zur Überzeugung, dass die Vereinigung mit Christus als kosmisch-persönlicher Gestalt unmittelbar im Tod erfolgt und nicht erst am Ende der Zeit.

Das Resultat der Analyse der ältesten christlichen Auferstehungstexte ist in historischer Hinsicht eindeutig: Am Anfang stand die Vision Jesu, und daran heftete sich die Folgerung, dass Jesus lebe und Gott ihn zu sich erhöht habe. Demgegenüber war Jesu Grab voll und sein Leichnam verweste, soweit er nicht überhaupt von Geiern und Schakalen direkt vom Kreuzesbalken weggefressen wurde.

Gleichzeitig muss betont werden, dass die Ergebnisse meiner Analysen des ältesten Osterglaubens in Widerspruch zum christlichen Bekenntnis stehen und eigentlich keinem mehr erlauben, sich mit ehrlichem Gewissen Christ zu nennen.

Mein Glaube

Nun ist negative Kritik eines. Sie bleibt angesichts der wissenschaftlichen Haltlosigkeit der christlichen Auferstehungsbotschaft schon wegen der Macht der Kirchen notwendig und setzt darauf, dass ihre Argumente im öffentlichen Disput gewogen werden.

Andererseits bedeutet negative Kritik nicht, die Substanz aller untersuchten Texte über Bord zu werfen. Das wäre nur dann notwendig, wenn man die in ihnen enthaltene Bezogenheit auf etwas

Höheres für überholt erachtete. Das tue ich aber nicht. Ich lehne zwar den von den Autoren dieser Texte vertretenen Anspruch ab, Sprachrohr eines Schöpfer- und Erlösungsgottes zu sein. Doch bemühe ich mich gleichzeitig, sie als Zeugnisse menschlichen Geistes zu entschlüsseln und in ständiger Auseinandersetzung mit ihnen – nach 2000 Jahren Christentum – eine humane Lebenssicht zu formulieren.

Das will ich in Weiterführung des paulinischen Nachdenkens über Christus, über sein fremdes, ihm geschenktes Ich, abschließend versuchen.

Wir erinnern uns: Paulus war in Christus förmlich hineingestürzt. Er empfing von ihm zusammen mit anderen ein neues Ich – in einem Prozess, an dessen endzeitlichem Abschluss die neue Menschheit, vereint im kosmischen Christus, stehen sollte.

Gnostische Paulusschüler haben hier weitergedacht und verstehen die Auferstehung Jesu einschließlich ihrer eigenen gegenwärtig.[462] Allerdings vermochten sie sich mit dieser Sichtweise nicht durchzusetzen.

Doch es ist nun aufgrund der Ende 1945 entdeckten gnostischen Bibliothek von Nag Hammadi möglich, einen solchen Interpretationsansatz auszuloten. In ihm gewinnt die Auferstehung Jesu und die der Christen durchweg eine völlig neue Bedeutung. Dies sei aus dem PhilEv vergegenwärtigt. Hier heißt es

Spruch 22

Diejenigen, sie sagen: »Der Herr ist zuerst gestorben und (dann) auferstanden«, sind im Irrtum. Denn er ist zuerst auferstanden und dann gestorben. Wenn jemand nicht zuerst die Auferstehung erwirbt, wird er sterben.[463]

Der Vf. brandmarkt zunächst das kirchliche Dogma von Tod und Auferstehung als Irrtum und kehrt die Reihenfolge kurzerhand um. Damit vollzieht er die Wendung weg vom Denken in zwei zeitlich aufeinander folgenden Welten hin zu einer gnostischen Sicht, die am Sein orientiert ist und nicht am Haben. Die Auferstehung Christi hat sich bereits hier und jetzt vollzogen, die zukünftige Auferstehung interessiert nicht. Wer nämlich nicht die eigene Auferstehung erfährt, stirbt bereits hier und jetzt einen spirituellen Tod, vom physischen Tod ganz zu schweigen.

Zahlreiche gnostische Schriften verstehen Auferstehung als Rückführung in den ursprünglichen Seinszustand des Menschen und damit als Rückkehr zu sich selbst. In ihr empfängt der Christ sich so, wie er am Anfang war. »Auferstehung« wird zu einem Bild für das Feststehende. Sie verwirklicht sich durch die Erkenntnis dessen, was der Christ von jeher ist. Wer Auferstehung in ihrer wahren Bedeutung erkennen will, muss daher vom Namen zur Sache vorstoßen. Wir lesen dazu im PhilEv:

Spruch 11

Die Namen, die man den weltlichen Dingen gibt, verursachen eine große Irreführung. Denn sie wenden den Sinn ab von dem Feststehenden zu dem Nicht-Feststehenden. Und wer Gott hört, der kennt nicht das Feststehende, sondern er hat das Nicht-Feststehende erkannt. So verhält es sich auch mit den Namen »der Vater« und »der Sohn« und »der heilige Geist« und »das Leben« und »das Licht« und »die Auferstehung« und »die Kirche« und mit allen anderen Namen: Man erkennt nicht das Feststehende, sondern man erkennt das Nicht-Feststehende, außer man hat das Feststehende kennen gelernt. Die Namen, die gehört werden, sind in der Welt und täuschen.[464]

Eine andere Stelle aus derselben Schrift drückt die Selbstfindung so aus:

Spruch 44

Es ist nicht möglich, dass jemand etwas von dem Feststehenden sieht, es sei denn, dass er jenem gleich wird. So verhält es sich nicht mit dem Menschen, der auf dieser Welt ist. Er sieht die Sonne, ohne selbst Sonne zu werden ... So verhält es sich (aber) mit der Wahrheit: Du hast etwas von jenem Ort gesehen und du wurdest zu jenen Dingen. Du hast den Geist gesehen, du wurdest Geist, du hast Christus gesehen, du wurdest Christus ... Deshalb siehst du an diesem Ort alle Dinge, und siehst nicht dich selbst. Aber an jenem Ort siehst du dich selbst, und was du siehst, wirst du werden.[465]

Welche Menschen stehen hinter diesen Texten aus Nag Hammadi, die so eindrücklich den erfahrungsbezogen Aspekt ihres Glaubens betonen und Auferstehung als Rückkehr zu sich selbst deuten? An verschiedenen Stellen nennen sie sich »Angehörige des nicht wankenden Geschlechts«[466]. Ihr Glaube, der vielfach mit Erkenntnis gleichzusetzen ist, zielt, ebenso wie ansatzweise beim Apostel Paulus, auf die Vollendung des Lebens. Dieses ist jedoch im Gegensatz zu Paulus von der Verwirklichung des eigenen Potentials, ja, des vollendeten Menschseins geprägt. Es überwindet die Furcht vor der eigenen Größe und begeistert sich an der gottähnlichen Kraft, die ihm als Folge des Erkenntnisprozesses zukommt. In der neugefundenen Schrift »Allogenes« aus Nag Hammadi heißt es dazu:

Meine Seele wurde kraftlos, und ich floh und war sehr verwirrt. Und ich wandte mich zu mir selbst und sah das Licht, das mich umgab, und das Gute, das in mir war, und ich wurde göttlich.[467]

Fortan nehmen die Gnostiker davon Abschied, die eigene Erlebnisfähigkeit zu drosseln. Der neu erreichte Zustand ist eine Erkenntnis des Seins, ein Sich-Öffnen gegenüber der Welt, von der sie sich vorher abgeschirmt hatten. Dabei gewinnen die Gnostiker die Fähigkeit der Unterscheidung zwischen dem, was feststeht, und dem, was nicht feststeht, sondern nur täuscht. Diese Täuschung sehen sie in fast allem, was die Schöpfung betrifft. Deren Zerrissenheit geht auf die Überheblichkeit eines angeblichen Schöpfergottes zurück, der sich anmaßend verhält und daher nur Spott verdient. Aber die Gnostiker sind stärker als er. Sie durchschauen ihn. Als Angehörige des nicht wankenden Geschlechts richten sie ihren Blick auf das große Geheimnis des kosmischen Ganzen und machen die ungeheure Erfahrung eines grenzenlosen Zugehörens. Die Erkenntnis ihrer eigenen Wurzel, ihrer Identität, macht sie stärker als jede denkbare Gottheit sein könnte.

Diese auf dem Willen zur absoluten Lebensvollendung beruhende Stärke ist eine bittere Notwendigkeit angesichts des Schreckens der Schöpfung und des Absurden, das zu jeder Stunde die Erde durchzittert. In derselben rätselhaften Weise, wie im Laufe der Evolution das Leben auf dieser Erde entstanden ist, drängt unser je eigenes Leben nach der Erweiterung bis in kosmische Dimensionen. Es drängt nach Ausdehnung in einer unbekannten Richtung aus unbekannten Ursachen schlicht aus der Tatsache seines Gegeben-

Seins und konstituiert eine Macht, ja, geradezu das Anteilnehmen an der Allmacht des Kosmos. Dem Erschreckenden an dieser Formulierung will ich nicht ausweichen.

Und doch bleibt das Heldentum des Glaubens nicht das letzte Wort. Das besteht in seinem Zur-Ruhe-Kommen und Erlöschen. Glaube ist nämlich geradezu eine mystische Erkenntnis, sobald der Himmel wieder geöffnet und von einem »Schöpfergott« befreit wird, der die Menschen daran hindern will, über ihn hinauszublicken. Nach dem Gang in die Tiefe auf der Suche nach einem Grund, der trägt, vermag der Mensch endlich wieder in die Höhe zu steigen, die sich in ihrer schönen Unendlichkeit öffnet. Erst jetzt erhält das Leben eine wirklich kosmische Dimension und bekommt einen Geschmack für das Unendliche. Dabei werden der Weg nach oben und der Weg nach unten derselbe. Im Bereich des wahren Seins hören alle Unterschiede auf. Ich nähere mich ihm auf dem Weg der Verneinung, der alle Kategorien und Wahrnehmungen als vorläufig erweist. Das Ziel ist dort erreicht, wo jedes Wort seinen Wert verloren hat, dort, wo ich im vollständigen Nichts menschlicher Vorstellungen die letzte Wirklichkeit schaue. Das Licht des Seins kann zu uns nur kommen, wenn das Licht menschlichen Denkens erlischt. Dann scheint die Dunkelheit, die mit dem Licht eins geworden ist.

Anmerkungen

1 Vgl. nur Hansjürgen Verweyen (Hrsg.): Osterglaube ohne Auferstehung? Diskussion mit Gerd Lüdemann, QD 155, 2. Aufl., 1995; Hans Kessler: Sucht den Lebenden nicht bei den Toten. Die Auferstehung Jesu Christi in biblischer, fundamentaltheologischer und systematischer Sicht. Erweiterte Neuausgabe, 1995 (= Topos plus Taschenbücher, Band 419, 2002), S. 420-442; Bernd Oberdorfer: »Was sucht ihr den Lebendigen bei den Toten?«. Überlegungen zur Realität der Auferstehung in Auseinandersetzung mit Gerd Lüdemann, in: KuD 46.2000, S. 225-240 (Lit.).

2 Vgl. Ulrich Wilckens: Hoffnung gegen den Tod. Die Wirklichkeit der Auferstehung Jesu, 2. Aufl., 1997, S. 9-27, bes. S. 10: Wenn Lüdemanns »Thesen Zustimmung verdienten, so würde das ... den Ruin des Christentums bedeuten.« S. ferner Georg Essen, in: ThRv 90.1994, Sp. 480-485 (Rezension von Lüdemann, Auferstehung).

3 Auf die intensive Diskussion von älterer exegetischer Sekundärliteratur habe ich in diesem Buch verzichtet. Hier sei der Leser auf die Arbeit von 1994 verwiesen.

4 David Friedrich Strauß: Der alte und der neue Glaube. Ein Bekenntniß, 12. bis 14. Stereotyp-Auflage, 1895, S. 47.

5 Ebd.

6 Wer die historische Methode gebraucht, arbeitet – dem methodischen Atheismus der Neuzeit verpflichtet –, »als ob es Gott nicht gäbe«. Das ist aber noch kein dogmatischer Atheismus. Ebenso schließe ich von vornherein nicht aus, dass sich die Auferstehungserzählungen so zugetragen haben, wie die Bibel berichtet. Wohl aber prüfe ich mit den Mitteln historischer Kritik ihre geschichtliche Glaubwürdigkeit.

7 Dies sage ich ausdrücklich auch im Blick auf das hochgelehrte Buch von Georg Essen: Historische Vernunft und Auferweckung Jesu. Theologie und Historik im Streit um den Begriff geschichtlicher Wirklichkeit, TSTP 9, 1995. Ich darf den Grundunterschied zwischen Essen und mir durch ein Zitat eines Baseler Gelehrten erläutern: »Scharfe Begriffsbestimmungen gehören in die Logik, aber nicht in sie (= die Geschichte), wo alles schwebend und in beständigen Übergängen und Mischungen existiert. Philosophische und historische Begriffe sind wesentlich verschiedener Art und verschiedenen Ursprungs; jene müssen so fest und geschlossen als möglich, diese so flüssig und offen als möglich gehalten werden« (Jacob Burckhardt: Weltgeschichtliche Betrachtungen. Über geschichtliches Studium, Gesammelte Werke IV, 1956, S. 60).

8 Zur Unterscheidung zwischen »Auferstehung« und »Auferweckung« s. Otfried Hofius: »Am dritten Tage auferstanden von den Toten«, in: ders.: Paulusstudien II, WUNT 143, 2002, S. 202-214. Ich gebrauche in meiner Arbeit beide Ausdrücke synonym.

9 Zur Begründung und zum Vorkommen s. S. 23-25.

10 Hans Graß: Ostergeschehen und Osterberichte, 4. Aufl., 1970, S. 13.

11 Im folgenden gebrauche ich die traditionellen Namen der Evangelisten

Matthäus (= Mt), Markus (= Mk), Lukas (= Lk) und Johannes (= Joh), obwohl keiner der Evangelienverfasser namentlich bekannt ist. Im übrigen wäre für den Beweisgang meines Buches eine etwaige andere Einschätzung unerheblich.

12 Vgl. dazu S. 56-57.

13 Lk 24,37: »Sie (die Jünger) erschraken aber und fürchteten sich und meinten, sie sähen einen Geist.« Diese Furcht erweist sich dann als gegenstandslos.

14 S. aber auch die Differenzierungen von James M. Robinson: Jesus from Easter to Valentinus (or to the Apostles' Creed), in: JBL 101.1982, S. 5-37, und Gerd Lüdemann: Ketzer. Die andere Seite des frühen Christentums, 2. Aufl, 1996, S. 189-193 und passim.

15 Graß, Ostergeschehen (wie Anm. 10), S. 14.

16 Ebd., S. 4.

17 Wolfhart Pannenberg: Grundzüge der Christologie, 4. Aufl., 1972, S. 96.

18 Wolfhart Pannenberg: Die Auferstehung Jesu – Historie und Theologie, in: ZThK 91.1994, S. 318-328, hier S. 320.

19 Wolfhart Pannenberg: Grundzüge der Christologie, 5. Aufl., 1976, S. 417 (aus dem Nachwort zur überarbeiteten 5. Auflage).

20 Rudolf Bultmann: Neues Testament und Mythologie. Das Problem der Entmythologisierung der neutestamentlichen Verkündigung. Nachdruck der 1941 erschienenen Fassung hrsg. von Eberhard Jüngel, BEvTh 96, 1985, S. 62.

21 Rudolf Bultmann: Theologie des Neuen Testaments, 5. Aufl., 1965, S. 47.

22 Willi Marxsen: Die Auferstehung Jesu von Nazareth, 1968, S. 129.

23 Joachim Gnilka: Die frühen Christen. Ursprünge und Anfang der Kirche, HThK.S VII, 1999, S. 216. Vorher heißt es: »Im Gefälle der monistischen Anthropologie des antiken Judentums muß der Satz im Sinne der Wiederbelebung des ganzen Menschen aufgefaßt werden« (S. 197).

24 Jürgen Moltmann: Theologie der Hoffnung, BEvTh 38, 8. Aufl., 1969, S. 165. An anderer Stelle seines Buches schreibt Moltmann: »Das Christentum steht und fällt mit der Wirklichkeit der Auferweckung Jesu von den Toten durch Gott« (S. 150). Offenbar ist Moltmann zufolge diese Wirklichkeit historischer Rückfrage nicht zugänglich. Vgl. die berechtigte Kritik von Karl Heinz Ohlig: Fundamentalchristologie. Im Spannungsfeld von Christentum und Kultur, 1986, S. 81f.

25 Karl Barth: Die kirchliche Dogmatik III/2, 2. Aufl., 1959, S. 535. Dieser Satz wird positiv aufgenommen von Gerhard Friedrich: Die Auferweckung Jesu, eine Tat Gottes oder ein Interpretament der Jünger? (1971), in: ders.: Auf das Wort kommt es an. Gesammelte Aufsätze, 1978, S. 319-353, hier S. 352.

26 Rudolf Bultmann: Das Problem der Hermeneutik (1950), in: ders.: Glaube und Verstehen II, 4. Aufl., 1965, S. 211-235, hier S. 234.

27 Bultmann selbst würde sagen, dass er sehr wohl »einen triftigen Grund« hat: Der Glaube soll sich nicht auf historische Fakten stützen können, ebensowenig wie sich der Mensch vor Gott auf seine Werke berufen kann. S. dazu weiter S. 159–160.

28 Rudolf Bultmann: Das Verhältnis der urchristlichen Christusbotschaft zum historischen Jesus (1960), in: ders.: Exegetica. Aufsätze zur Erforschung des Neuen Testaments, 1967, S. 445-469, hier S. 469. Vgl. dazu weiter Gerd Lüdemann: Paulus, der Gründer des Christentums, 2001, S. 224-228.

29 Paul Hoffmann, in: ders. (Hrsg.): Zur neutestamentlichen Überlieferung von der Auferstehung Jesu, WdF 522, 1988, S. 13.

30 Mt 28,15b: »Diese Kunde (des Diebstahls des Leichnams Jesu durch die Jünger) verbreitete sich unter Juden bis auf den heutigen Tag« (nämlich der Abfassung des MtEv). Demgegenüber betont Mt, dass Jesus von Gott auferweckt wurde und deswegen das Grab verlassen hat (s. S. 78-86).

31 Bei Origenes (Gegen Kelsos II, 59-60): Ein halbrasendes Weib und vielleicht noch ein anderer von derselben Gaunerbande habe Jesus nach seinem Tod gesehen (59); das könne darauf zurückgeführt werden, »dass einer vielleicht die Anlage zu solchen Träumen in sich trug, oder, ein Opfer irregeleiteter Phantasie, sich nach Belieben ein solches Trugbild schuf ..., wie dies schon Tausenden begegnet ist« (60). Obwohl Origenes die gute historische Bezeugung der neutestamentlichen Osterberichte verteidigt, schreibt er auch: »Das wahre und volle Verständnis der Dinge, die nach der Schrift über Jesus gekommen sind, lässt sich aus dem bloßen Wortlaut der geschichtlichen Darstellung nicht gewinnen« (II, 69).

32 Nach Porphyrius verehren die Christen einen Toten. Er fragt ähnlich wie Kelsos vor ihm (s. Origenes, Gegen Kelsos II, 63), warum der »Auferstandene« nicht dem Pilatus oder Herodes, dem jüdischen Hohenpriester oder am besten dem römischen Senat und Volk erschienen sei. Vgl. Adolf Harnack: Kritik des Neuen Testaments von einem griechischen Philosophen des 3. Jahrhunderts, TU 37.4, 1911, S. 25; Wilhelm Nestle: Die Haupteinwände des antiken Denkens gegen das Christentum (1941), in: ders.: Griechische Studien, 1968 (1948), S. 597-660, hier S. 614. Bereits Lk mag ähnliche Einwände gekannt und sie durch die Betonung der körperlichen Auferstehung Jesu und die politische Apologetik bes. in der Apg (vgl. 26,26: »Dies [= die christliche Verkündigung und die Wunder] ist nicht im Winkel geschehen«) beantwortet haben.

33 Beispielsweise ist der oben Anm. 13 zitierte Text Lk 24,37 gegen Christen gerichtet, welche die Auferstehung Jesu symbolisch auffassten.

34 Hoffmann, Überlieferung (wie Anm. 29), S. 2.

35 Apg 2,27: (Petrus:) Gott werde nicht zulassen, dass Jesus Verwesung sieht (ebenso Paulus in Apg 13,35). Zu diesen Texten s. S. 99-100.

36 EvTh 57.1997, S. 177.

37 Eckart Reinmuth: Historik und Exegese – zum Streit um die Auferstehung Jesu nach der Moderne, in: Stefan Alkier / Ralph Brucker (Hrsg.): Exegese und Methodendiskussion, TANZ 23, 1998, S. 1-20, hier S. 6.

38 Joachim Ringleben: Wahrhaft auferstanden. Zur Begründung der Theologie des lebendigen Gottes, 1998, S. 3.

39 Adolf Martin Ritter, in: Carl Andresen / ders. (Hrsg.): Handbuch der Dogmen- und Theologiegeschichte, Band 1: Die Lehrentwicklung im Rahmen der Katholizität, 2. Aufl., 1999, S. 16.

40 Hans v. Campenhausen: Der Ablauf der Osterereignisse und das leere Grab (1952), in: ders.: Tradition und Leben. Kräfte der Kirchengeschichte, 1960, S. 48-113, hier S. 48-49.

41 Ebd., S. 109. Er spielt offensichtlich auf die jüdische These an, die Jünger hätten den Leichnam Jesu gestohlen (Mt 28,15). Zu diesem Text s. S. 84-86.

42 Ebd.

43 Vgl. das folgende Beispiel: »Der Streit um das leere Grab spielt für die neutestamentliche Theologie ungefähr die gleiche Rolle, wie wenn ich sage – ›ich liebe dich‹, und will dies mit einem vor Jahren geschenkten Blumenstrauß beweisen ... Denn das ›ich liebe dich‹ blieb aus, wenn die Theologie sich weigert, diese Worte zu buchstabieren, sondern ihr Gezänk darüber wiederholt, wie das mit dem einstigen Blumenstrauß gewesen ist« (Eckart Reinmuth: Lüdemann ist das genaue Spiegelbild, das er beschwört, in: Jacob Neusner [ed.]: Faith, Truth, and Freedom: The Expulsion of Professor Gerd Lüdemann from the Theology Faculty of the University of Göttingen. Symposium and Documents, 2002, S. 91-92, hier S. 92). Reinmuths Beitrag stand zuerst als Leserbrief in: Frankfurter Rundschau vom 7. Januar 1999

44 Man vgl. dazu auch Werner Harenberg: Jesus und die Kirchen. Bibelkritik und Bekenntnis, 1966, S. 125-166.

45 Zitat aus der Grundordnung der Evangelischen Kirche in Deutschland vom 13. Juli 1948.

46 Von Campenhausen, Ablauf (wie Anm. 40), S. 111f.

47 Vgl. Pannenberg, Auferstehung (wie Anm. 18), S. 318: »Der christliche Glaube läßt sich nicht trennen von der Kenntnis vergangenen Geschehens und seiner Vergewisserung. Denn er hängt an der Person Jesu von Nazareth, wie sie im Zusammenhang mit der Gottesgeschichte des Alten Bundes über Jahrhunderte und Jahrtausende hinweg Gegenstand christlicher Verkündigung ist.«

48 Vgl. dazu Gerhard Ebeling: Theologie und Verkündigung, HUTh 1, 1962, S. 1-9.

49 Vgl. Kessler, Sucht den Lebenden nicht bei den Toten (wie Anm. 1), S. 275. S. auch Marxsen, Auferstehung (wie Anm. 22): Es sei »mit der Sache selbst gegeben, daß ein Sehen Jesu nur von solchen erzählt wird, die glaubten. Ebenso konnten nur die, die glaubten, die Auferstehung Jesu bekennen, nur die, die um *sein* Kommen *heute* wußten, weil sie es erfahren hatten« (S. 131).

50 Zur historischen Methode vgl. Ernst Troeltsch: Über die historische und dogmatische Methode in der Theologie (1898), in: ders.: Gesammelte Schriften, Band II: Zur religiösen Lage, Religionsphilosophie und Ethik, 2. Aufl., 1922, S. 729-753. S. auch Burckhardt, Betrachtungen (wie Anm. 7) – ein Klassiker, dessen Lektüre noch immer lohnt. S. ferner die Ausführungen von Gerhard Noller: Nachzügler des 19. Jahrhunderts. Exemplarische Überlegungen zum Wirklichkeitsbegriff im Gespräch mit Gerd Lüdemann, in: EvTh 57.1997, S. 259-272. Noller fordert eine Offenheit auch der Geschichtswissenschaft auf Gott hin und verbindet das mit scharfer Kritik: »Was ... bei Bultmann schon im Vergehen war, ist bei Lüdemann fast peinlich unmodern« (S. 264).

51 Vgl. dazu die lesenswerte Darstellung von Dietz Lange: Glaubenslehre, Band II, 2001, S. 132f. Diesen Konsens stellt Martin Hengel (Das Begräbnis Jesu bei Paulus und die leibliche Auferstehung aus dem Grabe, in: Friedrich Avemarie und Hermann Lichtenberger [Hrsg.]: Auferstehung – Resurrection, WUNT 135, 2001, S. 119-183) entschieden in Frage. Er schreibt: »*(D)as Evangelium als Erzählung des Heilsgeschehens stand von Anfang an in notwendiger Parallelität zum Evangelium als Kerygma*, ja es war im Grunde ein ganz wesentlicher Teil der Evangelium*sverkündigung« (S. 127).

52 S. auch den Überblick bei Gerd Theißen / Annette Merz: Der historische Jesus. Ein Lehrbuch, 1996, S. 422-432.

53 Im dortigen Zusammenhang bezieht sich Paulus auf die erfolgreiche Mission in Thessalonich und gibt in V. 9-10 traditionelle Glaubensformeln wieder.

54 Gal 1,1; Röm 4,24b; 8,11a (Eph 1,20; Kol 2,12; 1Petr 1,21).

55 Zur Begründung, dass Paulus den 1Thess ca. 41 nChr in Korinth abfasste, vgl. Lüdemann, Gründer (wie Anm. 28), S. 23-69. Dort auch eine Kritik an der herkömmlichen Datierung des 1Thess in das Jahr 50 nChr.

56 Text nach Jakob J. Petuchowski: Das Achtzehngebet, in: Hans Hermann Henrix (Hrsg.): Jüdische Liturgie. Geschichte – Struktur – Wesen, QD 86, 1979, S. 77-88, hier S. 77. Vgl. Friedrich Wilhelm Horn: Das Angeld des Geistes. Studien zur paulinischen Pneumatologie, FRLANT 154, 1992, S. 91-96.

57 Zu diesen Fragen sei auf S. 31-40 verwiesen. Dort wird begründet, dass das bei der Gründungspredigt Mitgeteilte bis V. 5 Ende reicht.

58 Joachim Jeremias: Die Sprache des Lukasevangeliums, KEK Sonderband, 1980, S. 319.

59 Zu diesem Text s. S. 74-75.

60 V. 9: »zuerst Maria von Magdala«; V. 12: »danach ... zweien von ihnen ...«; V. 14: »zuletzt ... ihnen (den Elf) ...«.

61 Charles Harold Dodd: Die Erscheinungen des auferstandenen Christus (1957), in: Hoffmann, Überlieferung (wie Anm. 29), S. 297-330, hier S. 299-305.

62 Ebd., S. 314.

63 Ebd., S. 302-305.

64 Dodd rechnet damit, dass diese Gruppe »eine freiere und individuellere Behandlung der noch ›ungeformten‹ Tradition« (ebd., S. 314) darstellt.

65 Lyder Brun: Die Auferstehung Christi in ihrer urchristlichen Ueberlieferung, 1925, S. 31.

66 Ebenso bleibt immer zu prüfen, ob nicht eine ursprünglich am irdischen Jesus haftende Erzählung zu einer über den Auferstandenen gemacht worden ist.

67 Folgende weitere Texte wurden gelegentlich als ins Leben Jesu zurückversetzte Ostergeschichten gelesen: Mk 6,45-52; 9,2-8; Mt 14,28-31.

68 Pannenberg, Auferstehung (wie Anm. 18), S. 320.

69 S. dazu ausführlich S. 35.

70 Vgl. Gal 1,18: Drei Jahre nach seiner Bekehrung reiste Paulus nach Jerusalem, um Kephas zu besuchen, und blieb dort 15 Tage. Bei dieser Gelegenheit traf er auch Jakobus, den Bruder Jesu. Gal 2,1: Vierzehn Jahre danach reiste Paulus noch einmal nach Jerusalem und traf Jakobus, Kephas, Johannes und viele Gemeindemitglieder. S. ferner richtig Kessler, Sucht den Lebenden nicht bei den Toten (wie Anm. 1), S. 147.

71 Vgl. dazu bereits David Friedrich Strauß: Das Leben Jesu, kritisch bearbeitet. Zweiter Band, 1836, S. 656. Dies brachte Strauß dann auch später gegen Friedrich Schleiermachers 1864 veröffentlichtes Buch »Das Leben Jesu«, das auf Vorlesungen aus dem Jahr 1832 zurückgeht, zur Geltung. Dort verficht Schleiermacher die Scheintodhypothese. Doch ist lt. 1Kor 15 der auferstandene Jesus kein wieder belebter Mensch, sondern ein himmlisches Wesen. Vgl. David Friedrich Strauß: Der Christus des Glaubens und der Jesus der Geschichte. Eine Kritik des Schleiermacher'schen Lebens Jesu, 1865, S. 198f, sowie ders.: Schleiermacher und die Auferstehung Jesu. Ein Beitrag zur Würdigung der Schleiermacher'schen Theologie, in: ZWTh 6.1863, S. 386-400.

72 Mk 14,54.66-72.

73 Vgl. Hengel, Begräbnis (wie Anm. 51), S. 129-138. Hengel zufolge »unterstreicht der Hinweis auf das Begräbnis Jesu zugleich, daß die Auferstehung Christi für das Urchristentum und Paulus konkret ›aus dem Grab‹ heraus erfolgte« (S. 130 Anm. 43). Indes ist damit schwerlich belegt, dass Paulus die Tradition vom leeren Grab *kannte*. S. dazu weiter S. 56-57.

74 Paulus hat mit Barnabas mehrere Jahre im Missionswerk von Antiochien gearbeitet. Vgl. Gal 2,1.13; Apg 11,25-26; 13,1 und Lüdemann, Gründer (wie Anm. 28), S. 23-69.

75 Vgl. Paul Hoffmann: Art. Auferstehung Jesu Christi II.1, in: TRE 4, 1979, S. 478-513, hier S. 492f.

76 Vgl. bereits oben, S. 28.

77 Vgl. Lüdemann, Gründer (wie Anm. 28), S. 177-198 (»Paulus und Jesus«).

78 Dies ist ein dreistöckiges Bild von der Welt: der Himmel ist oben, die Hölle unten, dazwischen befindet sich die Erde. Vgl. Phil 2,9-10.

79 Kessler, Sucht den Lebenden nicht bei den Toten (wie Anm. 1), macht m.R. darauf aufmerksam, dass »große christliche Mystiker und Visionäre (Teresa von Avila u. a.) selbstkritisch ihre Visions- und Offenbarungserlebnisse einer Prüfung durch persönliche und fremde Reflexion unterzogen und Kriterien entwickelt haben, um echte religiöse Erfahrungen von Täuschungen zu unterscheiden« (S. 427). Paulus ist davon noch weit entfernt.

80 Gnilka, Christen (wie Anm. 23), betont die »Offenbarungsqualität« der Erscheinungen vor den ersten Zeugen. Seine Folgerung: »Von einem Sehen Jesu zu reden bzw. zu sagen, daß sie Jesus gesehen haben (vgl. 1Kor 9,1), reicht darum nicht aus« (S. 216). Jedoch ist »Offenbarungsqualität« kein wissenschaftlicher Begriff.

81 Um die Ostererfahrung nicht *auf dem Wege der Definition* in die Nähe des Pathologischen zu rücken, bezeichne ich die Vision des Paulus (und die der anderen Zeugen) hier mit voller Absicht nicht als Halluzination. Am Ende dieses Buches bemühe ich mich um weitere Klärung (s. S. 130-155). Die wichtige Monographie von Michael Reichardt (Psychologische Erklärung der paulinischen Damaskusvision? Ein Beitrag zum interdisziplinären Gespräch zwischen Exegese und Psychologie seit dem 18. Jahrhundert, SBB 42, 1999) bietet u.a. nicht nur einen lückenlosen Forschungsüberblick über die subjektive Visionshypothese (S. 17-88), sondern informiert auch lehrreich über die Halluzination (S. 89-151). Reichardts Opus wird Grundlage aller weiteren Arbeiten in diesem Bereich sein.

82 Man vgl. Martin Hengel: Christologie und Chronologie, in: Heinrich Baltensweiler / Bo Reicke (Hrsg.): Neues Testament und Geschichte (FS Oscar Cullmann), 1972, S. 43-67.

83 Von Campenhausen, Ablauf (wie Anm. 40), S. 52-53. Anders Hengel, Begräbnis (wie Anm. 51), S. 123: »Man kann keinesfalls sagen, daß Paulus hier alle ihm bekannten Christophanien erwähnt. Es fehlt z. B. jeder Hinweis auf die Frauen. Die Auferstehung Jesu und der Glaube an ihn waren ja gewiß so wenig wie die Nachfolge eine reine Männerangelegenheit.«

84 Erwähnenswert ist, dass Vertreter des Rationalismus und selbst Friedrich Schleiermacher die Scheintodhypothese vertraten (vgl. oben, Anm. 71).

85 Die jetzt maßgeblichen Publikationen zur Bestattung Jesu sind Hengel,

Begräbnis (wie Anm. 51), und Matti Myllykoski: What Happened to the Body of Jesus?, in: Fair Play: Diversity and Conflicts in Early Christianity. Essays in Honour of Heikki Räisänen edited by Ismo Dunderberg, Christopher Tuckett and Kari Syreeni, NT.S CIII, 2002, S. 43-82.

86 In den Nag-Hammadi-Schriften findet sich an drei Stellen ein Hinweis auf das Begräbnis Jesu: Brief des Jakobus 5,16-20 (NHC I,2 [BdH, S. 19]); Brief des Petrus an Philippus 139,19-20 (NHC VIII,2 [BdH, S. 505]); Melchisedek 25,1-9 (NHC IX,1 [BdH, S. 515]). Doch setzen die angeführten Stellen Apg 2,23; 3,15; 13,27-29 voraus und beruhen nicht auf älterer Tradition.

87 Vgl. die ähnliche Erklärung jüdischer Gebräuche in Mk 7,3-4.

88 Vgl. Mk 14,55; 15,1.

89 Vgl. Mk 4,11a.

90 Mk 12,34.

91 Vgl. Mk 1,15.

92 Gewiss hätte Mk es vorgezogen, von einem Begräbnis Jesu durch seine Anhänger zu erzählen, ebenso wie er in 6,29 vom Begräbnis Johannes des Täufers durch seine Jünger berichtete. Da er darüber aber keine Überlieferung besaß und andererseits eine Nachricht von der Beerdigung Jesu durch einen Ratsherrn Joseph von Arimathäa umlief, bediente er sich dieser Tradition und nahm die Aufbesserungen an dessen Charakter vor.

93 Vgl. Num 5,2: (Mose soll auf Befehl Gottes den Israeliten gebieten,) »dass sie aus dem Lager schicken alle Aussätzigen und alle, die Eiterfluss haben und die an Toten unrein geworden sind.« Num 9,6: »Da waren einige Männer unrein geworden an einem toten Menschen.«

94 Vgl. Lk 2,41-52; Apg 3-4; 16,3; 21,26.

95 Die nachfolgende Übersetzung und Analyse orientiert sich an Frank Schleritt: Das Johannesevangelium, in: Jesus 2000, S. 527-751, hier S. 732-733.

96 Vgl. Joh 7,13; 9,22; 20,19 (vgl. 12,42); PetrEv 12,50.

97 Zu »er kam« vgl. Mt 27,57 (Mk 15,43; Lk 23,52).

98 Vgl. Joh 18,1.

99 Vgl. ebenso PetrEv 6,24.

100 Zum PetrEv insgesamt vgl. Martina Janßen, in: Jesus 2000, S. 850-853 (Lit.). Hinsichtlich des Verhältnisses des PetrEv zu den neutestamentlichen Evangelien insgesamt empfiehlt sich die Annahme, dass das PetrEv die vier kanonischen Evangelien, besonders das MtEv, voraussetzt, aber noch nicht den Kanon der vier Evangelien. Daneben benutzt es mündliche Tradition, die z.T. älter als die Evangelien ist; s. S. 79-82 (zu Mt 28,2-4). Vgl. die ausgewogenen Ausführungen von Raymond E. Brown: The Gospel of Peter and Canonical Gospel Priority, in: NTS 33. 1987, S. 321-343.

101 Vgl. ebenso PetrEv 1,1; 11,46.

102 Vgl. Ingo Broer: Die Urgemeinde und das Grab Jesu. Eine Analyse der Grablegungsgeschichte im Neuen Testament, StANT 31, 1972, S. 250-263, hier S. 263.

103 Apg 2,23; 3,13-15; 4,27; 5,30; 7,53; 10,39; 13,28.

104 Demgegenüber dürfte Joh 19,31 (Bitte der Juden an Pilatus, den Gekreuzigten die Beine zu brechen und sie abzunehmen) keine selbständige Tradition widerspiegeln, sondern in Anlehnung an Joh 19,38 eigens als Einleitung der Crurifragiumsgeschichte formuliert worden sein (vgl. Schleritt, in: Jesus 2000, S. 730).

105 PetrEv 2,3.

106 Vgl. Joh 12,42; 9,22.

107 Joh 19,39a.

108 Joh 19,39b-40.

109 Mt 27,60; PetrEv 6,24.

110 Vgl. 2Kön 21,18.26.

111 Josef Blinzler: Die Grablegung Jesu in historischer Sicht, in: Ed. Dhanis (Hrsg.): Resurrexit, 1974, S. 56-102, hier S. 85-87: »Die Behandlung Hingerichteter in römischer Rechtspraxis«. Vgl. auch Martin Hengel: *Mors turpissima crucis*. Die Kreuzigung in der antiken Welt und die »Torheit« des »Wortes vom Kreuz«, in: Rechtfertigung. Festschrift für Ernst Käsemann zum 70. Geburtstag, hrsg. von Johannes Friedrich, Wolfgang Pöhlmann und Peter Stuhlmacher, 1976, S. 125-184, hier S. 174: »Eine letzte Verschärfung erhielt die Kreuzesstrafe durch die häufig vorgenommene Verbindung mit der *Grabverweigerung*. Daß der Gekreuzigte den wilden Tieren und Raubvögeln zum Fraß diente, war ein feststehendes Bild.« Neuerdings hält Hengel, Begräbnis (wie Anm. 51), S. 120 mit Anm. 3 und 4, die Grabverweigerung für einen Gekreuzigten eher für eine Ausnahme.

112 Dtn 21,22-23: »Wenn jemand eine Sünde getan hat, die des Todes würdig ist, und wird getötet und man hängt ihn an ein Holz, (23) so soll sein Leichnam nicht über Nacht an dem Holze bleiben, sondern du sollst ihn am selben Tag begraben – denn ein Aufgehängter ist verflucht bei Gott –, auf dass du dein Land nicht unrein machst.« Aus Gal 3,13 (»Christus aber hat uns erlöst von dem Fluch des Gesetzes, da er zum Fluch wurde für uns, denn es steht geschrieben [Dtn 21,23]: ›Verflucht ist jeder, der am Kreuze hängt‹«) geht hervor, dass das lt. Dtn 21,22-23 vorgesehene öffentliche Zur-Schau-Stellen eines zuvor auf andere Art Hingerichteten im 1. Jh. im Sinne der Kreuzesstrafe aufgefasst wurde.

113 Hengel, Begräbnis (wie Anm. 51), meint ferner: »Daß Pilatus den Leichnam Jesu herausgab, entspricht der Tatsache, daß er diese durch Jesus neu entstehende messianische Sekte später nicht mehr verfolgte. Er scheint von der politischen Ungefährlichkeit Jesu und seiner Anhänger überzeugt gewesen zu sein« (S. 120 Anm. 4). Warum hat Pilatus Jesus dann überhaupt verurteilt? Ich fürchte, in Hengels Urteil ist das neutestamentliche Pilatusbild eingeflossen, demzufolge Pilatus von der Unschuld Jesu überzeugt war. Dies geht jedoch sicher auf die christliche Absicht zurück, den Juden die Schuld an Jesu Tod in die Schuhe zu schieben. Jedenfalls betont Agrippa I. in einem Brief an Kaiser Caligula den rücksichtslosen Charakter des Pilatus und kennzeichnet dessen Amtsführung als geprägt von »Bestechlichkeit, Gewalttaten, Räubereien, Misshandlungen, fortwährenden Hinrichtungen ohne Urteilsspruch, endlosen und unerträglichen Grausamkeiten« (Philo, Leg 38). Diese Beschreibung lässt sich, auch wenn das Urteil Agrippas I. einseitig sein mag, schwerlich mit dem ausgleichen, was die neutestamentlichen Autoren über Pilatus schreiben.

114 Vgl. Jesus 2000, S. 137.

115 Karl Martin Fischer: Das Ostergeschehen, 2. Aufl., 1980, S. 68.

116 Vgl. Hengel, Begräbnis (wie Anm. 51), S. 150-172 (»Die leibliche

Auferstehung der Toten aus den Gräbern im Judentum«).

117 Vgl. Adela Yarbro Collins: The Beginning of the Gospel: Probings of Mark in Context, 1992, S. 126: »›The land of dust‹ is a description of Sheol or Hades, where the shades of the dead are confined.« Vgl. ferner John J. Collins: Daniel: A Commentary on the Book of Daniel, Hermeneia, 1993, S. 398: »The stereotypical assumption that resurrection in a Jewish context was always bodily is in need of considerable qualification.«

118 Vgl. Collins, Beginning (wie Anm. 117), S. 126.

119 2Makk 7,11; Sib 4,179-187; TSim 6,2-4 (vgl. Hengel, Begräbnis [wie Anm. 51], S. 158-164). S. bereits Gerd Lüdemann: Paulus, der Heidenapostel. Band I: Studien zur Chronologie, FRLANT 123, 1980, S. 249-252 (zu 1Hen, syrBar und 4Esr [vgl. Hengel, ebd., S. 166-168]).

120 Vgl. Harvey K. McArthur: »Am dritten Tag«. 1Kor 15,4b und die rabbinische Interpretation von Hosea 6,2, in: Hoffmann, Überlieferung (wie Anm. 29), S. 194-202.

121 Vgl. Fischer, Ostergeschehen (wie Anm. 115), S. 72.

122 Hengel, Begräbnis (wie Anm. 51), S. 132f. Ich verstehe die Leidenschaft nicht ganz, mit der Hengel die Auferweckung am dritten Tag als ältestes Lehrstück verteidigt, zumal er an anderer Stelle (s. S. 154) auch die Erhöhung Jesu (vom Kreuz aus: vgl. Phil 2,9) völlig zutreffend zum ältesten Bestandteil des urchristlichen Glaubens rechnet.

123 Vgl. Henning Paulsen: Das Kerygma Petri und die urchristliche Apologetik (1977), in: ders.: Zur Literatur und Geschichte des frühen Christentums, WUNT 99, S. 173-209.

124 Klemens von Alexandrien, Strom. VI 6,48 nach der Übersetzung von W. Schneemelcher, in: ders. (Hrsg.): Neutestamentliche Apokryphen II: Apostolisches, Apokalypsen und Verwandtes, 5. Aufl., 1989, S. 40.

125 Vgl. dazu bes. Paulsen, Kerygma (wie Anm. 123), S. 202 (Lit.).

126 In der älteren Forschung hatte es Ch. Hermann Weiße: Die evangelische Geschichte kritisch und philosophisch bearbeitet II, 1838, S. 416-420, behauptet, in neuerer Zeit ist es von Joachim Jeremias: Neutestamentliche Theologie. Erster Teil: Die Verkündigung Jesu, 1971, S. 292, erwogen worden.

127 Vgl. Ex 19,16-19; Dtn 4,11-12.

128 »Da stieg der Herr in der Wolke herab und redete zu ihm (Mose) und nahm von dem Geist, der auf ihm war, und legte ihn auf die siebzig Ältesten. Und als der Geist auf ihnen ruhte, gerieten sie in Verzückung wie Propheten.«

129 Das jüdische Pfingsten, das am 50. Tag nach dem Passahfest stattfand, ist das alttestamentliche Wochenfest (Ex 34,22) und hat wie im Alten Testament im 1. Jh. nChr den Charakter als Erntefest gewahrt. Vgl. Eduard Lohse: Art. *pentekoste*, in: ThWNT VI, 1959, S. 44-53.

130 In dem Bild des »Auslöschens« kommt etwas von dem geradezu archaischen Wirken des Geistes als Feuer zum Ausdruck (vgl. Apg 2,3: Zungen wie von Feuer). Ich setze dabei voraus, dass der Schluss von einer Metapher auf die historische Realität möglich ist.

131 Vgl. zu den Einzelheiten Gerhard Dautzenberg: Art. Glossolalie, in: RAC XI, 1981, Sp. 225-246.

132 Vgl. 2Kor 12,4.

133 Der Ausdruck »Ekstase« erscheint hier wie überhaupt in 1Kor 14 nicht, das

Phänomen liegt aber zugrunde (s. V. 23). Vgl. demgegenüber 2Kor 5,13. Zum unverständlichen Reden s. 1Kor 14,2.6.

134 Vgl. 1Kor 14,32: »Die Geister der Propheten sind dem Propheten untertan.« Ebenso wie in 1Kor 14,14 steht der in Ekstase begriffene Prophet (bzw. Glossolale) unter dem Eindruck, dass er der Macht des ihn ergreifenden Geistes ausgeliefert ist.

135 1Kor 14,29; vgl. 12,10. Zur Übersetzung von *diakrinein* mit »auslegen« (statt »unterscheiden«) vgl. Gerhard Dautzenberg: Art. *diakrino* in: EWNT I, 1980, Sp. 732-738, hier Sp. 737.

136 Zu vergleichbaren Phänomenen im palästinischen Christentum vgl. die prophezeienden Töchter des Philippus (Apg 21,8f). S. ferner TestJob 48-52 (vgl. Berndt Schaller: Das Testament Hiobs, JSHRZ III.3, 1979, S. 303-387, hier S. 305f; ders.: Zur Komposition und Konzeption des Testaments Hiobs, in: Studies on the Testament of Job, MSSNTS 66, 1989, S. 46-92).

137 Man vgl. Lohse, *pentekoste* (wie Anm. 129), S. 51: Es »läßt sich mit hoher Wahrscheinlichkeit sagen, daß Lukas eine Tradition vom ersten Auftreten einer geistgewirkten Massenekstase in Jerusalem verwertet haben wird.«

138 Hingewiesen sei auf die 50 Söhne der Propheten bei Elias Entrückung (2Kön 2,7), auf die 100, die der Gottesmann Elisa gespeist hat (2Kön 4,43), und auf die 400, die dem Ahab geweissagt haben (1Kön 22,6).

139 Hans Conzelmann: Die Apostelgeschichte, HNT 7, 2. Aufl., 1972, S. 32.

140 Es zeigt sich an dieser Stelle eine unhistorische »nominalistische« Exegese, die die Geschichte ausblendet. Jene »Exegese« sieht offensichtlich nur das als wirklich an, was unmittelbar im Text steht, statt zu erkennen, dass Texte lediglich ein Ausschnitt aus der Geschichte sind. Mit dem Gesagten wird natürlich nicht bestritten, dass begründet werden muss, warum das Phänomen »Geist« in frühchristlichen Auferstehungstexten von Anfang an enthalten ist.

141 Vgl. den Überblick von Horn, Angeld (wie Anm. 56), S. 340-345.

142 Vgl. jedoch dazu kritisch Horn, Angeld (wie Anm. 56), S. 139.

143 Gustav Le Bon: Psychologie der Massen. Mit einer Einführung von Peter R. Hofstätter, Kröners Taschenausgabe 99, 15. Aufl., 1982 (= 1911), S. 13f.

144 Ebd., S. 43.

145 Ebd., S. 23f.

146 Paul Wilhelm Schmiedel: Die Briefe an die Thessalonicher und an die Korinther, HCNT 2, 1893, S. 188f; ders.: Art. Resurrection- and Ascension-Narratives, in: Encyclopaedia Biblica IV, 1903, Sp. 4039-4087, hier Sp. 4083.

147 Man vgl. Hermann Reuter: Geschichte Alexanders des Dritten und der Kirche seiner Zeit III, 1864, S. 105-127.722-724.

148 Vgl. Karl v. Hase: Heilige und Propheten, 2. Abteilung. Neue Propheten, 3. Aufl., 1893, S. 107-192, hier S. 171f.

149 Neuerdings hält Werner Zager (Jesus und die frühchristliche Verkündigung. Historische Rückfragen nach den Anfängen, 1999) die Erscheinungen Thomas Beckets und Savonarolas (s. oben, Anm. 147 und 148) für die nächste Analogie zu den Erscheinungen Jesu (S. 83f).

150 Mußmaßliches Entstehungsdatum dieses Evangeliums ist die erste Hälfte des 2. Jh.s. »Der Titel charakterisiert das Buch als das Evangelium griechisch sprechender judenchristlicher Kreise ...; denn eine Unterscheidung von den Evangelien ›nach Matthäus‹ oder ›nach Johannes‹ kann mit einer solchen

Betitelung (nach den Benutzern) nicht beabsichtigt sein« (Philipp Vielhauer: Geschichte der urchristlichen Literatur. Einleitung in das Neue Testament, die Apokryphen und die Apostolischen Väter, 1975, S. 661).

151 Carl Albrecht Bernoulli: Hieronymus und Gennadius: De viris inlustribus, 1895, S. XIf.

152 Übersetzung nach Philipp Vielhauer / Georg Strecker, in: Wilhelm Schneemelcher (Hrsg.): Neutestamentliche Apokryphen I: Evangelien, 5. Aufl., 1987, S. 147.

153 Freilich ist die Legende von der Grabeswache vorausgesetzt. (Der Herr gab das Leintuch, mit dem sein eigener Körper eingewickelt worden war, dem Knecht des Hohenpriesters.) Hierin ist ebenso wie in den neutestamentlichen Evangelien ein antidoketisches Motiv zu sehen.

154 Mk 14,31.

155 Wilhelm Pratscher: Der Herrenbruder Jakobus und die Jakobustradition, FRLANT 139, 1987, S. 47.

156 Vielhauer, Geschichte (wie Anm. 150), S. 659.

157 Vgl. Gerd Lüdemann: Paulus, der Heidenapostel, Band II: Antipaulinismus im frühen Christentum, FRLANT 130, 2. Aufl. 1990, S. 98 Anm. 119 (Lit.); Carsten Colpe: Das Siegel der Propheten. Historische Beziehungen zwischen Judentum, Judenchristentum, Heidentum und frühem Islam, ANTZ 3, 1990, S. 85.

158 Vgl. S. 74-76 zu Mk 16,9-20 und zum kurzen Mk-Schluss.

159 Vgl. Apg 20,7, Offb 1,10; 1Kor 16,2(?).

160 Andere Beispiele für solche mk Rahmungen sind: 1,21-28 bis 6,1-6 (Wunder); 6,30-44 bis 8,1-9 (Speisungsgeschichte); 8,22-26 bis 10,46-52 (Blindenheilung); 15,40-41 bis 15,47 (Frauenliste).

161 Man vgl. die Stellen mit doppelten Zeitangaben im MkEv: 1,32.35; 4,35; 10,30; 13,24; 14,12.30.

162 Ähnlich harrt der Lieblingsjünger im vierten Evangelium bis zum Schluss bei Jesus unter dem Kreuz aus (Joh 19,26f) und ist zugleich Autor des JohEv (Joh 21,24).

163 Man muss sich immer vor Augen halten, dass das MkEv in verschiedenen Fassungen umlief. Mt und Lk benutzten wahrscheinlich eine andere als die uns vorliegende Version, und das »Geheime Markusevangelium« (dazu vgl. Martina Janßen, in: Jesus 2000, S. 860f) repräsentiert noch einmal eine andere Ausgabe. Nicht auszuschließen ist, dass Mk 14,51f – die Hauptstütze für meine Identitätsthese – gar nicht zur ältesten Fassung gehört hat, und ebenfalls, dass sich erst in einer späteren Auflage der Autor in den Text »eingebracht« hat.

164 Das Verb »sich entsetzen« steht im Neuen Testament nur in Mk 9,15; 14,33; 16,5.6; vgl. ferner 1,27; 10,24.32.

165 Vgl. Gnilka, Christen (wie Anm. 23), S. 202.

166 Vgl. die Unterstreichungen in den Versen 11, 13, 14 und 16.

167 Joachim Gnilka: Das Evangelium nach Markus II, EKK II/2, 1979, S. 353.

168 Im folgenden seien die Parallelstellen in Klammern hinter die entsprechenden Verse des sekundären Mk-Schlusses gesetzt: V. 9f (Lk 8,2; Joh 20,1.11-18); V. 11 (Lk 24,11); V. 12f (Lk 24,13-35); V. 14 (Lk 24,36-43; Apg 1,4); V. 15f (Lk 24,47); V. 17f (Apg 16,16-18; 2,1-11; 28,3-6; 3,1-10; 9,31-35; 14,8-10; 28,8f); V. 19 (Apg 1,9; Lk 24,51); V. 20 (Apg allgemein). Zu Mk 16,9-20 vgl. jetzt die profunde Studie von James A. Kelhoffer: Miracle and Mission: The

Authentication of Missionaries and Their Message in the Longer Ending of Mark, WUNT II/112, 2000.

169 Vgl. z.B. den oftmaligen Gebrauch des Verbs »sich versammeln« in der Passionsgeschichte: Mt 26,3.57; 27,17.27; 28,12.

170 Die Auseinandersetzung mit den offiziellen Vertretern des Judentums ist härter geworden als in der Zeit vor dem jüdischen Krieg, wie ein Vergleich zwischen Mt 23 und der Vorlage Mk 12 zeigt; s. S. 84 (zu Mt 28,13).

171 Sie sind mit den Frauen in Mt 27,61 identisch.

172 Nach dem Aufenthalt der Frauen beim Grab Mt 27,61 (sie »saßen dem Grab gegenüber«) ist nämlich ein »Besehen des Grabes« recht merkwürdig.

173 Übersetzung nach Christian Maurer, in: Wilhelm Schneemelcher (Hrsg.): Neutestamentliche Apokryphen I, 5. Aufl., 1987, S. 187. Grundlagenwissen zum PetrEv findet man oben, S. 47.

174 Vgl. Joachim Jeremias: Abba. Studien zur neutestamentlichen Theologie und Zeitgeschichte, 1966, S. 323-331; Helmut Köster: Synoptische Überlieferung bei den Apostolischen Vätern, TU 65, 1957, S. 28-31.

175 Graß, Ostergeschehen (wie Anm. 10), S. 26.

176 Die Schrift »in der uns vorliegenden Form ist ein christliches Werk, das frühestens in der zweiten Hälfte des 2. Jahrhunderts zusammengestellt wurde. Es wollte in der Art einer alten Apokalypse gegenwärtige Gravamina, die Zuchtlosigkeit und die Spaltungen in der Kirche bekämpfen. Man wird sich allerdings der Erkenntnis nicht verschließen dürfen, daß das Werk bereits vorhandene Traditionen aufnimmt und seiner Absicht dienstbar macht« (C. Detlef G. Müller, in: Schneemelcher, Apokryphen II [wie Anm. 124], S. 548).

177 Ebd., S. 551f.

178 Freilich kann das auch am summarischen Charakter der diesbezüglichen Notizen liegen.

179 In der AscIs (III,14) wird sie nur beiläufig erwähnt (s. oben, S. 80).

180 Hans Werner Bartsch: Der Ursprung des Osterglaubens, in: ThZ 31. 1975, S. 16-31; ders.: Inhalt und Funktion des urchristlichen Osterglaubens, ANRW II 25.1, 1982, S. 794-843.

181 Hans Werner Bartsch: Das Auferstehungszeugnis. Sein historisches und sein theologisches Problem, ThF 41, 1965, S. 12.

182 Vgl. Nikolaus Walter: Eine vormatthäische Schilderung der Auferstehung Jesu, in: NTS 19. 1973, S. 415-429 (= ders.: Praeparatio Evangelica. Studien zur Umwelt, Exegese und Hermeneutik des Neuen Testaments, WUNT 98, 1997, S. 12-27).

183 Philipp Seidensticker (Zeitgenössische Texte zur Osterbotschaft der Evangelien, SBS 27, 2. Aufl., 1968) übersetzt: »Als er (Jesus) im Lichtglanz des lebendigen Gottes auf(er)stand ...« (S. 64).

184 Übersetzung nach Walter, Schilderung (wie Anm. 182), S. 422.

185 Dies ist dann doch eine Aufnahme von Mk 16,8 und zeigt, wie sehr sich Mt trotz aller Änderungen an seine Vorlage gehalten hat.

186 Vgl. 2Kön 4,27a: »Als sie (= die Schunemiterin) aber zu dem Mann Gottes (= Elisa) auf den Berg kam, umfasste sie seine Füße.« 4,37b: (Nachdem Elisa ihren Sohn vom Tode erweckt hatte,) »fiel sie nieder zu seinen Füßen.«

187 Vgl. Mt 8,2; 9,18; 14,33; 15,25; 20,20.

188 Vgl. Mt 18,15 und 23,8: die Gemeinschaft der Jünger untereinander.

189 Obwohl die Wächter Mt zufolge den Vorgang der Auferweckung Jesu nicht beobachtet haben – Mt erzählt ihn ja überhaupt nicht –, ließ das von ihnen Gesehene keinen anderen Schluss zu.

190 Mt 27,63.

191 Die antijüdische Kritik ist hier ebenso gesteigert wie in Mt 23,1-36 im Verhältnis zur Vorlage Mk 12,37c-40.

192 Mt 27,65.

193 Zu den Einzelheiten vgl. Gerd Lüdemann: Das frühe Christentum nach den Traditionen der Apostelgeschichte. Ein Kommentar, 1987; Wolfgang Reinbold: Propaganda und Mission im ältesten Christentum. Eine Untersuchung zu den Modalitäten der Ausbreitung der frühen Kirche, FRLANT 188, 2000, S. 43-51 (Lit.).

194 Vgl. Mt 5,1; 15,29; 17,1.

195 Jesus sagt hier zum sinkenden Petrus: »Kleingläubiger, warum hast du gezweifelt?«

196 Vgl. Lk 24,11.25.37f.41; Joh 20,24-29.

197 Vgl. Mt 4,3; 8,19; 9,28; u.ö.

198 Vgl. Mt 11,27; Joh 3,35; Phil 2,9-11.

199 Mt 6,10; 16,19; 18,18.

200 Vgl. Mt 13,52; 27,57.

201 Wie in Gal 3,27: »Denn ihr alle, die ihr auf Christus getauft seid, habt Christus angezogen.«

202 1Kor 1,13; Apg 8,16; 19,5; vgl. Did 9,5.

203 Zudem ist die Zusammenordnung von Gott, Jesus und Geist bei Paulus schon vorbereitet: 1Kor 12,4-6; 2Kor 1,21f; 2Kor 13,13.

204 »Halten«; »alles«; »befehlen«; »und siehe« (vgl. Mt 28,9); »Ende der Welt« (Mt 13,39f.49; 24,3).

205 Vgl. Hans Dieter Betz: Zum Problem der Auferstehung Jesu im Lichte der griechischen magischen Papyri, in: ders.: Hellenismus und Urchristentum. Gesammelte Aufsätze I, 1990, S. 230-261, hier S. 250f.

206 S. weiter S. 149-155.

207 Zu den Einzelheiten vgl. Lüdemann, Gründer (wie Anm. 28), passim.

208 Dies steht im Zusammenhang mit der stilistischen Glättung des Mk-Berichts, in dem bereits unmittelbar vorher (Mk 15,47) Frauen genannt wurden, von denen aber nur Maria von Magdala auch in 16,1 erscheint. Indem Lk in 23,55 (und 23,49) nur allgemein von Frauen spricht und sie 24,10 mit Namen nennt, vermeidet er den harten Übergang, der sich Mk 16,1 findet.

209 Wahrscheinlich stammt sie von dort und ist an dieser Stelle redaktionell.

210 S. vorher Lk 23,55.

211 Vgl. Lk 9,30.32.

212 Zu V. 5b vgl. die jeweils einen ähnlichen Tadel aussprechenden Fragen Lk 2,49; Apg 1,11.

213 V. 6a ist in einer wichtigen Handschrift nicht enthalten, doch dürfte er zum ursprünglichen Text gehören.

214 Zur Parallele Joh 20,3-10 s. S. 108.

215 Vgl. Lk 23,50.

216 Vgl. Lk 22,23; Apg 6,9.

217 Vgl. Apg 8,30; 9,4; u.ö.

218 Die griechische Vokabel für »vor« kommt im Neuen Testament nur bei Lk vor (Lk 1,6; 20,26; Apg 7,10; 8,32 [= Jes 53,7]). In Lk 7,16; 9,8.19 und indirekt in 7,39 wird Jesus vom Volk »Prophet« genannt. Zur Wendung »mächtig in Tat und Wort« s. Apg 7,22.

219 Vgl. Lk 1,68; 2,38; Apg 1,6.

220 Am Ende des lk Doppelwerkes heißt es Apg 28,27-28: (27) (Paulus über die Juden:) »›Denn das Herz dieses Volkes ist verstockt, und ihre Ohren hören schwer, und ihre Augen sind geschlossen, damit sie nicht etwa mit den Augen sehen und mit den Ohren hören und mit dem Herzen verstehen und sich bekehren, und ich ihnen helfe‹ (Jes 6,10). (28) So sei euch kundgetan, dass den Heiden dies Heil Gottes gesandt ist; und die werden es hören.«

221 Dieser Tadel hat eine Entsprechung in dem Lk 24,5 ausgesprochenen Tadel der beiden Männer an die Frauen.

222 Vgl. Apg 8,32-35.

223 Vgl. Offb 3,20.

224 Die ausdrückliche Feststellung des Entschwindens von Erscheinenden ist typisch lukanisch: Lk 1,38; 2,15; 9,33; Apg 10,7; 12,10.

225 Zu diesem Aspekt vgl. Anna Maria Schwemer: Der Auferstandene und die Emmausjünger, in: Friedrich Avemarie und Hermann Lichtenberger (Hrsg.): Auferstehung – Resurrection, WUNT 135, 2001, S. 95-117, hier S. 115.

226 Vgl. Apg 8,14-17; 11,1.22.

227 Vgl. 1Kor 15,5.

228 Vgl. die Petrusreden Apg 2,14-40; 3,12-26.

229 Hermann Gunkel: Zum religionsgeschichtlichen Verständnis des Neuen Testaments, FRLANT 1, 1903, S. 71.

230 Vgl. Gen 18,1-15; Ri 6,11-24; Tob 5.

231 Vgl. Philemon und Baucis bei Ovid, Metamorphosen VIII, 616-724, mit dem Kommentar von Franz Bömer: P. Ovidius Naso. Metamorphosen. Buch VIII-IX, 1977, S. 190-232.

232 Euseb, Kirchengeschichte III,11; IV,22,4.

233 Vgl. zu dieser Frage zuletzt Schwemer, Emmausjünger (wie Anm. 225), S. 100f (Lit.).

234 Ob die Jünger Jesus tatsächlich berühren, wird nicht gesagt, aber wohl in V. 41 vorausgesetzt.

235 Doch seit Homer gibt es im Griechentum die Vorstellung, dass Tote trinken (Od. 11,96). Vgl. Gregory J. Riley: Resurrection Reconsidered: Thomas and John in Controversy 1995, S. 47. Man näherte sich hier in gewisser Weise sogar einer körperlichen Vorstellung von den Verstorbenen an: Odysseus hält in der Totenwelt auf Geheiß Kirkes die Seelen der Toten mit dem Schwert (!) von der Opfergrube fern, bis sich die Seele des Teiresias, von dem er Informationen über seine Heimkehr erhalten soll (Od. 10, 535-7; 11,48-50.82), an den Opfern gelabt hat. Der Schritt zur körperlichen Auferstehung ist freilich auch hier noch nicht vollzogen.

236 Vgl. Tob 12,19: (Der Engel Rafael zu Tobias und dessen Sohn:) »Es schien zwar so, als hätte ich mit euch gegessen und getrunken; aber ich genieße eine unsichtbare Speise und einen Trank, den kein Mensch sehen kann.«

237 Vgl. Joh 20,24-29; 1Joh 1,1; 4,1f; 2Joh 7.

238 Vgl. auch Hengel, Begräbnis (wie Anm. 51), S. 173.

239 Strauß, Glaube (wie Anm. 4), S. 46.

240 Vgl. Lk 24,27.

241 Vgl. Apg 2,38; 3,19; 10,43.

242 Vgl. Apg 1,22; 2,32f; 3,15; 5,30-32; 10,39f.

243 Vgl. Lev 9,22; s. auch Sir 50,22.

244 Lk 2,46.

245 Lk 1,65f.80; 2,20.40.52; Apg 1,14 usw.

246 Die nachfolgenden Übersetzungen und Analysen von Joh 20-21 orientieren sich an Frank Schleritt: Das Johannesevangelium, in: Jesus 2000, S. 527-751, hier S. 734-751.

247 Vgl. Joh 7,9; 9,6; 11,28.43; 18,1.38; 20,22.

248 Mk 3,18; Mt 10,3; Lk 6,15; Apg 1,13.

249 Joh 11,16; 14,5; 20,24; 21,2.

250 Vgl. Jesus 2000, S. 753-812.

251 Vgl. BdH, S. 221-229.

252 Vgl. Han J.W. Drijvers, in: Schneemelcher, Apokryphen II (wie Anm. 124), S. 289-367.

253 Vgl. Riley, Resurrection (wie Anm. 235), S. 100-126 und passim.

254 Vgl. Helmut Köster: Einführung in das Neue Testament im Rahmen der Religionsgeschichte und Kulturgeschichte der hellenistischen und römischen Zeit, 1980, S. 587; ders.: Ancient Christian Gospels: Their History and Development, 1990, S. 165. Köster zog als Harvard-Professor zwei Generationen amerikanischer Neutestamentler heran, die seinen Thesen im englischsprachigen Raum Gehör verschafften. S. auch Robert W. Funk / Roy W. Hoover / The Jesus Seminar: The Five Gospels: The Search for the Authentic Words of Jesus, 1993, S. 471-532 (Einzelanalyse des ThEv); Stephen J. Patterson: The Gospel of Thomas and Jesus, 1993.

255 Vgl. Joh 5,18; 10,30; 14,7-11.

256 Ebenso wie in den joh Briefen: 1Joh 1,1; 4,1f; 2Joh 7 und auch Lk 24,39-43.

257 Anton Dauer: Johannes und Lukas, fzb 50, 1984, S. 253.

258 Ein anderer Teil der Ostererzählungen des PetrEv, die Schilderung des Heraustretens des auferweckten Jesus aus dem Grab, wurde aus praktischen Gründen bereits an anderer Stelle behandelt (s. oben, S. 79-82).

259 Adolf Harnack: Bruchstücke des Evangeliums und der Apokalypse des Petrus (1892), in: ders.: Kleine Schriften zur Alten Kirche. Berliner Akademieschriften 1890-1907, 1980, S. 92-108, hier S. 104.

260 Vielhauer, Geschichte (wie Anm. 150), S. 685. Zum »Brief der Apostel« vgl. Erika Mohri: Maria Magdalena. Frauenbilder in Evangelientexten des 1. bis 3. Jahrhunderts, MTHSt 63, 2000, S. 153-172 (Lit.); Judith Hartenstein: Die zweite Lehre. Erscheinungen des Auferstandenen als Rahmenerzählungen frühchristlicher Dialoge, TU 146, 2000, S. 97-126 (Lit.).

261 Übersetzung im allgemeinen nach Hartenstein, Lehre (wie Anm. 260), S. 108-110. Dort, wo der Text sicher ist, habe ich um des Leseflusses willen auf die Beigabe von Klammern für ergänzte Worte verzichtet.

262 Ich lege die fragmentarische koptische Version (4./5. Jh.) zugrunde, die auf ein griechisches Original aus dem 2. Jh. zurückgeht, benutze aber die Zählung nach der vollständigen äthiopischen Version jüngeren Datums (18. Jh.).

263 Vgl. zu den weiteren Einzelheiten Hartenstein, Lehre (wie Anm. 260), S.

121.

264 Vgl. Hartenstein, Lehre (wie Anm. 260), S.115f.

265 Hartenstein, Lehre (wie Anm. 260), S. 121f.

266 Pannenberg, Auferstehung (wie Anm. 18), spricht von »Selbstbekundungen des Auferstandenen« (S. 323). Doch damit verlässt er die historisch-wissenschaftliche Ebene.

267 v. Campenhausen, Ablauf (wie Anm. 40), S. 41, bei Pannenberg, Auferstehung (wie Anm. 18), S. 324f.

268 Vgl. v. Campenhausen, Ablauf (wie Anm. 40), S. 42.

269 v. Campenhausen, Ablauf (wie Anm. 40), S. 12.

270 Pannenberg, Auferstehung (wie Anm. 18), S. 325.

271 Man beachte, dass Pannenberg damit die Theorie von Campenhausens verbessert und dem exegetischen Befund von Mk 16,7 als Reflexion der Erscheinungstradition Rechnung zu tragen versucht hat.

272 Pannenberg, Auferstehung (wie Anm. 18), S. 327f.

273 S. oben, S. 26.

274 Rudolf Bultmann: Die Geschichte der synoptischen Tradition, FRLANT 29, 8. Aufl., 1970, S. 148f.

275 Ebd., S. 277f.

276 Ulrich Luz: Das Evangelium nach Matthäus (Mt 8-17), EKK I/2, 1990. Belege aus diesem Buch werden im folgenden im Text gegeben.

277 Vgl. dazu Lüdemann, Paulus II (wie Anm. 157), S. 67-102.

278 Das JohEv (18,15-18.25-27) enthält nach allgemeinem Urteil keine Sondertradition zur Verleugnung und kann hier unberücksichtigt bleiben.

279 Mk 14,18-21.

280 Mk 8,31; 9,31; 10,32-34.

281 Jesus 2000, S. 81-82.

282 Ebd.

283 Mir ist die Problematik bewusst, eine Person über zwei Jahrtausende hinweg mit Hilfe moderner tiefenpsychologischer Methoden zu analysieren. Indes ist es einen Versuch wert, wenn man auf Verstehen nicht verzichten will. Martin Hengels Votum: »Durch ›Trauerarbeit‹ erfindet man keinen auferstandenen Messias, auch nicht um das Jahr 30 n.Chr.« (Begräbnis [wie Anm. 51], S. 182), geht an der Sache vorbei. Seine eigene Auffassung, Gott habe auf analogielose, wunderbare Weise am getöteten Jesus gehandelt (ebd.), ist ein Glaubensurteil, das der Art und Weise entspricht, wie eben fromme Menschen auch anderer Glaubensgemeinschaften über die Ursprünge ihrer eigenen Religion urteilen. Hengels inflationärer Gebrauch von »ungeheuerlich / Ungeheuerlichkeit« (Begräbnis, S. 123.130.172.179 u.ö.) zur Beschreibung der Anfänge des Christentums fügt seiner eigenen wichtigen Abhandlung kein einziges Argument hinzu.

284 Yorick Spiegel: Der Prozeß des Trauerns. Analyse und Beratung, KT 60, 7. Aufl., 1989.

285 Ebd., S. 171.

286 S. unten, Anm. 298.

287 Spiegel, Prozeß (wie Anm. 284), S. 172.

288 Ebd., S. 173.

289 Aniela Jaffé: Geistererscheinungen und Vorzeichen. Eine psychologische Deutung. Mit einem Vorwort von C.G. Jung, 1958, S. 67f.

290 Spiegel, Prozeß (wie Anm. 284), S. 68.

291 Ebd., S. 71.

292 Ebd., S. 171.

293 Vgl. Samuel Vollenweider: Ostern – der denkwürdige Ausgang einer Krisenerfahrung, in: ThZ 49. 1993, S. 34-53, hier S. 41.

294 Colin Murray Parkes / Robert S. Weiss: Recovery from Bereavement, 1983.

295 Vgl. zum Folgenden Carol Leet Kerr: Dreams and Visions of those who Grieve: A Psychological and Theological Approach, D.Min, Newton Centre MA, 1987.

296 Vorausgesetzt sei, dass die Leidensweissagungen Jesu (Mk 8,31; 9,31; 10,32-34) nicht historisch sind. Vgl. Jesus 2000, zSt.

297 Vgl. Ps 106,30-31: (30) »Da trat Pinhas hinzu und vollzog das Gericht; da wurde der Plage gewehrt; (31) das wurde ihm gerechnet zur Gerechtigkeit von Geschlecht zu Geschlecht ewiglich.« Der historische Kommentar steht Num 25,1-18.

298 Röm 4,3; Gal 3,6: »Anrechnung zur Gerechtigkeit«.

299 Zum Eifer des Paulus: Gal 1,14; Phil 3,6; Verfolgung von Christen durch Paulus: 1Kor 15,9; Gal 1,16; 1,23; Phil 3,6.

300 Vgl. Apg 5,38-39a: (38) »Lasst ab von diesen Menschen und lasst sie gehen! Ist dies Vorhaben oder dies Werk von Menschen, wird es untergehen; (39) ist es aber von Gott, so könnt ihr sie nicht vernichten.« Die Komposition der ganzen Rede des »Gamaliel« in Apg 5,34-39 geht auf Lk zurück (vgl. Reinbold, Propaganda [wie Anm. 193], S. 50 [Lit.]). Indes dürften V. 38-39a eine jüdische Reaktion auf das Auftreten der ersten Judenchristen enthalten, der sich der vorchristliche Paulus nicht angeschlossen hat.

301 Später erleidet dann Paulus von dieser Seite selbst Verfolgung: 1Thess 2,15; vgl. Gal 4,29.

302 Martin Hengel: Der vorchristliche Paulus, in: ders. / Ulrich Heckel (Hrsg.): Paulus und das antike Judentum, WUNT 58, 1991, S. 177-291. Belege aus diesem Beitrag werden im Folgenden im Text in Klammern gegeben.

303 Vgl. Gal 1,13-14.

304 Vgl. Oskar Pfister: Die Aufgabe der Wissenschaft vom christlichen Glauben in der Gegenwart, 1921, S. 21.

305 Gerd Theißen: Psychologische Aspekte paulinischer Theologie, FRLANT 131, 1983.

306 Carl Gustav Jung: Psychologie und Religion, in: ders.: Gesammelte Werke XI, 1963, S. 1-117, hier S. 54f.

307 Theißen, Aspekte (wie Anm. 305), S. 24.

308 Ebd., S. 25.

309 Ebd., S. 27.

310 Ebd., S. 31.

311 Ebd., S. 30.

312 Dies kritisiert Matthias Günther: Paulus von Tarsus. Eine lebensstilorientierte Annäherung, in: ThZ 58.2002, S. 31-45, hier S. 33, ohne zu reflektieren, was Paulus *konkret* in die Arme des christlichen Glaubens trieb. Zudem bleibt die Plötzlichkeit der Bekehrung des Paulus als einer inneren Katastrophe ein starkes Argument zugunsten der oben im Text vertretenen These.

313 Carl Gustav Jung: Die psychologischen Grundlagen des Geisterglaubens

(1928), in: ders.: Synchronizität, Akausalität und Okkultismus, dtv 15065, 1990, S. 109-126, hier S. 115.

314 Ebd.

315 Ebd.

316 Oskar Pfister: Die Entwicklung des Apostels Paulus, in: Imago 6.1920, S. 243-290, hier S. 279f.

317 Vgl. dazu das Buch von Bernhard Heininger: Paulus als Visionär. Eine religionsgeschichtliche Studie, 1996, passim.

318 Vgl. Joh 18,28; 19,14; 13,1. Nach den Synoptikern ist der Freitag bereits der erste Passahtag. Doch ist dieser als Datum einer Hinrichtung äußerst unwahrscheinlich.

319 Vgl. Dtn 21,23 und die Bemerkungen oben, Anm. 112.

320 Gerd Theißen: Die Religion der ersten Christen. Eine Theorie des Urchristentums, 2000, S. 77.

321 Vgl. zum folgenden Abschnitt Colpe, Siegel (wie Anm. 157), S. 61

322 Henoch: Gen 5,24; Elia: 2Kön 2,11.

323 Dies berichtet von Mose die »Assumptio Mosis« (vgl. Irina Wandrey: Art. Himmelfahrt des Mose, in: RGG, 4. Aufl., Band III, 2000, Sp. 1753) und von Jesaja die »Ascensio Isaiae« (zu dieser Schrift vgl. oben, S. 80-81).

324 Von 2Makk bis Offb 11.

325 Vgl. Joel 3.

326 Vgl. Martin Hengel: Psalm 110 und die Erhöhung des Auferstandenen zur Rechten Gottes, in: Cilliers Breytenbach / Henning Paulsen (Hrsg.): Anfänge der Christologie (FS Ferdinand Hahn), 1991, S. 43-73, hier S. 67f: »Die ›Gesandten des Messias Jesus‹ sollten ... den gekreuzigten Messias Jesus von Nazareth als den vom Tode Erweckten und zu Gott Erhöhten ansagen.« S. ferner Martin Hengel: Jesus der Messias Israels, in: ders. / Anna Maria Schwemer (Hrsg.): Der messianische Anspruch Jesu und die Anfänge der Christologie, WUNT 138, 2001, S. 1-80, hier S. 12.

327 Polemik hiergegen von Erich Fascher: Die Auferstehung Jesu und ihr Verhältnis zur urchristlichen Verkündigung, in: ZNW 26. 1927, S. 1-26, hier S. 5: »Daß da Petrus ›ansteckend‹ gewirkt hat, sei dem benommen, der es glaubt, jedenfalls handelt es sich nach der alten Tradition (sc. von 1Kor 15,3-8) um eine Reihe von Erscheinungen.« Damit entzieht sich Fascher der Aufgabe, Traditionen in Geschichte umzusetzen. Aber er hatte ja schon vorher vor der Aufgabe kapituliert zu ermitteln, was zu Ostern geschehen war, dessen »Wirkungen zu konstatieren ... dem Historiker möglich (sc. ist), auch wenn er der Ursache nicht habhaft werden kann« (S. 4).

328 Ernest Renan: Die Apostel, 1866, S. 70f.

329 Hengel, Psalm (wie Anm. 326), S. 69.

330 Vgl. Lüdemann, Gründer (wie Anm. 28), S. 120-123 (Beispiele).

331 S. die Beispiele auf S. 229-231.

332 Vgl. Lüdemann, Ketzer (wie Anm. 14), S. 189-197 und passim.

333 S. oben, S. 111.

334 S. die Einzelanalysen in: Jesus 2000, S. 753-812.

335 Hengel, Psalm (wie Anm. 326), S. 72.

336 Man vgl. z.B. C.F.D. Moule / Don Cupitt: The Resurrection: A Disagreement, in: Theology 75. 1972, S. 507-519, hier S. 509: Moule meint, er müsse im Zusammenhang der Osterereignisse »something beyond history, something transcendent« bemühen, und fährt fort: »The NT calls it the resurrection of Jesus.« Vgl. dazu die Ausführungen von Don Cupitt: Christ and the Hiddenness of God, 1985, S. 138-153.

337 Lt. Cupitt, Christ (wie Anm. 336), geht der Osterglaube den Ostererfahrungen voraus. »The arguments that led to the Easter faith are logically prior to the Easter appearances« (S. 8). Doch ist das zu rationalistisch gedacht. Vgl. auch oben, S. 97, zum Schriftstudium als angeblichem Auslöser der Ostererfahrung.

338 Vgl. Pannenberg, Auferstehung (wie Anm. 18), S. 327: »(E)ine Auferstehungsbotschaft in Jerusalem ohne Voraussetzung des Umstands, daß das Grab leer war, ist angesichts der herrschenden jüdischen Vorstellung von Auferstehung nicht denkbar.«

339 Strauß, Leben Jesu II (wie Anm. 71), S. 686.

340 David Friedrich Strauß: Das Leben Jesu, kritisch bearbeitet. Erster Band, 1835, S. VII.

341 Strauß, Glaube (wie Anm. 4), S. 31.

342 Ebd, S. 31-32.

343 Ebd., S. 47-48.

344 Bultmann, Theologie (wie Anm. 21), S. 305f. Diese Ausführungen finden sich in »§ 33. Tod und Auferstehung Christi als Heilsgeschehen« (ebd., S. 292-306).

345 Ebenso wenig überzeugt der in manchem Bultmanns Ansatz verpflichtete Beitrag von Jürgen Becker (Art. Auferstehung Jesu Christi, in: RGG, 4. Aufl., Band I, 1998, Sp. 922-944). Er weist darauf hin, dass die »A.(uferstehung) Christi ausschließlich Glaubenszeugnis« (Sp. 922) sei. Später heißt es: »Der Osterglaube entsteht aufgrund der Erfahrungen mit dem Auferstandenen selbst (1 Kor 15,3-8)« (Sp. 924). Solche apodiktische Rede vom »Auferstandenen« erinnert an den Gebrauch des Kerygmabegriffs bei Bultmann und ist wissenschaftlich nichtssagend. Hinsichtlich der Frage nach der Historizität des leeren Grabes als Folge der Auferweckung Jesu bemerkt Becker salomonisch: »Wer ... die Historizität verneint, nimmt dem Osterglauben nichts weg« (Sp. 924). Zu einem solchen apologetischen Manöver s. bereits oben, S. 12-19.

346 Graß, Ostergeschehen (wie Anm. 10), S. 248.

347 Lange, Glaubenslehre II (wie Anm. 51), S. 138.

348 Ringleben, Wahrhaft auferstanden (wie Anm. 38), S. 99. Ebd., S. 93-99, findet sich ein lesenswerter Abschnitt »Zur Visionsfrage«.

349 Theißen, Religion (wie Anm. 320), S. 78 Anm. 5.

350 Alexander Bommarius, in: ders. (Hrsg.): Fand die Auferstehung wirklich statt? Eine Diskussion mit Gerd Lüdemann, 1995, S. 122. Vorher hatte er treffend ausgeführt: »Auch wenn uns durchaus deutlich ist, daß unser ›technischer Rationalismus‹ nicht der Weisheit letzter Schluß ist, so fahren wir doch lieber über eine Brücke, die Ingenieure gemäß dem wissenschaftlichen und nicht gemäß dem mythologischen Weltbild gebaut haben« (ebd., S. 121f).

351 Kessler, Sucht den Lebenden nicht bei den Toten (wie Anm. 1), S. 475.

352 Ebd., S. 476.

353 Jan Bauke-Ruegg: »Auferstehung als Aufstand«: Hermeneutische Anfragen an eine gängige Deutung der Auferstehung, in: ZThK 99.2002, S. 76-108, hier S. 106.

354 Ergänzend sei darauf hingewiesen, dass es heute Mode ist, viele Einzelheiten der Auferstehungserzählungen – und nicht allein die Auferweckung selbst – metaphorisch zu interpretieren. Dafür nur ein Beispiel: Gisela Kittel (Das leere Grab als Zeichen für das überwundene Totenreich, in: ZThK 96.1999, S. 458-479) betont die Bedeutung der Metapher des Grabes in Mk 16,1-8. Die Geschichte entfalte »in narrativer Form, was es bedeutet, daß Gott den gestorbenen und begrabenen Christus auferweckt hat. Dabei wird unser Blick ausdrücklich auf das Grab gerichtet« (S. 472). Ich finde das im Text nicht wieder, bezweifle aber keinesfalls, dass man über die Metapher oder gar die Allegorie fast alles im Text »entdecken« kann, was man will. Extreme Beispiele für diese Art der Interpretation liefern die Arbeiten von Eugen Drewermann. Vgl. Gerd Lüdemann: Texte und Träume. Ein Gang durch das Markusevangelium in Auseinandersetzung mit Eugen Drewermann, BensH 71, 2. Aufl., 1993.

355 Vgl. auch Ingolf U. Dalferth: Volles Grab, leerer Glaube? Zum Streit um die Auferweckung des Gekreuzigten, in: ZThK 95.1998, S. 379-409. Dalferth meint: »Die Rede von der Leiblichkeit des Auferweckten wird deshalb gespenstisch mißverstanden, wenn sie nur auf Jesus bezogen und als Ersetzung seines irdischen Körpers durch einen geistlichen Leib verstanden wird. Auch sie ist vor allem eine *Aussage über Gott*« (S. 406). Unter Hinweis auf Gott sollte niemand die historischen Fragen abblocken bzw. als »nicht-theologisch« disqualifizieren, zumal Paulus es genauso versteht, wie Dalferth es nicht haben will (s. 1Kor 15,40-49). Zu Dalferth s. weiter S. 219-222.

356 Lüdemann, Ketzer (wie Anm. 14), S. 214.

357 Vgl. Lüdemann, Gründer (wie Anm. 28), S. S. 105-113, zur jüdisch-hellenistischen Herkunft der ethischen Weisungen des Paulus.

358 Vgl. treffend zum ethischen Beispiel Jesu die Ausführungen von Strauß, Glaube (wie Anm. 4), S. 273: »(D)ie blos menschliche Vortrefflichkeit, und wäre sie die höchste (die Unsündlichkeit aber ist mit der Übernatürlichkeit geschwunden und auf jetzigem Standpunkte nur durch Schwindel noch zu behaupten) begründet noch keinen Anspruch auf kirchliche Verehrung«.

359 Vgl. Lange, Glaubenslehre II (wie Anm. 51), S. 145 (vgl. S. 147). An anderer Stelle spricht Lange davon, dass Jesus bestimmte zentrale Vorstellungen der jüdischen Religion »aufbrach« (S. 87).

360 Ebd., S. 24 u.ö.

361 Vgl. Lüdemann, Gründer (wie Anm. 28), S. 23-69.

362 Roman Heiligenthal / Axel von Dobbeler: Menschen um Jesus. Lebensbilder aus neutestamentlicher Zeit, 2001, S. 104.

363 Vgl. Ringleben, Wahrhaft auferstanden (wie Anm. 38). S. dazu S. 222-225.

364 Ingo Broer: »Seid stets bereit, jedem Rede und Antwort zu stehen, der nach der Hoffnung fragt, die euch erfüllt« (1Petr 3,15). Das leere Grab und die Erscheinungen Jesu im Lichte der historischen Kritik, in: ders. / Jürgen Werbick (Hrsg.): »Der Herr ist wahrhaft auferstanden« (Lk 24,34). Biblische und systematische Beiträge zur Entstehung des Osterglaubens, SBS 134, 1988, S. 29-61, hier S. 48.

365 Emanuel Hirsch: Hauptfragen christlicher Religionsphilosophie, 1963, S. 326f.

366 Theodor Reik: Dogma und Zwangsidee. Eine psychoanalytische Studie zur Entwicklung der Religion, in: Imago 13.1927, S. 247-382, hier S. 382.

367 Vgl. auch Strauß, Glaube (wie Anm. 4), S. 61: »(W)enn wir als ehrliche aufrichtige Menschen sprechen wollen, so müssen wir bekennen: wir sind keine Christen mehr.«

368 Zuerst erschienen in: Die Woche vom 9. April 1998 (überarbeitet).

369 »Man kannte die Evangelien und suchte nach dem Grab, und so fand man es schließlich« (Fischer, Ostergeschehen [wie Anm. 115]), S. 33).

370 Vgl. Euseb, Kirchengeschichte IV,26,13-14.

371 So selbst Hengel, Begräbnis (wie Anm. 51), S. 180 Anm. 254. Vgl. demgegenüber richtig Myllykoski, Body (wie Anm. 85), S. 47f Anm. 12 (Lit.).

372 Man vgl. den entsprechenden Abschnitt aus Melitos Predigt »Vom Passah«: (94) »Höret es, alle Geschlechter der Völker, und sehet: Unerhörter Mord geschah in*mitten* Jerusalems, in der Stadt des Gesetzes, in der Stadt der Hebräer, in der Stadt der Propheten, in der Stadt, die für gerecht galt! Und wer wurde gemordet? Wer ist der Mörder? Ich schäme mich, es zu sagen, und bin doch gezwungen, es zu sagen. Wäre der Mord bei Nacht geschehen, oder wäre (der Herr) in der Wüste umgebracht worden, wäre wohl Schweigen angebracht. Nun aber geschah *mitten* auf der Straße, in*mitten* der Stadt, wo alle es sahen, der ungerechte Mord des Gerechten. (95) Und so wurde er am Holze erhöht, und eine Schrift wurde darübergeheftet, die anzeigte, wer der Umgebrachte sei.«

373 NHC III,4 (BdH, S. 254-268).

374 NHC III,5 (BdH, S. 269-280).

375 Man vgl. einstweilen Mohri, Maria (wie Anm. 260), S. 301-318.

376 NHC II,3 (BdH, S. 32). Hingewiesen sei auf Hans-Josef Klauck: Die dreifache Maria. Zur Rezeption von Joh 19,25 in EvPhil 32, in: The Four Gospels (FS Frans Neirynck), BETL C, 1992, S. 2343-2358 (Lit.). Der Vf. zeigt umsichtig u.a., »daß EvPhil 32 in die gnostische Rezeptionsgeschichte von Joh 19,25 gehört« (S. 2358) und »daß nämlich Schwester, Mutter und Gefährtin auf einer tieferen Verstehensebene ein und dieselbe Person bezeichnen« (S. 2357).

377 Justin, I Apol 26,3: »Eine Helena, die mit ihm (sc. Simon) zu jener Zeit (ca. 40 nChr, G.L.) umherzog, die sich vorher im Bordell aufgehalten hatte, soll die von ihm entstandene erste Ennoia gewesen sein.« Vgl. dazu meinen Beitrag »Die Apostelgeschichte und die Anfänge der simonianischen Gnosis«, in: Gerd Lüdemann (Hrsg.): Studien zur Gnosis, ARGU 9, 1999, S. 7-20 (Lit.).

378 NHC II,3 (BdH, S. 158). Der Text ist teilweise verderbt und die Übersetzung demgemäß nicht ganz sicher.

379 Kurt Rudolph: Die Gnosis, UTB 1577, 3. Aufl., 1990, S. 254.

380 56,14-57,19 (NHC V,4 [BdH, S. 302]).

381 Vgl. Pratscher, Herrenbruder (wie Anm. 155), S. 169.

382 Text und Übersetzung: Die gnostischen Schriften des koptischen Papyrus Berolinensis 8502, herausgegeben, übersetzt und bearbeitet von Walter C. Till. Zweite, erweiterte Auflage bearbeitet von Hans-Martin Schenke, TU 60, 1972, S. 62-79. Zum Evangelium der Maria s. jetzt auch Mohri, Maria (wie Anm. 260), S. 253-284, und Hartenstein, Lehre (wie Anm. 260), S. 127-160.

383 Vgl. weiter R. McL. Wilson: The New Testament in the Gospel of Mary, in: NTS 3. 1956/57, S. 236-243; vgl. Hartenstein, Lehre (wie Anm. 260), S. 127-160, bes. 156-159.

384 NHC II,2 (BdH, S. 147f; vgl. Jesus 2000, S. 811).

385 Textausgabe: Pistis Sophia, Text edited by Carl Schmidt. Translation and

Notes by Violet MacDermot, NHS IX, 1978.

386 Mohri, Maria (wie Anm. 260), S. 353.

387 Susanne Heine: Eine Person von Rang und Namen. Historische Konturen der Magdalenerin, in: Gerhard Sellin / Dietrich-Alex Koch / Andreas Lindemann (Hrsg.): Jesu Rede von Gott und ihre Nachgeschichte im frühen Christentum. Beiträge zur Verkündigung Jesu und zum Kerygma der Kirche (Festschrift Willi Marxsen), 1989, S. 179-194, hier S. 188.

388 Ebd., S. 194.

389 Er wurde nicht lange vor 480 vChr in Halikarnassos geboren und starb ca 425.

390 Übersetzung nach Josef Feix: Herodot. Historien I, 1963, S. 513f.

391 Übersetzung nach Feix, Herodot (wie Anm. 390), S. 573.

392 Gregorius Nazianzenus, Oratio IV 59.

393 Der folgende Exkurs schöpft aus Gerd Lüdemann: Jungfrauengeburt? Die wirkliche Geschichte von Maria und ihrem Sohn Jesus, 1997. Meiner Einschätzung nach handelt es sich bei Visionen der Maria um gleichartige Phänomene wie bei Visionen Jesu. Insofern ist der Exkurs sachlich notwendig und stützt die Argumentation des Hauptteils des vorliegenden Buches.

394 Vgl. dazu allgemein Karl Rahner: Visionen und Prophezeiungen, QD 4, 1958.

395 Übersetzung nach Peter Dinzelbacher (Hrsg.): Mittelalterliche Visionsliteratur. Eine Anthologie, 1989, S. 101-103.

396 Ebd., S. 105.

397 Arnold Guillet (Hrsg.): Anna Katharina Emmerich: Das Leben der heiligen Jungfrau Maria. Nach den Visionen der Augustinerin von Dülmen. Aufgeschrieben von Clemens Brentano, 9. Aufl. 1992, S. 72f.

398 Ebd., S. 92

399 Ebd., S. 226f.

400 Vgl. dazu Peter de Rosa: Der Jesus-Mythos. Über die Krise des christlichen Glaubens, 1991, S. 354-381; Josef Hanauer: »Muttergottes-Erscheinungen«. Tatsachen oder Täuschungen?, 1996; ders.: Wunder oder Wundersucht. Erscheinungen, Visionen, Prophezeiungen, Besessenheit, 3. Aufl., 1997, S. 85-139.

401 So Bischof Rudolf Graber im Jahre 1984 (s. Hanauer, Wunder [wie Anm. 400], S. 86).

402 Zum Folgenden vgl. Hanauer, Wunder (wie Anm. 400), S. 133.

403 Ebd., S. 134.

404 Rahner, Visionen (wie Anm. 394), S. 103.

405 Vgl. Mk 13,2; Lk 19,39-44; 21,20.

406 Vgl. in diesem Sinn zuletzt Theißen / Merz, Jesus (wie Anm. 52), S. 48.

407 Zuerst erschienen in: Die Woche vom 15. Juni 2001 (erweitert).

408 Albert Schweitzer: Geschichte der Leben-Jesu-Forschung, 6. Aufl., 1950.

409 Zuerst erschienen in: Die Woche vom 19. Dezember 1997

410 Ein Teil dieses Beitrags erschien unter dem Titel: »Beten nach dem Tode Gottes«, in: Die Woche vom 22. Dezember 2000. Die beigegebenen Anmerkungen beschränken sich auf das Nötigste.

411 Max Weber: Wissenschaft als Beruf (1917/1919), in: Max Weber Gesamtausgabe. Abteilung I: Schriften und Reden, Band 17, 1992, S. 87.

412 John A. T. Robinson: Gott ist anders. Honest to God, 1963, S. 46.
413 Dietrich Bonhoeffer: Widerstand und Ergebung. Briefe und Aufzeichnungen aus der Haft. Herausgegeben von Eberhard Bethge, Siebenstern TB 1, 2. Aufl. 1965, S. 133.
414 Als ob es Gott nicht gäbe.
415 Bonhoeffer, Widerstand (wie Anm. 413), S. 177f.
416 Zitiert nach Carl Sagan: Der Drache in meiner Garage oder Die Kunst der Wissenschaft, Unsinn zu entlarven, 2000, S. 302.
417 Vieles im nachfolgenden Abschnitt verdanke ich meinem verstorbenen medizinischen Kollegen und Lehrer Hanscarl Leuner, Göttingen.
418 So die katechetischen Fragen des Gnostikers Theodot aus dem Ende des 2. Jh.s, die der Kirchenvater Klemens von Alexandrien gesammelt hat (Exzerpte aus Theodot 78,2).
419 22,2-20 (NHC I,3 [BdH, S. 31]). Einige Textergänzungen oder Lücken habe ich an dieser Stelle und im folgenden in der Übersetzung um der besseren Lesbarkeit willen nicht angemerkt. Der Leser sei zurückverwiesen auf die BdH und die dort gegebenen Hinweise.
420 29,26-30,14 (NHC I,3 [BdH, S. 34f]).
421 138,17-21 (NHC II,7 [BdH, S. 222]).
422 138,16-17 (NHC II,7 [BdH, S. 222]).
423 41,4-45,6 (NHC IX,3 [BdH, S. 525-527]).
424 NHC II,2 (BdH, S. 131; vgl. Jesus 2000, S. 755).
425 NHC II,2 (BdH, S. 131f; vgl. Jesus 2000, S. 755).
426 Vgl. die Belege in: BdH, S. 451 Anm. 1061.
427 Es sei betont, dass ich die biblischen Begriffe, die eigentlich auf Gottes Handeln zielen, gegen den Strich lese. Vgl. indes Bauke-Ruegg, Auferstehung (wie Anm. 353), zur Kritik an Versuchen, Auferstehung in dogmatisch-theologischem Sinne als (menschlichen) Aufstand zu verstehen. Er macht völlig zu Recht darauf aufmerksam, dass im biblischen Schrifttum Gott derjenige ist, der die Auferstehung erst möglich macht. Um so interessanter sind seine Nachweise, wie oft auch in der kirchlich akzeptierten Theologie ein Verständnis von Auferstehung vertreten wird, das dem meinigen ähnlich ist.
428 Vortrag an der Universität St. Gallen im Mai 2000 (überarbeitet). Herrn Dr. Frank Jehle danke ich für Einladung und freundliche Aufnahme.
429 Vgl. nur Dalferth, Grab (wie Anm. 355), hier S. 380. Dalferth hält es daher für erstaunlich, dass meine Thesen weit und kontrovers diskutiert werden.
430 Die meisten dieser offiziellen gerichtlichen Dokumente können auf meiner Homepage (www.gerdluedemann.de) in der Rubrik »Presseberichte« eingesehen werden.
431 Vgl. Troeltsch, Methode (wie Anm. 50). S. auch die Nachweise in Lüdemann, Ketzer (wie Anm. 14), S. 11-24.
432 Dalferth, Grab (wie Anm. 355), S. 381f.
433 Ebd., S. 385.
434 Ebd., S. 393 Anm. 36.
435 Ebd., S. 402.
436 53,27-34 (NHC VII,2 [BdH, S. 408]).
437 Ringleben, Wahrhaft auferstanden (wie Anm. 38), S. 49 Anm. 102.
438 Strauß, Glaube (wie Anm. 4), S. 12.

439 Ringleben, Wahrhaft auferstanden (wie Anm. 38), S. 5.

440 Ebd., S. 105.

441 Vgl. nur Brief des Jakobus 2,8-39 (NHC I,2 [BdH, S.17]); Apokryphon des Johannes 1,5-26 (NHC II,1 [BdH, S. 103-105]); Sophia Jesu Christi 90,14-91,24 (NHC III,4 [BdH, S. 258]); Brief des Petrus an Philippus (NHC VIII,4 [BdH, S. 500-506]).

442 Es gab kein Neues Testament im 1. Jh. Vgl. Lüdemann, Ketzer (wie Anm. 14), Kapitel 9: Die Entstehung des neutestamentlichen Kanons.

443 Ringleben, Wahrhaft auferstanden (wie Anm. 38), S. 100-102.

444 Apg 8,26-40 (Bekehrung des äthiopischen Eunuchen); Apg 9,1-19a (Bekehrung des Saulus); Apg 10,1-11,18 (Bekehrung des Kornelius).

445 Ringleben, Wahrhaft auferstanden (wie Anm. 38), S. 102. Kursivsetzung G.L.

446 Ebd., S. 3. Seltsamer Beifall hierzu bei Ritter, Handbuch (wie Anm. 39), S. 59.

447 Ringleben, Wahrhaft auferstanden (wie Anm. 38), S. 110.

448 Ebd.

449 Man vgl. auch Ringlebens Erläuterung: Grundsätzlich sei die Bedeutung des leeren Grabes »darin zu sehen, daß es ein Index für die Tatsächlichkeit der Auferstehung ist und für ihre Wirklichkeit steht. ... Es besagt, daß der auferweckte Christus als solcher sein leibliches Leben wieder in Besitz genommen hat, und das ist gerade nicht das vereinzelte Wiederbelebtwerden eines Leichnams, das ja wieder nur die Richtung auf ein erneutes Sterben in sich hätte« (ebd., S. 109). Doch ist die Wiederherstellung des Leichnams Jesu – als Wiederbelebung – die Voraussetzung dafür, dass Jesus im Sinne Ringlebens sein leibliches Leben wieder in Besitz nehmen konnte.

450 Ringleben, Wahrhaft auferstanden (wie Anm. 38), S. 107f.

451 Lange, Glaubenslehre II (wie Anm. 51), S. 134 Anm. 6.

452 Ringleben, Wahrhaft auferstanden (wie Anm. 38), S. 47 Anm. 93.

453 Im folgenden Abschnitt finden sich notgedrungen einige Überschneidungen mit Kapitel 3 und Kapitel 4 des vorliegenden Buches.

454 Zum Text s. auch oben, S. 69-74.

455 Zum Text s. auch oben, S. 33-36.

456 Gerd Lüdemann: Die Auferstehung Jesu. Historie, Erfahrung, Theologie, Göttingen 1994, S. 126-128 (Neuausgabe Stuttgart 1994, S. 113-116). S. auch oben, S. 140-143.

457 Vgl. den fiktiven »Brief an Jesus« in meinem Buch: »Der große Betrug. Und was Jesus wirklich sagte und tat«, 1998, S. 9-18, und oben, S. 156-166.

458 Oberdorfer, Was sucht ihr den Lebendigen bei den Toten? (wie Anm. 1), S. 232, macht es sich an dieser Stelle zu leicht.

459 Vgl. Gal 2,2; Apg 16,9.

460 Vgl. 2Kor 12,7-8.

461 Vgl. oben, S. 148-149.

462 Vgl. 2Tim 2,18: »Die Auferstehung ist schon geschehen.«

463 NHC II,3 (BdH, S. 153).

464 NHC II,3 (BdH, S. 151-152).

465 NHC II,3 (BdH, S. 157).

466 Vgl. oben, S. 215 mit Anm. 426.

467 52,7-13 (NHC XI,3 [BdH, S. 578]).